教育部人文社会科学重点基地重大项目
"中国特色的大学内部治理结构与质量保障机制建设"（18JJD880005）

"大学治理现代化丛书"顾问委员会

大 学 治 理 现 代 化 丛 书

丛书主编／王洪才

绩效评价对民办高校内部治理结构影响研究

RESEARCH ON THE INFLUENCE OF PERFORMANCE ON INTERNAL GOVERNANCE
STRUCTURE OF PRIVATE COLLEGES AND UNIVERSITIES

宣葵葵◎著

厦门大学出版社
XIAMEN UNIVERSITY PRESS
国家一级出版社
全国百佳图书出版单位

图书在版编目（CIP）数据

绩效评价对民办高校内部治理结构影响研究 / 宣葵
葵著. -- 厦门：厦门大学出版社，2022.11
（大学治理现代化丛书 / 王洪才主编）
ISBN 978-7-5615-8781-2

Ⅰ．①绩… Ⅱ．①宣… Ⅲ．①民办高校－学校管理－
研究－中国 Ⅳ．①G648.7

中国版本图书馆CIP数据核字(2022)第189630号

出 版 人　郑文礼
责任编辑　曾妍妍

出版发行　厦门大学出版社
社　　址　厦门市软件园二期望海路 39 号
邮政编码　361008
总　　机　0592-2181111　0592-2181406(传真)
营销中心　0592-2184458　0592-2181365
网　　址　http://www.xmupress.com
邮　　箱　xmup@xmupress.com
印　　刷　厦门集大印刷有限公司

开本　720 mm×1 000 mm　1/16
印张　17.75
插页　2
字数　310 千字
版次　2022 年 11 月第 1 版
印次　2022 年 11 月第 1 次印刷
定价　70.00 元

厦门大学出版社
微信二维码

厦门大学出版社
微博二维码

总　序

一、高等教育内涵式发展需要大学治理现代化护航

（一）中国高等教育质量提升需要治理结构调整

我们清晰地认识到，研究大学内部治理结构问题是推进国家治理体系与治理能力现代化的急迫需要，也是推进高质量高等教育体系建设的客观需要。

从历史发展规律看，中国高等教育发展必然要经历从量变到质变的转变。虽然高等教育发展任何时候都不能忽视质量建设，但质量是作为基准还是高水平状态却有本质的不同。我们知道，在高等教育精英阶段，由于高度的选拔性使得生源素质普遍较高，学生的学习自觉性比较强，从而基本质量是有保障的，故而不必太关心质量问题。随着高等教育大众化的发展，大批新建高校出现，质量就变成了一个突出问题。我国也适时地开展了高等教育评估，并且通过建立示范校方式来促进质量建设。但在效率优先原则的带动下，人们对质量的关注成为其次的选择。对于高职院校、民办高校而言，保证充足生源无疑是第一位的选择。对于多数高校而言，扩充规模仍然是一种第一位选择。在此背景下，质量建设主题往往被忽视，经常成为一种口号的存在，在实际中往往不发挥真正作用。只有当高等教育规模开始趋向稳定时，质量建设主题才开始凸显出来。

高等教育规模扩张的拐点出现是在 2008 年，这一年是适龄入学人口的峰值，之后适龄入学人口出现不同程度的递减，因而人口学专家认为，即使招生规模不再继续扩大，仅仅维持 2008 年的招生规模，我国高等教育毛入学率也将出现持续增长的趋势，因为按照数学公式计算，在分子不变的情况下，分母减小，分值必将增加。事实也如此，虽然在 2008 年之后我国高等教

育规模扩张速度开始大幅度降低,而高等教育毛入学率依然呈快速增长态势。所以在 2018 年就基本完成了大众化,到 2019 年就已经超越了大众化水平,即高等教育毛入学率已经超过 50%。这意味着高等教育大众化过程基本结束,量的扩展任务基本完成,高等教育发展重心将从量的扩展转向质的提升。正是 2018 年年底我们正式启动了"中国特色的大学内部治理结构与质量保障机制建设"研究课题。这看似一种巧合,实质存在一种必然的逻辑,背后是"量变质变规律"在发挥作用。

事实上,伴随着高等教育大众化的发动,高等教育质量问题就开始引起各方面的关注,人们经常用"多而劣"来形容高等教育规模扩张。虽然人们认识到了高等教育大众化应该采取多样化的质量观,但对多样化质量观究竟是什么样的,人们并无清晰的认识。正是如此,我国提出了"分类发展"政策,也即倡导研究型大学、应用型高校、职业技术型高校应该采用不同的发展模式并采取不同的评价方式。分类发展概念实际上是多样化高等教育质量观的具体应用。但时至今日,人们并未给出一个清晰的划分标准,只是给出一个粗浅的分析框架。原因在于,对于众多高校而言,无法给出一个统一的合理的标准。因为每个高校办学条件不同,面对的生源素质不同,所面向的就业市场不同,教师的来源不同,于是教学质量千差万别,采取统一的评价标准根本不可行。唯一可行的路线是加强高等教育主体责任建设,使高等教育行为主体对高等教育质量问题高度重视,把质量提升变成每个主体的自觉行动。这实际上就需要治理机制的变革,而非通过外在控制的手段来解决质量问题。

要使每个高等教育行为主体担负起质量建设的责任,就必须进行高等教育治理结构的调整。高等教育管理重心太高,必然使高等教育基层变得被动。而高等教育质量建设的重心恰恰是在底层,所以激活高等教育行为底层的活力才是高等教育质量建设的第一要务。很显然,高等教育质量建设的第一行动者是高校教师,只有他们充分认识到质量问题的重要性并且致力于探讨教学质量提升的路径,才能从根本上解决质量问题。教师是高等教育质量建设的第一大群体,只有他们真正行动起来,高等教育质量建设才有保障。这直接涉及治理结构的调整,首先是大学内部治理结构的调整,即高校真正赋权给教师,给他们教学探索权、教学创制权,如此才能激发他们的创造活力。这样就要求高等教育管理重心下移,使高校二级管理机构真正变成管理实体,而非简单的执行机构,而能够根据办学市场变化和生源条件变化以及社会发展变化进行主动决策,而且能够科学决策,同时善于民主决策,从而把广大教师的积极性、创造性调动起来,最终能够激发每个学生的学习积极性,主动地把自己塑造成适应时代要求的创新创业人才。

(二)大学内部治理结构调整是一个系统工程,需要重点突破

显然,大学内部治理结构问题与高等教育管理体制密切相关,与高等教育运行机制紧密呼应。高等教育宏观管理体制不变,大学内部治理结构就难以调整。但我们不能等到外部管理体制完全调整完成之后才开始内部调整。事实上,高等教育改革并没有严格的先后顺序,可以同步进行,即只要哪个地方认识到了改革的必要性,就可以率先行动。可以说,高等教育创造性寓于每个行动者行为之中,高等教育改革动力就在于人们认识的超前性和对改革急迫性的感受。"知而不能行"是知识分子的痛楚,"知而能行"是时代赋予高校教师的使命。高等教育改革也可以从基层开始,从教学改革做起。当然,真正能够从自身做起的仍然是少数教师,对于绝大多数人而言,行动依然依靠自上而下的动员,需要行政上的赋权。所以,教育改革既离不开少数人率先探索示范,又不能缺少顶层设计和行政支持。高等教育体制改革事情很难全面铺开,只能选点进行实验探索,待实验成功之后再总结经验并逐步推广。大学内部治理调整也是如此,只能从局部探索开始,无法事先设计一个完美方案去推行。

选择哪些点进行探索比较合适?很显然,选择治理的关键节点进行比较合适。我们知道,在大学内部普遍采用的是一种垂直式管理方式,大学管理权力集中在学校领导机构,集中在校长与书记手中,因为我们实行的党委领导下的校长负责制。书记主持党委工作,自然就拥有工作的主导权,校长负责学校全面工作,必然就具有治理学校的权力。党委负责组织和人事工作,校长负责计划和落实工作。因为大学是一个多学科的综合体,如何调动每个学科的创造性就是书记和校长的核心职责。显然,选拔好各个学院的院长是书记和校长要做好的首要工作。那么,如何选拔合适的院长就是书记和校长工作的课题。随着办学重心的下移,办学压力将逐渐转移到学院,那么选拔合适的二级学院院长显得越来越急迫。什么是合适的二级学院院长呢?我们认为具有教育领导力的院长才是合适的院长,如果不具备教育领导力,就不是合适的二级学院院长。那么我们的第一个研究重点就是二级学院院长领导力研究。

1.大学二级学院院长领导力研究

之所以谈二级学院院长的教育领导力,就在于大学不仅是一个学术机构,而且是一个教育机构,大学各个二级学院应该是一个实体性的办学机构,而培养合格人才是办学的第一位职责,那么,培养我们社会所需要的人才就是院长的基本职责,如果不能完成这个任务,就是院长的失职,这样的院长就不称职。那么,二级学院院长的教育领导力问题就是我们的第一个研究主题。

如何开展二级学院院长领导力研究?选择合适的研究方法非常重要。通过简单的调查或理论推演都没有什么实际意义,只有能够面向高校改革实践来研究问题才是最合适的。显然对高等教育改革具有直接推动作用的研究方法是行动研究,那么只有行动者才适合从事该项研究。如果是纯粹的理论家进行研究就容易沦为空谈。而主管过高校组织人事工作并且正在从事高校人事管理的高校领导是最佳人选。

选择什么样的研究对象也非常关键。在高校办学群体中,地方高校在二级学院院长教育领导力提升问题上遇到的困惑最多,也最具有典型性。我们不得不承认,学术地位与领导能力之间具有紧密的相关性,学术地位越高越可以增加无形的影响力,自然对领导力提升具有促进作用。教育领导力提升与个人的学术水平有关,也与个人的教育经历和教育信念有关。在这些方面,地方高校劣势明显。如此,研究地方高校二级学院院长的教育领导力就具有代表性,换言之,如果地方高校二级学院院长教育领导力问题可以顺利解决,那么对于那些资源和优势非常明显的部属院校而言可能就不成问题。

2.大学二级学院学术委员会研究

在重视大学作为教育机构的同时,也必须重视大学首先是一个学术机构,教育活动是依托学术而进行的,没有学术这个本体,教育功能就难以实现。要充分实现大学的学术功能,就必须充分发挥二级学院的作用,因为二级学院是大学的基层组织,是基本的学术功能实体。那么,遵循学术规律,就不能把学院当成行政组织来管理。所以我们在研究二级学院院长的教育领导力的同时,必须关注学术委员会的建设,只有建立强有力的学术委员会组织,才能有效地发挥学院的学术功能实体作用。可以说,在研究二级学院的教育领导力时,也必须关注院长对学术委员会工作的支持,关注如何尊重学术自由,充分发挥学术委员会的作用,这对于实践"教授治学"的办学方针具有直接的现实意义。

二级学院学术委员会问题研究显然更为复杂，因为学术委员会组织长期以来处于一个弱势地位，受到的关注比较少，从而研究起来难度比较大。国内普遍缺乏比较成功的经验，而重点大学的情况会相对好一些，因为在重点大学，学术权威更容易受到重视，学术氛围也更好，学术委员会运行机制也更顺畅，从而从重点大学学术委员会建设中摸索成功经验比较容易。换言之，在重点大学，学术立场更容易得到坚持，行政化力量会受到自觉限制，这在无形中就为学术委员会运转提供了便利条件。那么，从重点大学获取二级学院学术委员会建设的成功经验就比较有利。

在研究方法选择上，无疑质性研究方法是第一位选择。因为学术委员会制度在建设过程中面临着许多挑战，这些挑战会因学科不同、学校不同或具体组成人员不同而不同，这些不同点又与复杂的历史背景和现实的多样的冲突有关。如何把握学术委员会制度建设中的难点和重点是大学学术治理的困惑所在。作为局外人很难完全理解当事人的处境，只有长期共事才有可能有比较全面的理解，显然这对于研究者而言是不现实的。在研究者无法全程跟踪研究对象的情况下，只能在取得信任的基础上通过深度访谈获得研究资料，然后再从中抽取出学术委员会制度建设的经验、问题进行思考。如果对二级学院院长教育领导力的研究需要采用行动研究方法的话，那么对学术委员会制度建设的研究只能采用客观描述的方法，即研究者不带个人主观意见地呈现研究对象的思考和对现实问题的分析，并且通过对不同研究对象的叙述的比较，找到一种比较理想的学术委员会制度建设图式。

3.大学本科课程治理研究

教育质量提高，关键靠教师。而调动教师的积极性关键要先全面了解教师在课程建设中的投入程度。如果教师在课程建设中投入的时间和精力充分，则教学质量无疑是高的，相反，则教学质量就难以保障。为此就需要在课程治理上做文章，调动教师投入课程建设的积极性，使教师积极投身教学改革研究。本科教育是高等教育的基础工程，"本科不牢，地动山摇"。在本科教育质量保障机制建设中，本科课程治理是一个关键环节。我们培养专业人才，都是通过一门门课程实施的，通过教师在每门课程上投身教学实践来达成的。要使教师充分地投身教学，就必须做好课程治理工作。

课程治理是一项艰难的工作，如何促进大学课程治理需要科学的设计。

本科课程涉及面非常广,涉及研究型大学和应用型高校乃至职业本科院校,但所有的本科课程建设都必须遵循教育基本规律,即都必须从调动学生学习积极性出发,都需要从激发教师的教学热情入手,离开这两点,课程治理就不可能成功。具体而言,就是要从满足教师发展需要出发,只有结合教师发展需要实际,才能激发他们的教学热忱,使他们主动投身教学,主动改革教学内容、方法,以适应学生发展需要,满足社会对大学生发展的要求。对于各个院校实际而言,必须根据各自的实际情况制订具体的工作方案,当然这有赖于各级管理者的聪明才智的发挥,特别是院系一级管理者的主动作为,需要建立合适的体制机制。

无疑,并非所有教师都是被动的,一些教师本身就具有对教育工作的热爱,一直在坚持进行教学改革探索,也取得了一些教学改革成功经验,从而对如何扩大教学改革效果具有自己的设计。为此,了解并收集他们的改革经验,倾听他们对推进改革的建议,将对完善课程改革方案设计具有重要意义。如此就需要实地调研,运用质性研究的方法,获取一线教师和管理者的成功经验或失败教训,这对于提供全面的改革建议具有直接的促进意义。

4.研究生师生关系研究

高等教育要培养创新人才,研究生教育则是必须关注的重点。教育质量的提升,依赖于和谐的师生关系建设,如果缺乏和谐的师生关系,就无法达到立德树人要求,为此必须高度关注师生关系问题,促进师生关系的和谐。显然,促进师生关系的和谐需要因循依法治教的理路推进,不能寄托于传统的说教方式。从法律角度思考师生关系是一个重要的研究主题。目前,研究生师生关系问题比较突出,把完善研究生师生关系问题作为研究主题就是大学内部治理调整过程中需要关注的重点。

依法治教,必须从我国的教育法律法规的实际出发,了解国家对于研究生师生关系是如何规范的。不得不说,我国并未出台系统的研究生师生关系法案,关于研究生教育中的师生关系规定散见于不同的法律文件中,这就需要进行大量的法律文本分析,从中抽离出关于研究生师生关系的规定。其中的研究生导师权力规定和研究生所享受的教育权利规定应该是关注的重点,这也是我们在分析研究生教育过程中师生关系矛盾发生原因和处理办法的依据。将研究生教育所涉及的师生权益的文本进行系统梳理成为研究的基础工作。

法律文本规定并不等于现实状况,法律规定执行和依法治教习惯的培养都需要一个过程,教育活动在一定程度上独立于法律文本规定,它经常按照传统的习惯逻辑运行,人们对法律规定的理解程度和遵照法律规定办事程度都与法律规定的理想要求存在差距。所以,现实中人们究竟是如何理解研究生师生权力-权利关系状况需要进行一定范围的调查研究。

5.关注民办高校质量与效率关系

在关注公办高校的同时,我们也需要关注民办高校办学质量问题。民办高校往往把经济效益放在第一位,对与社会效益直接相关的质量问题关注相对不足。质量提升,离不开管理杠杆的撬动,离不开内部治理结构的调整,我们假定,合理的内部治理结构有助于民办高校质量提升。但如何促进民办高校改善内部治理结构就是一个需要解决的难题。根据民办高校对办学效益(特别是经济效益)高度关注的特性,我们尝试以绩效评价机制为突破口来研究民办高校的内部治理结构调整问题。我们知道,民办高校具有自己的特殊性,选择适当的研究视角非常关键。办学效益是民办高校考虑的核心问题,绩效评价是民办高校提升办学效益的重要手段,通过绩效评价杠杆来促进内部治理结构调整是一个不错的选择。

要进行绩效评价与内部治理结构关系研究,首先需要论证两者之间确实存在着逻辑的联系。为此就需要运用扎根理论方法,从那些实际从事民办高校管理工作的当事人经验中去提取,也需要从民办高校正在执行的管理文件中去验证。所以前期的扎根理论方法的研究与后期的案例研究缺一不可。当然,在中间还需要进行民办高校治理机制与治理结构关系模型的建构,虽然它是基于扎根理论研究材料的,但又不完全依赖于这些材料,毕竟这些材料是零碎的、不全面的,难以完整地描绘民办高校治理机制运行图式,也难以清晰地勾勒出理想的民办高校内部治理结构样式,为此就不得不依据研究者对民办高校治理过程的体验,经过反思之后再从理想角度进行构建,这样才能既具有理想性又具有现实性,从而可以指导未来民办高校治理结构调整。这就要求研究者本身必须对民办高校治理过程具有深度的体验。

二、高等教育作为国之重器,大学必须率先实现治理现代化

大学是高等教育活动的基本单元,高等教育现代化必须从大学治理现

代化做起,而且要伴随着高等教育现代化全过程。如前所述,在大学治理走向现代化的过程中,大学治理中面临的最突出问题是管理重心太高,无法发挥基层的积极性。如此就出现大学内部行政化状况久治难愈,甚至有愈演愈烈的倾向,所以大学走向治理的出路就要降低管理重心。显然,冰冻三尺,非一日之寒,大学内部治理结构非一朝一夕就可以解决的,必须一步步来。究竟如何开始就需要认真思考。我们认为,推进大学内部治理现代化有五步是必须的,第一步是把管理重心降到院级。所谓降到院级,意味着院级的管理责任必须增强,如此就会对院长的管理能力提出挑战,那么,院长应该具备什么样的管理能力就是高校内部治理研究首先需要解决的问题。第二步就是要壮大院级学术委员会的治理概念,从而与学院治理责任加强相一致,与院长管理能力提升相适应。可以说,与院长管理能力提升直接相应的就是强化院级学术委员会的功能,使之在教授治学过程中发挥积极的作用。第三步是优化治理机制,促进院系有效治理。所谓有效治理,就是要确立合理的治理目标,采用有效的执行机制,促进目标有效达成。有效治理的根本目的是调动教师的积极性,通过教师积极性调动来促进教育教学质量提升。教师积极性提升最终效果应该体现在课程建设和课堂教学质量上,为此大学内部治理机制优化最终需要落实在课程治理机制优化上,因为课程是联系教师与学生、教师与学校、学校与社会的桥梁,所以,课程治理是大学治理的落脚点。大学内部治理效果最终通过强化课程治理、调动教师的积极性来实现,可以说课程是影响教育教学质量的最直接的因素。第四步是顺应社会发展趋势,加强依法治教力度,强化师生关系的疏导和引导,特别是要注重化解研究生教育中师生关系不合适的状况,促进大学校园建立权力—权利适配的师生关系。第五步是有效地运用绩效评价杠杆,使之成为高校内部治理结构调整的平衡器。能够做好这五步,就建立了一个比较合理的大学质量保障机制。

我们认为,我国高校管理重心过高主要是传统管理体制造成的。我国传统上是计划体制,实行的是垂直式管理模式,即学校一级领导直接对应上级教育管理部门的领导,学校自主权集中体现在上级指示的执行者,而非主动的社会需要的反映者。要强化大学办学自主地位,就需要加强学校办学自主权。但大学是一个多学科的联合体,学校自主权不能集中在学校层面,因为集中在学校层面就无法反映各个学科的具体发展情况,就无法反映市场对专业人才需求的变化情况。所以,办学权力应该适当地分散到各个学院,由学院负责具体学术事务,掌管各个具体学科与专业的发展情况,促进学科与专业主动适应社会发展变化要求。显然,办学权力下放到学院,绝不是下放给某个人,无论是院长或是学术权威,都不行,必须是一个学术共同体。代表学术共同体的是学术委员会,因为它是学院学术力量的代表,集中了学院最具有学术影响力的教授,因为这些教授不仅学术贡献大,而且能够谨守学术规范,得到了同行的认可,从而被推举到学术委员会中负责学术事务评议工作。但作为一个相对独立的办学单位,要处理大量的学术事务和行政事务,就必须由一个有管理能力的院长负责全面事务以维持学院日常运转。这样的院长第一条需要有自己的教育理念,否则就难以担负起全院人才培养的重任和学术事务协调工作。所以,院长的领导力本质上是一种教育领导力。

那么,研究院长的教育领导力必须与研究学院学术委员会建设同步进行。在二级学院,院长虽然负责学院全面事务,但主要发挥的是一种行政管理职能,他虽然对学术事务具有很大的发言权,但必须尊重教授群体的意见,不能实行个人独裁。所以,学术权力既是一种精英权力,也是一种民主权力。所谓精英权力,指学术权力不是平均分布的,而是向学术权威倾斜,即谁的学术贡献大,谁的学术话语权就强。所谓民主权力,指学术决策不是某个人说了算,而是需要集体决定,无论是通过投票的方式还是通过辩论的方式,都是在让人们充分发表意见之后再进行决策。但学术权力又不是一个纯粹的民主权力,学术权力也需要采用一种集中制,如此才能进入执行环节,从而院长具有学术干预的权力。当学术决定不符合办学目标的时候就要运用行政手段进行干预,也即院长具有否决学术委员会决定的权力,如此才能获得一种学术权力与行政权力的基本平衡。我们知道,集体决定未必都是正确的,个人决定不一定都是主观臆断的,各自具有自己的优势,关键是两者之间达成一个合理的平衡,从而在不否定民主决策的同时又可以保证决策的效率。

课程与教学是决定教学质量的根本环节,教学质量从根本上说又取决于课程建设质量。课程就是对教学内容和方法的系统规划设计,是实现专业人才培养目标的基本载体。教学是课程的具体执行,是一种活的课程。课程并不等于教学计划和教学方案的设计,必须通过具体执行环节来体现。只有在课程正确设计的前提下才能出现高质量的教学,有高质量的教学,才有高质量的课程。进行有效的课程设计需要充分发挥教师的能动性,需要教师进行充分的教学研究,需要教师真正关心学生成长需求,同时必须认真关注社会发展需求的变化。只有教师的关注点与学生需求和社会发展需要有机地统一在一起,课程设计才可能是有效的。在正确关注学生需求和社会发展需要基础上,还必须采用恰当的方式进行教学才能促进学生发展,为此必须钻研学生的接受心理,激发学生从被动学习状态转向主动学习状态,只有把学生从被动的接受者的状态转变为主动探索者的状态,教学才是成功的。显然,激发教师教学主动性是关键,调动学生学习积极性是根本,如果学校管理策略不改变,学校不能针对不同学科使用不同的教学管理策略,就难以真正调动教师的积极性和学生的主动性。与教师的积极性直接相关的就是教师评价政策,这是影响课程治理成效的根本,因为评价就是指挥棒,指挥棒不变,其他就很难改变。所以,课程治理显然不只是课程本身的事情,而是整个高校管理机制的事情,这就与高校的绩效评价制度直接相关。

谈到绩效评价,就直接涉及高校内部部门利益的调整,因不同的考核意味着不同的权力分布,权重越大自然就越受重视,在考核中比重越小,自然就越不受重视。在课程领域,专业课比通识课受重视,必修课比选修课受重视,从而学生把更多的精力用在专业课和必修课上,这样就使课程出现了不同的等级,相应地也影响到教师的教学积极性。在绩效评价过程中,科研比教学权重更大,从而吸引教师把更多精力用于科研而非教学。由于科研业绩直接关系到学校排名和地位,从而管理层就越发重视科研,而对教学则采取应付策略。随着各项教学比赛纳入排名行列,这些比赛项目也受到了重视。这显示出大学办学受外部控制的影响太大,难以发挥自身的主动性与能动性。如何让管理部门把注意力向教学倾斜,特别是发挥科研对教学的促进作用,使科研定位与自身的办学定位相一致,是一个非常重要的问题。可以说,绩效评价方式是大学内部管理机制的牛鼻子,抓住这个牛鼻子,对高校治理结构调整和质量保障有积极的作用。

师生关系调整最能够显现人才培养质量,也是治理成效的展示区。健康和谐的师生关系是立德树人根本目标落实的表现,如果出现师生关系紧张则是大学治理失灵的表现。所以,师生关系状况是大学治理状况的警示器。很显然,建设健康和谐的师生关系是师生双方面的责任,绝不是单方面的事情,但双方面的责任绝不是均等的,而教师在其中占有主导地位,负有主要责任。教师所具有的优势地位容易使学生处于被动的地位,所以,如何尊重学生的主体性,使学生能够充分主张自己的学习权利,保护自己的正当利益,是高校管理者必须思考的事情。高校自然需要健全规章制度,完善对教师的行为规范,引导教师正当行使自己的学术权力,同时也要进一步保护学生所享有的学术权益,特别是学生的学习权利,使师生在正常的交往过程中获得一个相互促进的关系。近年来,研究生师生关系出现了不少问题,需要引起高度关注,为此也需要对校园环境进行治理,这也是校园文化建设的重要一环。不得不说,校园环境治理必须遵循依法治教的轨道进行,只有遵循法治的思路才能使大学校园长治久安。

三、"唯论文""唯项目"对高等教育质量造成重大威胁

(一)高等教育质量提升面临的问题非常多

众所周知,目前我国高等教育规模已经是世界第一,毛入学率已经超过50%,进入了普及化阶段,但我国高等教育实力并不强,与成为世界高等教育强国还有相当距离。

在高等教育进入普及化阶段后,规模扩张就不再是高等教育发展中的主要问题,而质量提高才是高等教育发展中面临的最主要问题,也是真正的难题。对于规模扩张而言,似乎只要经费充足投入就可以完成预期目标,然而要达到质量提升目标就显得非常困难和复杂,因为要提升高等教育质量,就需要考虑到高等教育层次和类型问题,考虑到专业和学科差异问题,考虑到师资和设备的适配性问题,而且必须考虑到校园文化环境建设和学生学习心态问题,同时还必须考虑到社会需求变化和高校的承受能力问题。对这一系列问题的考虑,都是对高等教育质量提升课题所提出的挑战。但我国要建设高等教育强国,就必须突破质量建设的难题,这也是我国提倡高等教育走内涵式发展道路的由来。

(二)提升高等教育质量需要从大学内部治理结构进行突破

很显然,妨碍我国高等教育质量提升的根本问题仍然是办学体制机制问题,对于这些问题,必须用改革的眼光来看待,也即必须从新思路去思考和解决。在高等教育内部,人们普遍发现基层创新活力还没有被激发,这实际上已经成为阻挡高等教育质量提升的关键问题。为此就必须从治理机制变革入手来解决。治理机制问题,从根本上说是治理结构问题,如果大学内部权力集中,基层缺乏必要的行动能力,那么基层的活力就难以显现出来。

为此，大学内部治理结构问题就是一个我们必须关注的重点问题。

按照功能主义理论，结构决定功能。没有合理的治理结构，就难以让大学发挥出真正的办学效能，进而就难以使整个高等教育系统发挥出有效的功能。因为高等教育的基本单位就是各所高校，只有每所高校在治理上都发挥出高效能，高等教育办学质量才能获得整体提升。要使高校治理发挥出高效能，大学内部治理结构调整在所难免，因为人们感受最深的就是目前大学内部治理结构制约了大学办学的功能发挥。当然，大学内部治理结构受大学外部治理结构影响，但外部治理结构调整是一个长期的复杂的事情，很难很快地找到答案，而大学内部治理结构调整容易找到突破口。所以，从大学内部治理结构的突破口去思考，就容易推进高等教育质量获得有效的提升。

目前高等教育理论界与实践界双方面都获得了一个共识：大学治理重心必须下移，二级学院应该成为真正的办学实体。所以，"学院办大学"成为大学治理结构调整的一个不可逆转的基本趋势。但如何实践"学院办大学"战略，就是大学内部治理结构研究的重点所在。故而，本课题以"大学内部治理结构"为研究的逻辑起点正是以此为背景展开的研究。

(三)我国大学内部治理结构改革必须走中国特色道路

要探索中国特色的大学治理结构确实不是一个简单的命题，充满了挑战性。但我们不能回避这个难题，因为我们要建设世界一流大学，必须做出中国气派，必须具有中国学派，哲学社会科学必须在世界上独树一帜。我们必须能够对中国大学制度做出合理的解释，从而支持中国学派建设。中国有自己的国情，必须根据自己的情况办事，为此我们必须具有文化自信、制度自信、理论自信和道路自信，因为我们是社会主义国家，走的是中国特色的社会主义道路，我们必须对中国特色社会主义道路充满信心，我们也必须不断地充实、发展和完善中国特色社会主义理论，我们必须具有这种理论的自觉性，这种自觉性就表现在我们主动地把马克思主义基本原理用于指导中国社会改革开放实践，教育实践就是其中重要的组成部分，高等教育实践尤其充满挑战性，因为高等教育不仅肩负培养创新人才的责任，同时也肩负创新知识的重任，需要在创新知识过程中为社会提供广泛的服务。这种自觉就转变为高等教育学科建设的动力，即我们需要用创新的高等教育理论指导高等教育实践。

毫无疑问，大学内部治理结构调整目的是提高质量，促进人才培养质量的提升,提高科学创新能力,促进社会服务能力的提升。教育以育人为本,所以,大学科学创新能力提高和社会服务能力提升都离不开人才培养质量提升这个根本,而且人才培养质量本身就是检验科学创新能力和社会服务能力的主要依据。现今我国大学发表的论文量非常巨大,已经超过许多发达国家,总量仅次于美国,但这些论文究竟对社会贡献如何、对人才培养质量提升的作用如何,非常值得拷问。大学中为发表而写论文的情况屡见不鲜,已经构成了高等教育质量的隐患,这是中央决心要破除"唯论文"倾向的根源。

(四)改革重科研、轻教学的绩效评价机制是大学治理改革的重点

确实,要解决"唯论文"这个问题并不容易,但关键是要找到问题的根源,否则就可能出现治标不治本的情况。从本源上说,之所以出现"唯论文"的情况,就在于基层无法决定自己究竟干什么,已经被各种指标所捆绑,这些指标成为大学教师必须完成的任务,不然就很难达标,这才是"唯论文"的根源。这说明科研人员缺乏基本的自主权,无法决定自己究竟该做什么,不能从诚实的原则出发来从事教学与科研工作。因为各种管理指标并不针对每个人,是不加区别的,那么每个人也只能不顾自己的实际情况都从指标出发来安排自己的工作与生活。而论文量是每个教师必须完成的工作。在这种被动情况下所撰写的论文只能靠追慕热点和投机取巧方式来获得发表机会,不然就很难在短时间内达到发表任务量的要求。这种非自由状态下从事的研究与高质量无缘,只能是一种低水平的重复劳动。

"唯项目"也是如此,因为项目是大学教师晋升的必要条件。每年一度的课题指南基本上就确定了教师的选题范围。毫无疑问,指南所列项目的指导性非常强,但是否适合大学教师就难以预料。大学教师更适合从事基本理论研究,这是学科体系构建的需要,也是教学的实际需要,因为在教学过程中必须能够解答学生提出的相关问题,如果不进行系统的理论研究就无法胜任。而指南课题非常偏重应用性,对教师的实践条件要求非常高,这些都是绝大多数教师无法胜任的。加上现在考核制度都是个人性评估,不鼓励合作研究,教师的研究能力也存在着严重不足。如果有科研助手的话还能降低一定的科研压力,否则个人就需要从事课题设计、文献查找、课题论证、课题申报等一系列工作。如果有幸获中课题,就需要个人全方位地开展研究工作,完全超出了个体的研究能力。在这种情况下,科研质量难以保证就是自然而然的了。由于管理部门重视课题申报而不重视课题完成情

况,导致很多课题都成了"烂尾楼"工程。即使可以结题的项目多半也属于应付。原因在于科研机制不合理,计划研究项目是一种理想设计,一遇到现实问题,这些设计都必须重新修订。而管理部门如果严格按照原先设计进行管理,那最终结果只能是应付和拼凑。可以说,这种科研机制不仅无法鼓励科学创新,反而会抑制创新,因为这种科研机制无法使教师充分自由地开展研究,已经把研究变相地转化为一种硬性任务。

在这种科研体制和考评机制下,教师们只好把主要精力用在科研上,也即项目申报和论文撰写上,这种科研很难说是真正意义上的科研。所以,考评机制不改,办学真正效益和办学质量就无法提升,自然也就很难提升教育质量和人才培养质量了,就可能与落实立德树人根本任务渐行渐远。故而,绩效评价机制改革是大学内部治理结构改革的最终突破点。

四、大学内部治理结构改革遵循的行动逻辑

(一)选好二级学院院长是治理重心下移需要第一位思考的问题

要让大学二级学院成为真正办学实体,选好当家人即学院院长是第一位思考的问题。毛主席说过:"政治路线确定之后,干部就是决定的因素。"①学界普遍认为,学院院长必须具有很强的管理能力才行,否则学院的秩序就难以保证,办学方向就难以坚持。同时也认为,要使学院具有较高的学术水准,院长自身需要具有学术带头人的资历,否则就难以服众。进而还认为,要培养社会主义合格的建设者和接班人,院长也必须具有正确的教育理念。因而,学院作为一个学术性、教育性和行政性相统一的机构,院长必须具有综合协调能力,既能够满足学术发展的内在需求,又能够倾听学生发展需要的声音,同时还能够认真贯彻上级指示精神。所以,院长必须具有较高的综合素质,不能是一个只知道做学术的单纯的学者,也不能是只知道听从上级命令的行政人员,更不能是只懂把书本教好就知足的教书匠,而应该是一个具有人格魅力、管理实力和学术权威的专家,这种院长就是具有教育领导力的专家。所以,研究如何使院长具有教育领导力就是中国特色的大学内部治理结构与质量保障机制建设研究需要解答的第一个问题。

---

① 毛泽东.中国共产党在民族战争中的地位[M]//毛泽东.毛泽东著作选读:上册.北京:北京人民出版社,1986:279.

（二）建设好学院学术委员会可以有效地平衡学术权力与行政权力，阻止行政化加剧

经过近20年的探讨，学术界普遍认为，大学内部行政权力过大是当代中国大学治理面临的一个通病，如何在大学内部治理重心下移状态下避免行政权力过大，是一个必须认真预先思考的问题。对于试图实践学院办学理念的二级院长而言，必须具有充分的行政权力，因为这是一种正式权力，有了这个权力，才能有效地调动办学资源，落实办院计划，实现学院发展目标，否则就难以管好一个学院。但在办院过程中又不能出现"一言堂"的情况，否则就会扼杀学术活力，会让人变得唯唯诺诺，不敢创新。因此，无论行政事务还是学术事务都必须遵循民主集中制原则，特别是在学术事务处理上必须尊重教授群体共同的意见。为此就离不开学术委员会（含教授委员会）的建设。建设好学术委员会，就是发挥教授治学的主动性、积极性，共同建言献策，使学术决策能够照顾绝大多数学者的利益而不是单纯反映个别人的意志。所以，找到学术委员会良性的运行方式就是学术委员会建设急迫需要解决的难题。我国大学学术委员会建设一直处于软弱无力状态，长期受行政权力挟制，无法充分发挥作用，难以维护学术的独立地位，这种状况严重阻碍了我国大学迈向世界一流大学的步伐。只有院长与学术委员会之间保持健康的良性关系，才能使教授治学有效地发挥作用。所以，我们非常有必要研究学术委员会健康运行的文化生态问题。

（三）课程治理是大学治理的重点，也是高等教育质量的根本保障

课程是教学的载体，教学是师生沟通的主要桥梁，教学质量决定教育质量，而课程质量决定教学质量，抓好课程建设就抓住了高等教育质量建设的牛鼻子。因此，高等教育质量保障最终依靠课程来落实，通过课程建设把每个教师的积极性发挥出来正是课程治理的目的。如果不能把教师的主要精力吸引到课程建设上来，说明大学内部治理改革并没有到位，大学内部治理成效就不明显。只有把教师的教学积极性充分发挥出来，大学内部治理改革才是成功的，因为教学可以促进科研，可以促进课程建设，可以促进学术环境建设，可以提升大学的文化软实力。目前大学教师对教学投入不足已经成为我国高等教育人才培养质量建设的软肋，只有解决好这个问题，高等教育质量建设才算落到实处。如何促进教师投身教学？课程治理就是关键。正是由于教师能够投身课程建设，才会吸引他们把每一堂课上好，从而把课程做精，精品课程依赖于每堂课的高质高效。要使每堂课高质高效，不对课程进行总体设计是不可能的,不安排好课程总体内容、不设计好课程采取的基本方法、不考虑好课程所依赖的设备设施就无法让课程达到预期效果。这就要求教师必须有自己的教学理念和课程理念,通过课程理念统帅自己教学过程,指导自己的教学行为。

目前,本科教育质量弱化已经成为社会高度关注的事情,那么研究本科课程治理就是大学内部治理结构调整研究中必须关注的一个重点,而本科课程治理也是高等教育质量保障体系建设的一个关键。

(四)师生关系和谐关系到大学治理成败,依法治理是平安校园建设的基础

研究生师生关系恶化已经成为社会上非常关注的事件,这也对高等教育质量建设产生巨大的负面影响,如何进行治理已经成为大学治理过程中一个亟待解决的问题,当然也是大学内部治理结构必须思考的一个重要问题。我们知道,师生关系是大学内部最基本的关系,师生关系状况直接影响到教育教学质量。虽然目前出现的研究生师生关系恶性事件属于个别事例,但已经暴露出大学内部师生关系出现了异化现象并亟待调整和整顿,显然它也显示出大学师生在大学治理过程中权力不足状况,从而涉及大学师生对大学治理的参与权问题。然而,在目前研究生师生对大学治理的参与权还难以结构化,需要进行系列的研究,因为这不仅涉及大学章程的建设问题,也涉及法律的基本规定问题。我们只能在目前法律框架下思考该如何保障教师的学术权利和维护学生的学习权利,同时制约教师的学术权力滥用和培养学生对自身学术权利的保护能力。为此就必须对目前师生权益的法律法规进行系统梳理,并且从大学具体执行的角度来思考如何完善师生权益保护的法律框架。

(五)绩效评价是大学治理的重要抓手,也是完善治理结构和提升办学质量的有效杠杆

无疑,现今大学教师的行为受到了绩效评价的巨大影响,完全置身于绩效评价之外的教师几乎没有。要调动教师积极性,就不能不思考如何运用绩效评价杠杆的问题。传统的"五唯"评价是评价导向出了问题,才产生今日大学质量危机。"解铃还须系铃人",我们要改变今天大学治理的不利局面,仍然需要从解决绩效评价存在的问题入手。如果绩效评价产生了正向效应,说明大学治理结构是合理的、有效的,否则就说明大学治理结构存在着明显问题。调整绩效评价指标,在一定意义上就是在调整大学治理结构。

我们知道,要使教师们更加投入教学,就必须提高教学指标在绩效评价中所占的比重,只有教学绩效占据整个绩效评价一半左右的分量时,教师们才会充分注重教学投入。如果教学绩效在总体评价所占分量极低,就是无意中鼓励教师脱离教学。因此,完善绩效评价机制可以在相当程度上促进大学内部治理结构完善。

五、广泛萃取成功经验,探索中国本土化的大学治理路径

在研究主题确定之后,研究方法选择就是关键因素。针对大学内部治理结构问题研究,无法采用预先设计理论框架的方式进行,只能采取经验萃取的方式进行。因为我们无法把西方大学的治理框架直接搬过来为我所用,事实上通过改革开放以来的摸索,人们已经认识到我们必须走自己的道路,必须从完善自身的治理结构出发,走中国特色的大学内部治理之路。目前,我们正处在推进管办评分离的途中,还没有实现真正的管办评分离。采用垂直式管理仍然是中国高等教育管理体制的特色。当然,坚持党的领导是我国社会主义大学办学的最根本的特色。大学内部管理体制也是如此,坚持党的领导是社会主义大学办学的基本特色,实行党委领导下的校长负责制是中国大学治理的基本模式。中国特色的大学内部治理结构调整也是在遵循这个基本特色和基本模式的基础上开展研究的。所以,无论二级学院院长选拔还是学术委员会建设,抑或是课程治理或是师生关系调整,再或是绩效评价的开展都是在坚持党的领导的基本原则下进行的。

本研究采用的基本方法是经验萃取法,也即从调查研究出发,从实践中发现成功经验,进而在总结经验的基础上形成基本理论。具体而言,就是采用个案研究法,通过找到一些典型个案,发现促进大学内部治理结构调整的有效经验,用来建构比较适宜的理论,从而为中国特色的大学治理结构调整找到一条切实可行的路线。当然,这些经验都是在通过大量的访谈之后才能确定的,为此,所采用的基本研究途径就是质性研究方式,因为我们无法事先构建理论框架,然后采取大规模的量化调查方法。相反,我们正是在大量的实地调查基础上,生成一个理论框架。如我们提出"提高二级学院院长教育领导力"命题就是在长期的实地调查基础上提出的,提出大学课程治理思想也是在大量的田野调查中生成的,提出通过绩效评价来调整治理结构

思想、建立研究生导师学术权力与学生权利适配性思想也是如此，提出建立二级学院学术委员会良性的文化生态思想也都是基于田野调查而提出的。

为了找到典型的研究资料，我们进行了多轮实地调研。我们身在高等教育研究重镇，目前正在从事大学治理的行动研究，有着非常深刻的切身经验。研究者都经历了大学治理的专业理论训练，具备从实践一线获得生动资料的能力。我们的研究团队非常精干，不仅有精力集中、全神贯注的全日制博士生参与，而且有丰富实践经验的专业博士生加入，他们具有丰富的管理经验，对于大学内部治理结构存在的问题有深刻的体会，能够从真正问题出发开展研究。作为主持人，我非常关注大学内部治理结构改革问题，切实体会到治理结构直接关系到办学质量提升。我具有作为大学教授的经验，长期参与教授委员会工作；后来担任研究所所长，开始参与院系层面的治理工作；再后来成为院教授委员会主任，直接主持教授治学的过程；如今作为院领导人一员，先后负责教学管理和科研管理工作，并且参与聘任委员会工作、学术委员会工作，参与党政联席会的决策过程，直接体会到院管理工作的不易和面临的诸多挑战，从而更加坚定了大学内部治理结构改革研究的决心。

为了保证研究高质高效地推进，同时也为了在实际研究中培养研究生的理论联系实际能力，我把研究任务进行细化深化，并且作为博士生博士论文的研究选题，使他们的学术研究不仅具有充分的理论价值，而且同时要具有充分的实践价值。只有用充满挑战的实践性课题来训练学生的思维和实践意识，才能真正提升其思维的敏锐性和观察问题的深度，提升其理论视野的开阔性和实践关注的现实性，培养其具有强烈的责任意识和自觉的使命担当精神，让他们通过回答当前中国高等教育发展过程中面临的最迫切的问题增长理论思维水平和领导实践才干。

第一个研究主题"大学二级学院院长教育领导力研究"责任人是毛芳才教授，他目前是贺州学院党委副书记，长期担任学校的组织部负责人，具有学院院长选拔的丰富实践经验，也有很多理论困惑，参加该专题研究，不仅发挥其实践经验的长处，而且激发其理论探讨的热情，从而能够有效地做到学用结合和学以致用，如此训练，也真正符合教育博士生的训练要求，即用理论解决工作中的实际问题。

第二个研究主题"大学二级学院学术委员会建设研究"责任人是田芬博士生，她目前已经获得西北工业大学高教研究所助理研究员的职位邀请。

她是一个很具有同理心的女生,特别擅长与他人产生心理共鸣,她负责田野资料搜集非常合适。她没有在大学实际工作的经验,反而是她从事质性研究的优势,即她不会戴着有色眼镜去观察学术委员会建设中存在的问题,从而可以以完全的第三人立场去搜集资料,用共情的心理去体会大学二级学院的学术委员会委员们的苦与乐,分享他们的成功经验,正视他们所面临的问题,并尝试从学理的角度来回答他们的疑惑。这是一个富于挑战性的工作,也是增长学生知识和智慧的工作,同时也是训练其学术见解的工作,使其可以在其中真正领会学术的含义、学术与治理的关系、学术治理会遇到哪些实际的挑战,这些都会变成她终身的财富。

第三个研究主题"大学本科课程治理研究"责任人是汤建博士,她目前为安徽大学高等教育研究所助理研究员。她非常聪慧,善于理论思维,敢于迎接挑战,对于本科课程治理这个具有开创性的难题一点都没有退缩。我们知道,国家对本科课程建设非常重视,"双万计划"就是"金课"建设的动员令。因为只有"金课"建设成功,才能有一流专业出现。然而传统的课程建设模式是行政命令型的,这种建设很容易表面上轰轰烈烈,而真实效果却乏善可陈。所以课程建设必须走出一条新路来,即从自上而下的路线改为自下而上的路线并与自上而下的路线进行汇合,否则课程建设就不接地气。要找到一条自下而上的建设路线,就必须广泛萃取各类学校成功的课程建设经验,找到它们的成功案例,再通过理论思辨,形成一个具有统整意义的课程治理路线。换言之,只有从治理理念出发,才能改变目前课程建设中"领导忙活而群众旁观"的尴尬局面。

第四个研究主题"研究生师生权力-权利适配性研究"责任人是施卫华副研究员,他目前是福州大学石油化工学院党委书记,曾担任组织部副部长多年,并具有多年的学生工作经验,有较好的法学理论基础。他选择了研究生导师学术权力与研究生学习权利关系的研究,可谓正得其人。他思想政治觉悟非常高,自觉地以立德树人根本目标作为研究的指导思想,非常关注研究生教育中师生关系健康和谐问题,也在负责研究生师生关系矛盾调解的相关工作,从而具有丰富的实践经验。在实践中发现,导师权力与学生权利的适配性是一个关键问题,如果法律规定比较具体明确,就有利于指导师生健康和谐关系的建设,相反,如果法律规定模糊或空白,就容易使一些法律法规意识不强的教师在师生关系处理上出现越界行为。当然,研究生自身缺乏法律意识和自我保护能力也成为师生关系矛盾频发的一个重要影响因素。从法治建设入手探究师生关系调整问题无疑是一个正确有效的思路。

第五个研究主题"大学绩效评价与大学内部治理结构调整研究"责任人是宣葵葵研究员,她在宁波财经学院(前身是宁波大红鹰学院)科研处任处长一职,长期在管理部门工作,与校内各个管理部门具有密切的联系,并且参与学校改革发展规划和负责绩效评价改革设计工作。在民办高校,绩效评价是非常重要的管理手段,是办学者意志的集中反映,同时也反映出高校内部治理结构现状。作为一个行动研究者,她总是在不自觉地思考如何促进高校内部各种关系和谐,如何提升高校管理效率,以及如何提升学校办学竞争力,对这些问题的思考使她的研究更具有针对性。当然,对高校治理结构和治理效能的关注不能仅仅局限在本校,因为那样的视野是狭窄的。借鉴成功学校的经验无疑对完善本校改革思路和改革设计是大有裨益的。因此对校本研究和案例研究,都有助于丰富绩效评价研究的设计,也可为大学内部治理结构改善提供有效的借鉴。故而,她从事该专题研究不仅是专业发展的需要,也是承担好学校工作的需要,还是促进大学质量保障机制建设的需要。

六、结语

必须指出,关于中国特色的大学内部治理结构与质量保障机制建设研究目前取得的成功也只能是一个开端,后续的研究任务还很多,因为许多问题研究随着大学治理现代化命题的深化而不断涌现,都需要进行深度探讨。本次研究所取得的成果也只能为后来研究起到一个奠基的作用。这也呼唤研究者仍然需要继续努力,在本研究领域做出更多的成果和成绩。我们研究的目的就是突破目前高校治理结构难题,为中国特色的大学内部治理结构调整与质量保障机制建设奠定基础。

本研究总体而言是一次大规模的团队作战,需要多方面协作才能成功。在本次研究中,毛芳才、施卫华、宣葵葵、汤建和田芬5个人担任了主力,分别承担了专题研究工作,这也是他们博士论文的选题,他们都顺利地通过了论文答辩,本丛书就是在他们博士论文基础上修改而成的。赵祥辉、段肖阳、闵琴琴、杨振芳、郑雅倩、郭一凡等参与了调研和研讨,他们都表现出很高的研究热情和创造性,具有良好的学术素质,我对他们表示衷心的感谢。

本套丛书是教育部人文社会科学重点研究基地重大课题的成果,得到了基地领导的支持,我作为课题负责人在此表示热诚感谢。在课题设计论证环节,有许多专家提供了帮助,如西安欧亚学院董事长胡建波教授、青岛大学的李福华教授、华侨大学的陈雪琴教授等都给予了很大支持,我对他们的支持表示真诚感谢。特别是西安欧亚学院董事长胡建波教授,他热情接待了我们的专题调研活动,使我们调研收获非常大并发表了系列研究论文。而且西安欧亚学院也成为民办高校内部治理结构改革成功案例出现在终期的专题研究成果中。

本丛书是对大学内部治理结构与质量保障机制建设的一次深入的系统探索,是一次深入的系列专题研究。显然,研究无法对该问题给出一整套成熟的答案,我们只是对人们所关注的主要问题进行了前沿探索。我们相信大学治理重心下移是必然的,也相信必须从提升二级学院院长的教育领导力进行突破,从院级学术委员会的文化建设方面出发完善学术治理,从本科课程治理做起保障质量,从师生健康和谐关系构建入手推进大学校园环境建设,抓住绩效评价这个杠杆促进大学内部治理结构调整,这些基本判断有待时间的检验。我们寄希望于未来能够有机会对今天的研究结论做一次系统的检验,从而完善和推进该主题研究进一步走向深入。

王洪才

2021 年 12 月 16 日

序

    党的十八届三中全会提出"国家治理体系和治理能力现代化",具有极重要的战略意义和现代意义。有学者认为这是继"工业、农业、国防和科学技术四个现代化"之后的"第五化"。国家治理现代化,是完善和发展中国特色社会主义制度的必然要求,是实现社会主义现代化的应有之义。推进国家治理体系和治理能力现代化包括各领域、各方面,是全面深化改革的目标。治理现代化不仅是大学改革发展的基本方向,也是高等教育内涵式发展的需要。民办高校是高等教育的重要组成部分,由于发展历史短,在投融资体制、管理体制、运行机制等方面比较复杂,亟待加强治理现代化建设。尤其是如何充分调动教职工的积极性,如何公平、公正、科学地做好绩效评价,是民办高校治理中迫切需要研究和解决的突出问题。

    研究民办高校内部治理结构问题,从最根本上讲是为了激发教师的积极性和创造性,使教师教学、科研以及社会服务等工作都处于一个高效的状态。那么,如何来评判民办高校治理结构是否合理有效,这就需要一个合适的角度。从绩效评价角度来研究无疑是一个重要的视角。一般认为,如果绩效评价能够促进教师积极性发挥和办学目标的实现,那么其效果就是好的,反之就是差的。对于绩效评价的实施办法则需要根据实施效果进行动态调整。2020年10月,中共中央、国务院印发的《深化新时代教育评价改革总体方案》对我国教育评价改革做出了全面系统设计和战略安排,指出要扭转不科学的教育评价导向,提高教育治理能力和水平。评价实质上就是一种治理手段,科学合理地使用绩效评价手段,有助于高校建立"自我约束、自我提高、自我改进"的良性运行机制,不仅能够有效扭转当前普遍存在的单边治理结构困境,而且也是其在激烈的竞争中寻求"突出重围"、破解低水平发展危机和加快秩序重建的理性选择。

    国内理论界围绕民办高校内部治理结构开展了多角度的研究,对我国民办高校完善内部治理结构提出了许多具有重要参考价值的观点和建议。国内大部分研究,虽然在理论上关于绩效评价对内部治理结构的影响关系有所涉及,但尚未将绩效评价作为完善内部治理结构的一种重要手段和提升治理水平的重要途径加以深入研究。因此揭示绩效评价作为一种治理手段是通过哪些维度影响民办高校内部治理结构的规律性研究就显得十分重要。宣葵葵博士的专著《绩效评价对民办高校内部治理结构影响研究》,运用扎根理论的研究方法,针对民办高校内部治理结构存在的问题,建构绩效评价对民办高校内部治理结构的影响模型,从理论上破解绩效评价对内部治理结构的影响关系,这对整体面临"低端锁定"和"质量洼地"严峻挑战的民办高校而言,具有现实紧迫性和必要性。

　　本书主要研究绩效评价对民办高校内部治理结构的影响作用,这在国内是首次。主要研究问题为:第一,绩效评价对民办高校内部治理结构有何影响? 第二,我国民办高校绩效评价存在的主要问题及在内部治理结构上的反映如何? 第三,绩效评价体系是如何影响民办高校内部治理结构的? 第四,借鉴国内外经验,如何通过绩效评价改革促进民办高校内部治理结构完善? 针对上述问题,本书以绩效评价为切入点,遵循科学合理的绩效评价对促进民办高校内部治理结构优化具有积极作用这一逻辑思路,提出了绩效评价对民办高校内部治理结构影响的分析框架,认为民办高校绩效评价体系是其治理结构的反映,是治理目标、治理主体、治理规则和治理机制等要素系统作用的结果,通过对治理结构的影响而影响学校整体治理效能。本书以质的研究为取向,运用扎根理论研究方法,以我国十所民办高校的22位管理人员和教师为研究对象,构建了绩效评价对内部治理结构的影响模型。研究认为,绩效评价体系中的评价目标、评价指标、评价主体、评价对象、评价标准和评价反馈等维度,深刻地影响着治理结构中的治理主体、治理规则和治理机制等要素,而且随着治理要素的变化治理结构也会发生变化,最后影响到治理效能的发挥。在此基础上,本书以三所民办高校为案例,依据其绩效评价体系产生的动因,将其分为"内生主导型"和"内驱外引型"两类并展开讨论。最后,本书提出完善我国民办高校内部治理结构的对策建议。

　　本书具有重要的实践价值和理论意义。作者师从著名高等教育研究专家王洪才教授,长期从事民办高等教育管理与研究,扎根一线,对于民办高校绩效评价与内部治理进行了深入调研,有丰富的经验。著作采用实证调查方法,通过深度访谈,获得了翔实的调查数据和鲜活的第一手素材,提出了很好的破解思路和对策建议,以绩效评价助力完善民办高校内部治理结构,这对民办高校提升治理现代化水平、加快高质量发展,有着宝贵的借鉴价值,许多观点具有可操作性。

绩效评价对内部治理结构的影响关系问题作为一个新兴的研究方向,尚处于理论探索和建构阶段。未来还可以继续深挖案例高校成功或失败经验,考察绩效评价在什么时候能够对以举办者为代表的单边治理结构发挥作用,是如何发挥作用的,依据什么原则才能实现从单边治理走向多元共治,等等。总之,绩效评价对民办高校内部治理结构影响关系问题是一个兼具理论与实践价值的话题。在评价改革如火如荼开展的当下,深入探讨绩效评价对内部治理结构的影响关系,不仅能够促进我国民办高校内部治理结构的完善,同时也能为我国公办高校提供源自实践的经验。建立一套科学合理的绩效评价体系,可以提高高校资金使用效益,合理配置教育资源,实现整体效益最优,而且还可以为高校提高治理能力和治理体系现代化水平提供科学依据。这既是当前国际教育发展的大趋势,也是我国建设现代国家治理体系的重要组成部分。

祝贺本书的出版。相信这一研究成果对广大教育工作者、科研人员和研究生有一定的参考价值和裨益。

杨德广

2022 年 2 月

目　录

第一章

绪　论

　　我国社会经济发展已进入推进治理现代化的新时代。中共中央、国务院印发的《中国教育现代化 2035》是我国第一个以教育现代化为主题的中长期战略规划,是新时代推进教育现代化、建设教育强国的纲领性文件,系统勾画了我国教育现代化的战略愿景,明确了教育现代化的战略目标、战略任务和实施路径。教育现代化是教育高水平的发展状态,是对传统教育的超越,是教育发展理念、发展方式、体系制度等全方位的转变。教育现代化还意味着教育发展的价值取向从以关注规模增长和教育机会供给为重点,转向更加关注教育质量和人的培养质量,即未来人才高质量的培养将成为高校的核心竞争力。对民办高校而言,教育现代化的前提是实现治理现代化,即推进教育治理体系和治理能力现代化,完善治理结构,开展现代学校制度建设。但当前民办高校内部治理结构与教育现代化的目标之间还存在着较大差距。受国内外政治经济文化环境变化的影响,我国民办高校始终未能建立起合理的内部治理结构。其中最为突出的一个问题是其内部治理结构较多地体现了以举办者为代表的个别群体意志。不得不说,个别群体把控的治理结构在初创时期曾较好地促进了民办高校快速发展,但因市场机制过度引入带来的资本寻利性、办学目标功利化与内部管理上的集权性,导致举办者权力过大,在客观上窄化了学术权力的行使空间。因此充分认识内部治理存在的现实问题,寻求合理的手段和路径,更好地发挥治理结构"平衡器"的作用,进一步提升办学水平、增强核心竞争力是民办高校目前亟待解决的重大问题。

第一节　研究缘起与意义

改革开放 40 多年,我国民办高等教育取得了显著成就,在推进高等教育大众化进程、建设人力资源大国、培养各级各类高级专门人才等方面做出重要贡献。民办教育,从"公办教育的补充",到"教育事业的重要组成部分",再到"公办教育与民办教育共同发展",最后成为"国家教育事业的重要组成部分",经历了从无到有、由小到大、由弱到强的发展过程。截至 2019 年,全国共有民办高校 757 所,占高校总数的 28.2%;民办高校在校生 708.83 万人,占全国高校在校生数的 17.7%。全国大约每 5 名大学生中就有 1 名在民办高校就读。① 规模和体量的增加,意味着民办高校在经历了曲折而又艰辛的发展历程之后,逐渐走向正轨。相应地,我们对其发展的关注点也应从成长规模转向为社会提供优质教育资源,追求高质量的发展模式。

一、研究缘起

相对于公办高校而言,民办高校由于独特的发展环境和办学条件,其治理的复杂性更加突出,对完善内部治理结构有着更为迫切的需求。同时,由于经费来源渠道单一,投入能力不足,许多民办高校早期将发展重心放在规模扩张上,希望通过规模效益增加积累,改善办学条件,因而不同程度地忽视了内部管理体制建设,目前的内部治理结构尚不能适应高等教育现代化需求。因此,聚焦民办高校内部治理结构的完善,已成为我们无法回避的一个命题。

（一）以个别群体把控为特征的民办高校内部治理结构已不能适应治理现代化的要求

1.分类管理要求民办高校聚焦治理现代化

当前国家对民办高等教育的制度改革取得了实质性突破。按照党和政

---

① 教育部.2019 年全国教育事业发展统计公报[EB/OL].(2020-05-20)[2021-05-22].http://www.moe.gov.cn/jyb_sjzl/sjzl_fztjgb/202005/t20200520_456751.html.

府对民办学校分类管理的决策部署,2015 年 12 月,全国人大常委会审议通过了《中华人民共和国教育法》等相关法律修订案,取消了教育"不得以营利为目的"的相关规定,并于 2016 年 11 月发布《全国人民代表大会常务委员会关于修改〈中华人民共和国民办教育促进法〉的决定》。新的《中华人民共和国民办教育促进法》(以下简称《民办教育促进法》)明确指出"民办学校的举办者可以自主选择设立非营利性或者营利性民办学校",这一决定正式拉开了民办教育营利性、非营利性分类管理的大幕。为确保民办教育分类管理政策顺利推进,国务院、教育部、省(市)教育行政机构等部门相继制定了系列配套政策,截至 2020 年 6 月,全国 31 个省、自治区、直辖市政府层面均已颁布落实《民办教育促进法》和《国务院关于鼓励社会力量兴办教育促进民办教育健康发展的若干意见》的具体实施文件。[①]

　　系列政策的出台,表明党和国家"支持和规范社会力量兴办教育"的基本精神,也意味着民办高校改革步入深水区,更多地聚焦治理现代化是其应有之义。治理现代化是高等教育现代化发展的重要前提。2021 年 9 月 1日起修订施行的《中华人民共和国民办教育促进法实施条例》(以下简称《实施条例》)与《民办教育促进法》一脉相承,目的是在法律框架下平稳有序地推进非营利性和营利性民办学校分类管理改革。《实施条例》将对进一步夯实民办高校分类管理的法规基础,创新民办教育管理体制机制,建立差别化的民办教育政策体系,促进民办高等教育高质量发展等起到积极作用。作为高等教育重要组成部分的民办高等教育,探索面向现代化的实现路径,既符合新时代国家深化分类管理改革的方向和建设教育强国的根本利益,也是提升自身治理能力的应有之义。民办高校从投资办学、合理回报的存在方式,走向投资办学、出资(捐资)办学的两条道路选择,意味着其办学属性将从模糊状态转变为清晰状态,必须在营利与非营利办学之间做出选择。在支持和规范管理的政策主线下,"'营非'选择不仅仅是一道选择题,而是一道必答题"[②]。

---

　　①　段淑芬,杨红娟,阙明坤.民办高校营利或非营利性质选择困境及其对策:基于行为决策理论[J].高教探索,2021(1):106-110,128.

　　②　阙明坤.推进民办教育分类管理需处理的三大关系[J].教育发展研究,2017(3):60-62.

2.治理现代化是民办高校从传统走向现代的必由之路

在身份定位明确的前提下,对民办高校的探讨也就从身份地位性质的讨论转向为对其价值意义的追寻,即民办高校到底为何存在?它要追寻什么样的存在价值和存在意义?近年来,我国民办高校在快速发展的同时,由于内部制度规范跟不上其扩张速度,深层次问题不断凸显。众多研究显示,我国民办高校总体处于低位发展困境,内部治理结构不健全的问题非常突出。最为突出的一个问题是其治理结构较多地体现了以举办者为代表的个别群体的意志,学校决策权、行政管理权等核心权力垄断现象严重。民办高校董(理)事会多为举办者控制,举办者实质上掌控了学校决策权,由此造成举办者"一言堂"、内部成员家族化、运行程序不规范、机构功能虚置等问题突出;此外,在民办高校董事长兼任校长的现象较为普遍,致使决策权和行政权之间缺乏明确的界限,运行程序混乱,这一现象更使举办者一权独大。治理现代化,需要破除举办者一言而决或"内部人"控制的单边治理结构,理顺内部权力关系,坚持依法办学、依法治校,赋予利益相关者作为"行动者"所应具有的权力,构建利益相关者共同参与决策的治理结构。治理现代化带来的新要求,需要我们回归教育初心,以教育逻辑重新审视民办高校内部治理结构的现实状况,提出合理的优化路径,推动民办高校管理从传统走向现代。

(二)教师队伍建设不足已成为制约民办高校完善内部治理结构的主要因素

1.完善民办高校内部治理结构需要一支高质量的教师队伍

教师队伍的能力与水平决定着民办高校内涵式发展的速度与力度。最大限度地激发教师积极性和主动性、切实提高人才培养质量,是民办高校优化内部治理结构的最终追求。民办高校举办者是学校资金来源和运营模式的决定者,校长是学校办学定位和办学方向的决定者,教师是落实人才培养任务的直接实践者,如果教师作用得不到充分发挥,那么民办高校的办学效果是无法期待的。当前部分民办高校教师或多或少存在着"打工仔"心态,离职意向严重,师资队伍稳定性差,"留人难"已成为民办高校普遍面临的难题。[①]

---

① 马艳丽,周海涛.民办学校教师队伍建设改革的新进展新诉求[J].中国教育学刊,2019(7):19-23.

民办高校教师队伍不稳定表现在显性流失和隐性流失两个方面。就显性流失而言，很多教师把工作岗位当成跳板，进入民办高校之后，在熟悉专业技能、掌握教育行业规律、了解各高校情况之后，短时间内就另谋高就，寻求更大、更高的发展平台，如通过考取公务员进入政府部门、考取教师事业编制进入公办院校或攻读博士研究生等途径离开民办高校。中青年教师的大量流失对民办高校学科科研建设、教育教学工作都造成了较为严重的影响。而隐性流失则表现在一些教师"身在曹营心在汉"，他们对学校教学、管理事务关注较少、参与度低，工作效率不高。部分教师虽然人在民办高校上班，但受到社会地位、福利待遇、学生学习态度等客观因素影响，工作态度消极，一定程度上影响了教育教学质量的进一步提高，也导致学校资源的极大浪费。此外，部分民办高校教师为增加收入，从事第二职业，使得其投入教学科研的精力严重不足，有的甚至出现第二职业跃居教师主业之上的趋势。教师在其位却不谋其职，这种人心涣散的状况不利于民办高校持续发展。

2.民办高校教师的职业吸引力严重不足

《民办教育促进法》及其《实施条例》都规定了民办学校与公办学校具有同等法律地位，民办学校教师与公办学校教师具有同等法律地位。《中共中央国务院关于全面深化新时代教师队伍建设改革的意见》明确将维护民办学校教师权益、保障和落实与公办学校教师同等权利作为重要任务；《国务院关于鼓励社会力量兴办教育促进民办教育健康发展的若干意见》也提出要"吸引各类高层次人才到民办学校任教，做到事业留人、感情留人、待遇留人"。但就现状而言，绝大部分的民办高校教师并未实现与公办高校教师同等地位、同等待遇，由此导致民办高校教师的职业吸引力严重不足，进而制约着民办高校进一步发展。根据王玲的调查，民办高校教师中有 74.6％渴望转入公办高校；[①]张伟东、吴华等学者的研究还表明，民办高校中事业编制与非事业编制教师在组织承诺、工作投入上存在显著差异，事业编制与组织承诺、工作投入呈显著相关。[②] 民办高校教师职位因实际的社会地位和

---

① 王玲.我国民办高校教师突破身份困境的制度阻碍与解决策略[J].济南大学学报(社会科学版),2019(3):150-156,160.

② 张伟东,吴华.事业编制对民办高校教师组织承诺、工作投入的影响[J].浙江大学学报(人文社会科学版),2013(1):200.

各项待遇与公办高校教师相比存在较大差距,因此它的职业吸引力总体不强。

除外部政策原因以外,民办高校由于投资办学的特征导致其对人力资本投入逐年下降也是造成其教师职业吸引力不强的一个重要原因。改革开放初期,我国民办高校多为个人出资办学,近年来则由于大量资本涌入民办高等教育领域,融资上市、集团收购并购的事件频频发生,家族化或者公司化管理体制已成为很多民办高校的现实选择,资本投资办学也就成为其主要特征。很多民办高校在办学过程中虽然已建立起一定的办学理念,但因资本在办学过程中起着决定性因素,资本的逐利性使得民办高校和一般的公办高校有着很大不同,民办高校始终未能建立起稳定的内部发展环境和合理的内部治理结构。出于生存和竞争需求,民办高校往往会降低对教师这一人力资本的投资,并要求教师为工作倾注更多的时间和精力,致使其工作强度和压力都越来越大。

(三)实施绩效评价是民办高校内涵式发展的有效手段

1.内涵式发展要求民办高校创造性地利用资源

民办高校与公办高校的本质区别在于:一是两者受政府的管制有所不同,公办高校更多地受政府管制,民办高校相对而言内部办学自主权较大;二是民办高校大都是在资源紧缺情况下,运用企业化运作模式,靠改革、敢作敢为创办起来的,和公办高校相比,民办高校具有更强的危机意识和生存意识,其自我变革、组织再造能力和环境适应能力更强。王保华认为,在一定程度上"自主创新是所有民办高校具备的特质"[①]。高等教育内涵式发展意味着高校之间的竞争越来越激烈,民办高校只有充分发挥体制机制优势,坚持以教育逻辑引领自身发展,不断增强自我约束能力,才能实现内涵式发展。当前我国绝大多数民办高校内部治理结构在顶层设计上已基本完成,即"董(理)事会领导下的校长负责制",这是一种最常用的制度安排,但如何在中观层面上实现突破,形成一种更具适切性、更有效率的内部治理结构则是现实发展的需要。优秀的大学往往集聚了先进的设施和仪器设备、一流学者、充足经费,而资源短缺和资源获取能力不足是民办高校发展过程中的阻碍。相比较公办高校,民办高校是在资源极度匮乏的环境下生存与成长

---

① 王保华."变革式"自主创新型大学的范例:西安欧亚学院案例再研究[J].清华大学教育研究,2014(4):113-117,124.

起来的。面对激烈的高等教育市场竞争,如何发挥主体能动性,随环境需要而有效地组合各类资源,突破各种约束,创造性地利用现有资源,以更低的成本和更快的响应速度来获取发展过程中所需的资源,成为民办高校内涵式发展的必经之路和核心任务。

2.绩效评价是民办高校追求自身发展的理性选择

20世纪七八十年代,随着"新公共管理运动"在全球范围内的兴起,起源于西方国家企业领域并被广泛应用的绩效管理、绩效评价逐渐为公共部门所采纳。绩效管理强调节省投入成本、用较少支出获得更多产出,因此成为优化资源配置、提升组织绩效效率与管理效能的重要手段之一,对世界各国高等教育产生了深远影响。近年来,虽然我国政府对高等教育投入呈持续增长态势,但还远不能解决公共教育资源的稀缺性与大学规模迅速扩大、社会需求多元化之间的矛盾。因此绩效评价也就成为我国高等教育领域主导理念和方向性的行动策略。借鉴和发展企业、政府部门行之有效的绩效评价理论和方法,发挥绩效评价监控、调节、配置资源和激励作用,探索适合高校组织特点的绩效评价模式成为高等教育领域的研究热点问题。

2019年我国高等教育毛入学率达到51.6%,意味着高等教育正式进入普及化阶段,人民群众对高等教育的需求已经从"有学上"转变为"上好学",民办高等教育将由早期以机会竞争为主、提供拾遗补阙服务的补充教育,转向以实力竞争为主、提供特色服务的选择性教育。民办高校的生存将完全取决于竞争机制下学生的多元化选择,一批办学质量低下的民办高校将被淘汰,而一批特色鲜明的优质民办高校将脱颖而出。因此对民办高校而言,开展绩效评价既是贯彻落实国家政策的根本要求,同时更是其追求自身发展的理性选择。民办高校根据学校发展阶段和发展基础将绩效评价作为一个治理手段合理地加以使用,不仅体现了民办高校较为灵活的办学自主性,在实现组织目标并进行有效率的决策方面具有天然优势;更深层次的价值在于,通过绩效评价民办高校可以明确学校发展目标、衡量已达到的发展程度、促进学校层面对院系的办学行为进行规范和引导,最大限度地调动教师参与学校治理的智慧与力量。这种"自我约束、自我提高、自我改进"的良性运行机制,是民办高校在激烈竞争中寻求"突出重围",破解低水平发展危机,打破规模扩张初期形成的格局,加快秩序重建的应然之道。

二、研究意义

(一)理论意义

1.从理论上破解绩效评价对民办高校内部治理结构的影响关系

民办高校由于发展历史短、依赖于投融资体制、市场化运行机制等多种因素形成了不同于公办高等教育、颇为复杂的利益关系网,其治理复杂性远超公办高校。政府,尤其是地方政府尚未从管制思维转变到治理思维上来,在管理过程中普遍存在着照搬公办高校管理经验、执行公办高校考核标准的问题,这些不适宜的管理方式与管理目标对民办高校内部治理结构造成了相当大的负面影响。政府作为外部治理主体,一方面责任担当不到位,另一方面却又管理过严不放权,对民办高校没有实施有效治理。与此同时,我国民办高校内部管理模式仍然停留在单一权力向度中,普遍存在着"学校决策权、行政管理权过于集中,监督权不同程度上存在缺失"[①]等问题,内部尚未形成科学的权力配置结构。对民办高校而言,除了要处理好与政府、市场等外部主体之间的关系以外,更为重要的是要进行管理范式改革,从管理走向治理。民办高校治理不同于经济领域的治理,也不同于政府层面的治理,企业领域与政府公共治理领域的治理理论并不能完全适用于民办高校的管理规律和实际情况。相对于西方国家成熟的大学治理理论来说,我国民办高校治理理论研究远远落后于实践的步伐,现有的研究还不足以回答民办高校治理面临的各种问题。本书主要讨论绩效评价对民办高校内部治理的影响问题,为民办高校完善内部治理结构提供理论支撑,为民办高校治理理论研究提供新的视角。

2.为绩效评价理论研究深入民办高校内部治理层面提供新的、有效的切入点

2020年10月13日,中共中央、国务院印发的《深化新时代教育评价改革总体方案》(以下简称《总体方案》),系统全面地构建了新时代教育评价改革的总体框架,是新中国历史上关于教育评价规格最高的改革方案,是新时代教育评价改革的行动指南,更是实现"十四五"时期建设高质量教育体系

---

① 史少杰,周海涛.非营利性民办高校内部治理权力制衡分析[J].现代教育管理,2018(1):26-29.

政策目标和"中国教育现代化 2035"远景目标的重要推进器,具有重大的理论价值和现实意义。《总体方案》对教师评价、学生评价和高校评价的具体改革路径的明确,则体现了对大学组织、教师、学生等利益相关者的全面指引,是对高校内部谁来评价、评价什么、怎么评价的重新定位。从这个意义上讲,在全面推进教育现代化的新时期,深刻领会《总体方案》内涵要求,充分认识绩效评价内涵和功能,树立正确的评价观和绩效观,研究民办高校内部科学评价体系构建路径,以评价改革助推教育治理现代化,具有重要意义。

但绩效本身是一个相当复杂的概念,会因为人们对其内涵的关注点不同而形成不同的评价导向。科学合理的绩效评价能够有效地平衡评价的实然性和应然性,最大限度地发挥教育功能。如何正确理解绩效内涵,回归评价的理性价值目标,发挥绩效评价的正向功能,通过引导教师对工作绩效的关注来激发教师内生的主动性和发展动力,最大限度地发挥以评促改的政策指挥力,需要我们进行深刻的学理思考。本研究以绩效评价为杠杆,分析比较民办高校绩效评价体系对内部治理结构影响的维度,为民办高校运用绩效评价这一治理手段来完善内部治理结构提供理论依据,对丰富和发展绩效评价理论具有一定意义。

(二)现实意义

1.提出操作性较强的对策建议为民办高校完善内部治理结构提供参考

党的十八届三中全会和十九届四中全会先后强调把"推进国家治理体系和治理能力现代化"作为全面深化改革的目标,教育治理现代化是国家治理现代化的题中应有之义,也是重要引擎。当前民办高校内部治理水平与现代化治理要求还存在着较大距离。在民办高校由以规模效益为主的初级阶段向以质量内涵为主的规范化发展阶段转变过程中,内部治理结构的完善程度决定着其转变的成效。多种治理问题与风险并存是民办高校治理的现状;借助于外部环境和内部力量,寻求符合组织特征和教育规律的治理结构,是民办高校"良治"的体现。史秋衡、张纯坤认为,在"教育规律并未能在民办高校站稳脚跟,发挥其应有作用"[①]的背景下,完善治理结构是一件很困难的事情,因此通过治理手段改革完善内部治理结构也就成

---

① 史秋衡,张纯坤.民办高校发展的内在逻辑:重构与转型路径[J].高校教育管理,2020(4):25-31.

为一项具有挑战性的工作。本书针对民办高校内部治理结构现状,构建绩效评价对内部治理结构的影响模型,从绩效评价的角度有针对性地提出完善内部治理结构的相应对策,对民办高校完善内部治理结构具有一定的应用性。

2.为民办高校有效扭转绩效评价存在的弊端提供改革思路

陈玉琨认为,教育评价是判断教育行为在多大程度上满足了社会与个体需要的活动,通过对教育活动现实的或潜在的价值做出判断,以期达到教育价值增值的目的。[①] 评价的前提是价值判断,教育评价事关教育发展方向,有什么样的评价指挥棒,就有什么样的办学导向。与公办高校一样,绩效评价在民办高校也逐步成为一种强势话语,并且在实践中大行其道。这是因为,竞争性的生存环境倒逼民办高校重视办学定位,聚焦办学特色,对外满足社会需求以获得"社会合法性",对内调整发展方向,集中有限资源提高办学水平。在教育教学工作变得可测可比较的情况下,民办高校自觉或不自觉地让自己的办学行为符合各种外部评价标准和要求,同时把这种标准和要求转嫁到内部的院系和教师身上。

民办高校的绩效评价工作之所以引发各类问题,并不是因为绩效评价制度本身存在问题,而是因为绩效评价在评价目的、评价主体、评价指标、评价方式方法和评价结果使用等环节上,与民办高校发展的目标和实际情况脱节。因此我们要在绩效评价中建立多元利益主体共同参与的评价机制,使关键利益相关者通过博弈和协商,达成对评价标准、评价办法和评价结果运用上的共识。本研究在分析民办高校绩效评价存在的问题基础之上,运用利益相关者理论和绩效评价理论,坚持正确的绩效观,注重发挥绩效评价正向的激励效应,提出绩效评价改进的相应对策建议,使"以评促改""以评促建""以评促管"成为实施评价的价值起点和初衷,引导民办高校激发办学活力和建设动力,促进民办高校更好地反思与改进,在实践层面上对其完善绩效评价工作具有一定启发性。

---

① 陈玉琨.教育评价学[M].北京:人民教育出版社,1999:7.

第二节 核心概念界定

一、民办高校

在我国,民国初年时出现过私立学校的说法。20世纪50年代,随着院系调整、国家接管教会大学以及私有制的社会主义改造,出现了单一的公有制经济,私立学校失去了赖以生存的经济基础,在我国随之消亡。改革开放之后,发展民办教育是国家在财政压力之下的一种市场选择。由于人们把公有制之外的经济形式称为民营经济,与之相对应,民办就被沿用在教育机构上。1982年《中华人民共和国宪法》第十九条规定:"国家鼓励集体经济组织、国家企事业组织和其他社会力量依照法律规定举办各种教育事业。"在宪法相关条款中,出现了社会力量办学的提法。1993年,在国家教育委员会下发的《民办高等学校设置暂行规定》(教计〔1993〕129号)中,首次提出了"民办高等学校"概念。潘懋元先生认为民办学校与公办学校相比主要有两点不同,一是设立者为私法人或公民私人,二是学校资金不靠政府拨款而由设立者负责募集。由此可见,民办高校和公办高校无类别、层次上的区别,只有办学主体、资金来源的区别。

《民办教育促进法》规定,民办学校是国家机构以外的社会组织或者个人,利用非国家财政性经费,面向社会举办的学校。根据以上法律规定,本书的民办高校是经国家批准设立,由企事业组织、社会团体及其他社会组织和公民个人主要利用非国家财政性经费,面向社会举办的,实施专科以上学历教育的全日制普通高校。需要说明的是,政府利用财政经费资助民办高校是世界私立教育发展的共同特征,而且在实践中我国也有不少民办高校不同程度地获得过政府的财政支持,只是这种财政性经费在民办高校发展过程中所占比例很低,故本书用"主要利用非财政性经费"来界定民办高校的办学特征。此外2016年修订的《民办教育促进法》还根据举办者是否取得办学收益将民办学校分为非营利性和营利性两类,由于两者在内部治理结构上完全不同(后者主要参照《中华人民共和国公司法》有关规定执行),

因此本书将研究范畴限定在非营利性民办高校。虽然中外合作办学的院校和独立学院这两类高校在法律地位上属于民办高校,但其内部治理结构与普通民办高校相比具有很大差异,因此也不在本研究范畴之内。

本书的研究对象限定在非营利性民办高校,将研究重点落在其内部治理问题上,基于以下两个方面考虑。一是非营利性民办高校是我国民办高校队伍中的主要力量。2010 年颁发的《国家中长期教育改革和发展规划纲要(2010—2020 年)》提出要"积极探索营利性和非营利性民办学校分类管理",经过 3 年多时间的准备,2013 年在教育部支持下和中国民办教育协会指导下,我国 26 所民办高校自愿组织成立了非营利性民办高校联盟,探索具有中国特色的非营利民办高校办学模式,截至 2019 年底,该联盟成员数已达到 74 所。[①] 民政部调查数据表明,2017 年在 14 个省份提供的民办学校分类选择预估值中,选择成为非营利性民办高校的比例高达 74%。[②] 可见走非营利性民办高校建设之路是我国民办高校发展的主要选择。二是目前社会对非营利性民办高校的关注度较高。非营利民办高校在建设过程中享受了一定的国家税收优惠、财政补贴和政府采购等优惠政策,相比较营利性民办高校,社会民众对其抱有更多、更高的期望,构建科学合理的内部治理结构是非营利性民办高校的应有之义。由此,本书将非营利民办高校作为研究对象,着重研究其内部治理结构问题。

二、民办高校内部治理结构

(一)治理

英语中的治理(governance),源于拉丁文和古希腊语,原意是控制、引导和操纵。20 世纪 30 年代被西方经济学家用来分析企业的新型协调形式和决策形式。此后,治理的概念从公司治理延伸至政府治理、国家治理乃至全球治理,在实践领域和理论领域都体现了极为丰富的解释力。美国知名学者罗西瑙(J.N.Rosenau)认为"治理是一种规范、规则和决策程序,发挥作

---

① 李文章.改革开放 40 年我国民办高等教育发展:成就、经验与展望[J].黑龙江高教研究,2018(10):42-47.

② 张安富,石中玉.非营利性民办高校多渠道筹资策略探讨[J].浙江树人大学学报(人文社会科学版),2020(3):27-32.

用的时点是在利益间或制度实施发生冲突之时"①。英国学者斯托克（G. Stoker）认为"治理通过行为者之间的互相影响以及实施统治发挥作用，而不是被外部强行赋予"②。联合国全球治理委员会指出，治理是"各种公共或私人的个人和机构管理其共同事务的诸多方式的总和，这是一个使相互冲突或不同利益得以调和并采取联合行动的持续过程"。我国著名学者俞可平认为，治理具有"合法性、透明性、责任性、法治、回应、有效等特征"③，其目的是在各种不同的制度关系中运用权力去引导、控制和规范公民的各种活动，以最大限度地增进公共利益。治理的核心价值是分权与制衡，它不是一整套规则，也不是一种活动，而是相关利益主体积极参与组织的公共事务或其他事务，通过互动合作和权力共享，由垄断、一元和强制，走向民主、多元和合作，最终实现共同利益的一种过程。可见，关于治理的概念，由于运用的情境不同而存在着诸多差异。

20 世纪 90 年代以来，随着知识经济的兴起和经济全球化浪潮的高涨，世界各国纷纷开展高等教育体制改革，治理理论被引入高等教育领域。国内外关于高校治理的研究领域涉及多个方面，在宏观层面主要关注高校与政府、高校与社会之间的关系，中观层面主要关注高校作为一个独立的组织是如何运作的，微观层面则关注基层学术组织的日常运行等。与治理在其他领域的情况一样，高校治理也是一个众说纷纭的概念。学者们对"高校治理"（university governance）赋予了不同的内涵。1973 年，卡耐基高等教育委员会认为大学治理是"做决策的结构和过程，从而区别于行政和管理"④。2004 年美国著名学者伯恩鲍姆（R.Birnbaum）通过深入研究，认为大学治理是"平衡两种不同的但都具有合法性的组织控制力和影响力的结构和过程，一种是董事会和行政机构拥有的基于法定的权力，另一种是教师拥有的权

①　罗西瑙.没有政府的治理[M].张胜军，刘小林，等译.南昌：江西人民出版社，2001：9.

②　格里·斯托克，华夏风.作为理论的治理：五个论点[J].国际社会科学杂志（中文版），1999(1)：19-30.

③　俞可平.治理和善治引论[J].马克思主义与现实，1999(5)：37-41.

④　Carnegie foundation for the advancement of higher education：six priority problem [M].New York：McGraw Hill，1973：11.

力,它是以专业权力为基础的"①。国内学者中比较有代表性的观点有,李福华教授认为,高校治理强调利益相关者参与,上下双向互动;②王洪才教授认为,管理强调的是外在目标的实现,而治理则是把外在目标看成是一种从属性的作用,强调高校主体的自觉性;③在实践中,管理强调职责分配,注重权威,而治理则强调非正式权威和成员的共同参与。而后王洪才教授又进一步深化了治理的内涵,他认为在现代治理语境中,治理就是善治,"通过协商的方式来实现各种关系之间的和谐"④。宣勇教授认为,高校治理是一个使公共利益最大化的管理过程,这个公共利益就是让人民满意。⑤ 这些观点从不同视角强调治理主体参与、治理结构与过程以及价值观层面上的治理理念和治理目标等,极大地丰富了治理的内涵。综合已有的研究观点,本书认为民办高校是一个利益相关者组织,治理的实质是为了实现多元共治的价值取向,让关键利益相关者在治理中具有更多的参与权和表达权,从而不断提高办学效益和教育教学质量。

(二)治理结构

相对于治理,治理结构的内涵要小很多。经济学角度的法人治理结构,是指公司作为一个独立的法人实体,为保证正常运作,由股东会(或股东代表大会)、董事会和经理层组成的一种组织结构,主要强调通过治理达到股东权益最大化,关注效率与效益。法学角度的法人治理结构,是指为保证公司正常运营,根据法律和章程规定的关于公司组织机构之间权力分配与制衡的制度体系,通过制度安排实现利益相关者之间的责、权、利平衡,实现效率和公平的合理统一。而管理学上的法人治理结构,则主要是指为有效实现法人治理目标而实施的一整套管理措施和机制。虽然不同学科基于自身的理论逻辑对什么是治理结构提出了不同的解释,但一个共性的特征是,治理结构是为协调公司内部各治理主体之间的矛盾关系而安排的一种具体的

---

① BIRNBAUM R.The end of shared governance:looking ahead or looking back [J]. New direction for higher education,2004(1):5-22.

② 李福华.大学治理与大学管理:概念辨析与边界确定[J].北京师范大学学报(社会科学版),2008(4):19-25.

③ 王洪才.大学治理的内在逻辑与模式选择[J].高等教育研究,2012(9):24-29.

④ 王洪才.教育治理体系与治理能力现代化论略[J].复旦教育论坛,2020(1):12-18.

⑤ 宣勇.什么是好的大学内部治理[J].探索与争鸣,2018(6):35-37.

组织结构和运行机制。

世上的各种事物都是由一个个具体的要素所构成,不同要素之间因组合方式不同而形成了不同的结构。张维迎教授在《大学的逻辑》中指出,组成大学治理结构要素有三个:一是治理主体,即大学由谁治理,解决谁参与治理的问题;二是治理客体,即治理的对象是谁,解决利益相关者之间责、权、利关系的协调问题;三是治理机制,即如何治理,解决的是通过什么样的机构和制度来合理安排利益相关者之间的责、权、利关系。[①] 俞可平教授认为,治理结构包括三个要素:治理主体、治理技术和治理机制,其中治理主体是指谁参与治理,治理技术是指具体的制度安排,治理机制则是指如何治理。[②] 本书认为,根据高校组织特征,完善内部治理结构当前要解决的主要问题是治理主体的参与问题、治理规则的制定内容以及治理机制的运行效率等,故按照俞可平教授的分类,将高校内部治理结构的组成要素分为治理主体、治理规则、治理机制。

(三)民办高校内部治理结构

当前我国民办高校在顶层设计上,普遍建立起"董事会领导下的校长负责制"。但这一结构倾向于解决民办高校内部决策权、行政权、政治权力、民主管理权等在横向权力配置上的问题,对民办高校内部权力在校级层面和院系(基层学术组织)之间的纵向配置情况关注不够。研究民办高校内部治理结构,应同时关注权力在纵横向上的配置问题。合理的民办高校内部治理结构,应坚持在举办者、校长为首的管理团队、教师、学生等利益主体之间,合理配置决策权,既要尊重举办者的利益,也要保障其他关键利益相关者在治理中的利益,使关键利益相关者之间形成合作伙伴关系以共同推动学校办学目标实现。本书认为民办高校内部治理结构是指在举办者、以校长为首的管理团队、教师、学生等利益相关者之间建立起来的有关学校运营与权利配置的一种组织结构和运行机制。

---

① 张维迎.大学的逻辑[M].北京:北京出版社,2012:38.
② 俞可平.走向善治[M].北京:中国文史出版社,2016:32.

三、绩效评价

(一)绩效

"绩"在中国古代有功劳之意,如辞典中有"丰水东注,维禹之绩"[①]一说。"效"有征验、效果之意,如战国策中的《苏秦以连横说秦》,"愿大王少留意,臣请奏其效"。三国志中已有"效绩"一词,意为成效、功绩的意思,"昔河西太守梁统等值汉中兴,限于山河,位同权均,不能相率,咸推窦融以为元帅,卒力效绩,摧破隗嚣"[②]。汉语中的绩效包含着成果、效果、业绩之意。英语中绩效译为性能、成就、行为、执行等。

关于绩效的内涵,因学者们关注角度不同,不同学科有着不同理解。管理学学科认为,绩效是组织期望的结果,"绩"反映了任务完成的数量和质量,"效"反映的是任务完成的效率和效益。经济学学科认为,绩效是员工对组织做出的承诺,而薪酬则是组织赋予员工的承诺,在经济学领域常常将"绩效"与"薪酬"联系在一起,组织与员工之间的承诺被认为是"绩效"。社会学学科认为,绩效是社会成员根据角色不同所承担的职责和社会责任。

关于高校绩效内涵,众多学者围绕着目标、投入产出、能力和行为等方面,从不同维度对其进行解释。从"目标设定"角度看绩效,绩效是高校个体或集体在一定期限内实现预期目标的程度,体现了目标的达成度;从"投入产出"角度看绩效,绩效体现高校投入和产出之间的效率,投入产出比反映了高校资源转化率的高低;从"能力"角度看绩效,绩效是高校个体或集体在与外部环境互动时的能力发挥与形成效果的统一过程,绩效就是组织的能力;从"行为"角度看绩效,绩效就是行动的效能,一整套与组织目标紧密关联的行为都是绩效。

20世纪80年代以来,面对教育公共经费紧张局面,西方国家高校纷纷引进市场竞争机制,强调绩效责任,根据办学目标建立公开透明的报告制度,或委托社会机构对高校的办学绩效进行调查评估并及时向社会公布等,以回应新公共管理所倡导的"4E"原则,即经济性(economy)、效率性(efficiency)、效果性(effectiveness)和公平性(equity),因此"4E"也是绩效的体

---

① 辞源[M].北京:商务印书馆,1987:2462.
② 辞源[M].北京:商务印书馆,1987:1341-1342.

现。本书从投入产出的角度,认为民办高校的绩效,是指教育投入与教育产出之间的对比关系,其中,教育投入主要是指办学过程中的使用和耗费,包括人力资源、物力资源和财力资源等;教育产出是指取得的成果,包括学生接受高等教育之后知识能力素质的提高和民办高校在教学、科学研究、社会服务等方面取得的业绩。

(二)绩效评价

绩效评价(performance appraisal)《中国百科大辞典》将其定义为,对个人、团体和组织工作效率进行评价的一种活动,是组织内部实施奖惩、提升、改变组织结构、工作设计等活动的重要依据。在组织管理中,绩效评价是指评价主体按照组织事先确定的目标,运用一定的科学方法,对员工职责履行程度、工作完成情况等进行评判,并将结果反馈给员工的一种活动,员工的工作成效与组织目标的契合度决定了其获得报酬的高低或升迁机会的多少。威廉姆斯认为,绩效评价作为企业提高生产力的重要手段,其本质是把员工的工作与组织的使命联系起来,开发员工潜力,实现组织的整体经营目标。[①]

民办高校绩效评价分为外部绩效评价和内部绩效评价两类。外部绩效评价是指教育行政部门或社会中介组织的,针对高校整体办学情况或某一特定的院系、项目进行评价的一种活动;内部绩效评价则是指高校自主地、通过一定的评价方法对所属院系或院系对教师,对一定时期内在人力资源、物力资源和财力资源等方面的教育投入,与其在人才培养、科学研究、社会服务等方面所取得的成果之间的关系,进行评价的一种活动。本书主要研究民办高校内部绩效评价。

《管理学大辞典》中将绩效管理(performance management)定义为,通过评估组织战略、分解战略、工作部署、激发员工工作动机,监测绩效以及反馈绩效信息,为科学的奖惩和改善组织未来绩效提供指南的一种活动。此定义表明,绩效管理是以战略目标为导向,对绩效目标进行分解、制定和部署,并通过绩效计划、绩效监控、绩效评价、绩效反馈等环节,对绩效信息进行合理使用,最终达成组织目标的一项系统工程,其中目标管理、绩效评价和激励控制是核心环节。高校绩效管理是在对高校组织战略目标的层层分

---

① 威廉姆斯.组织绩效管理[M].蓝天星翻译公司,译.北京:清华大学出版社,2002:23.

解下,通过绩效实施过程及对绩效信息运用从而达成组织目标的一个系统工程。因此本书认为绩效评价和绩效管理两者之间既有联系又有区别,绩效评价是绩效管理的一个核心环节。

第三节　研究方法与思路

本书围绕民办高校内部治理结构,以绩效评价为切入点,主要解答绩效评价对内部治理结构的影响作用。具体将研究问题分解为:第一,该如何分析绩效评价对民办高校内部治理结构的影响?第二,我国民办高校绩效评价存在哪些问题,这些问题反映了内部治理结构的哪些不足?第三,绩效评价体系到底在哪些维度影响内部治理结构?第四,根据对现存问题的剖析及国内外经验借鉴,如何通过绩效评价改革促进民办高校内部治理结构完善?具体研究方法与思路如下。

一、研究方法

(一)文献研究法

文献研究法是指通过搜集和分析文献资料,达到某种调查研究目的的一种方法。文献研究法不仅是一个资料收集的过程,而且还是一个对资料分析、归类、提炼的过程,旨在找到新视角、发现新问题。笔者通过高校图书馆、中外文数据库等渠道,对民办高校内部治理结构、绩效评价的相关文献进行查阅、归纳和评述,为本书提供坚实的理论基础和研究依据,主要包括两个部分:一是通过研读文献,分析民办高校内部治理结构发展历程与主要特征、国内外学者对完善民办高校内部治理结构的对策等,梳理归纳我国民办高校内部治理结构的现实状态;二是掌握我国民办高校绩效评价实施的现状,以及现有文献关于绩效评价对民办高校内部治理结构的影响研究,找出当前研究的不足,为本研究提供立论依据。

(二)扎根理论研究法

由于民办高校内部治理结构的复杂性,适合采用质性研究方法,因此选择扎根理论研究方法。本研究以深度访谈形式,通过对西安欧亚学院、浙江树人学院、宁波财经学院、文华学院、武汉工商学院、郑州科技学院、长春光华学院、三亚学院、山东协和学院、厦门华夏学院等 10 所民办高校中的董事长、校长（书记）、职能部门管理干部、院系负责人以及普通教师的访谈，在资料收集基础上，进行开放式编码、主轴式编码、选择性编码等三级编码，构建绩效评价对民办高校内部治理结构的影响模型。

（三）案例研究法

陈向明教授认为，抽样的目标可以分为，把目标定为"是什么"、"潜在的可能是什么"以及"今后可能是什么"，以此来思考质的研究其结果的"推论"问题。一般来说，为达到"是什么"的目标，我们选择具有普遍意义的一些"典型的"事例。为了知道"潜在的可能是什么"，我们通常抽取一些特殊的、不同寻常的、达到极限的事例来进行调查。但是如果以"今后可能是什么"作为抽样的标准，可以选择一些事例，这些事例能够代表未来发展方向，以此对相关问题进行引导，目的不仅是对现存事物进行证实或证伪，而是在价值判断和实践基础上引导社会和人的未来发展。[①] 本研究旨在通过研究绩效评价对内部治理结构的影响，为我国民办高校完善治理结构提供改进的方向，因此，以"今后可能是什么"作为抽样标准，选择的研究对象是那些在同类中具有一定"代表性"的个案，分别在个人控制型、企业办学型、国有民办型 3 类高校中各选一所，进行"解剖麻雀"式的个案分析。这样做是为了说明在此类现象中典型的个案，而不是为了将其结果推论到从中抽样的高校类型。这是一种展示和说明，而不是证实和推论。[②]

二、研究思路

（一）技术路线

本研究的基本假设是：科学合理的绩效评价对促进民办高校内部治理结构优化具有积极作用。研究遵循以下思路：首先明确本书的研究内容是绩效评价如何影响民办高校内部治理结构；其次通过文献综述、利益相关者理论以及绩效评价理论等进行分析，提出民办高校绩效评价影响内部治理结构的理论分析框架，形成研究的基本观点；再次理论联系实际，进行研究

---

① 陈向明.质的研究方法与社会科学研究［M］.北京:教育科学出版社,2000:113.
② 陈向明.质的研究方法与社会科学研究［M］.北京:教育科学出版社,2000:107.

设计,明确主要的研究方法,运用扎根理论研究方法进行数据处理,初步构建绩效评价对民办高校内部治理结构的影响模型;复次在深入调研基础上,分析民办高校绩效评价存在的问题,以及这些问题所折射出来的内部治理结构不足之处及其根源所在,对模型进行关系分析,运用所得出的影响模型对案例高校进行深度剖析;最后结合实证研究结果和国内外经验,提出完善我国民办高校内部治理结构的对策。具体技术路线图如图1-1所示。

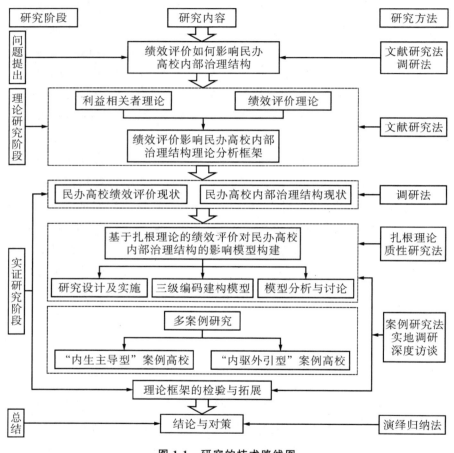

图1-1 研究的技术路线图

(二)研究内容

1.问题的提出

该部分是研究的绪论内容。从研究缘起深入思考,挖掘研究的理论价值与现实意义。阐明"民办高校""民办高校内部治理结构""绩效评价"等核心概念的科学内涵,明确研究对象。在此基础上,确定研究的思路与主要内容等。

2.文献综述与理论探讨

该部分是研究的第二章内容。从理论上探讨民办高校内部治理结构,试图找到共性特征,从绩效评价的角度构建民办高校内部治理结构分析框架,为后续现状描述、问题分析和对策建议的提出奠定理论依据。具体而言,首先梳理国内外研究现状,初步分析绩效评价与内部治理结构之间的关系。其次基于利益相关者理论,分析利益相关者在民办高校内部治理中的诉求,认为满足关键利益相关者的利益平衡是民办高校内部治理的最终目标;最后结合绩效评价理论,分析高校绩效评价的合理性及应秉持的绩效观,提出绩效评价影响内部治理结构的理论分析框架。

3.研究设计

该部分是研究的第三章内容。为了从根本上回答"绩效评价对民办高校内部治理结构影响作用"这一命题,该部分尝试运用扎根理论的定性研究方法,对相关人员进行半结构化深度访谈,通过开放式登录、轴心式登录、选择式登录三级编码来分析绩效评价对内部治理结构的影响维度,构建绩效评价对民办高校内部治理结构影响模型。

4.研究结果的分析

该部分是研究的第四、五章内容。首先通过调研,分析民办高校绩效评价存在的问题;在此基础上,从绩效评价的评价目标导向、评价指标体系、制度设计方式、教师认可度以及评价结果的使用等维度分析其所折射出来的内部治理结构存在的问题,以及这些问题形成的原因。其次对构建的影响模型的逻辑结构与内涵进行阐释。最后运用影响模型,选取三所民办高校进行案例研究,通过案例研究,进一步验证绩效评价维度对内部治理结构要素的影响关系。

5.对策建议

该部分是研究的第六章内容。根据实证研究结果,从研究启示的角度分内外部两个方面提出优化我国民办高校内部治理结构的策略,为政府、民办高校提供参考依据。就外部而言,从发挥教育行政部门的作用,加强政府统筹与管理,健全社会中介组织建设等方面提出对策建议;就内部而言,以绩效评价为手段,从治理主体、治理规则和治理机制等方面提出对策建议。

6.结语

该部分是研究的结论与展望内容。首先阐明了研究的主要结论,进一步强调绩效评价作为一种治理手段,对完善民办高校内部治理结构具有积极的影响作用;在此基础上,对研究过程中存在的局限与不足进行说明,并指出未来的研究方向。

(三)研究创新点

1.研究的路径创新

民办高校实现教育现代化,离不开内部治理的科学化、规范化和制度化,优化内部治理结构是其必经之路。以往的研究,主要从应然的角度分析民办高校内部治理问题,或者通过归纳民办高校内部治理存在的问题直接提出解决的策略,研究结果的说服力和解释力都不强。本研究采用扎根理论研究方法,探讨绩效评价对民办高校内部治理结构的影响因素,建构理论模型,是对思辨研究的一种必要补充,也是对无法开展大规模定量研究的一种弥补,在研究方法上是一个创新。

2.研究的视角创新

民办高校建立科学合理的绩效评价制度,推动治理重心下移,确保责、权、利统一,最终是为了达到优化内部治理结构。绩效评价作为高校治理的有效杠杆受到管理部门高度重视,而关于绩效评价与治理结构的关系问题却鲜有人关注,对于民办高校绩效评价与治理结构关系问题更是无人问津。本研究遵循科学合理的绩效评价对促进民办高校内部治理结构优化具有积极作用这一逻辑思路,从绩效评价反映民办高校内部治理结构缺陷,而改进绩效评价能够促进治理结构优化的王反两个方面进行讨论,寻求解决问题的对策。关于民办高校绩效评价探讨,虽然以往研究也有所涉及,但未将其视为优化民办高校内部治理结构的一种有效手段进行研究,本书对此进行系统阐述和论证,在研究视角上可能是一个创新。

第二章

文献综述与理论基础

　　治理这一概念出现在高等教育领域是最近几十年甚至十几年的事情，但高校治理研究的对象和提出的问题却是高等教育研究的一个长久性话题。这是因为高等教育作为一个特殊的社会活动领域，其基本属性、运行逻辑、结构体系及变革要求等共同决定着高校治理结构的选择与调整。治理是提高高等教育质量和办学效益的必备条件，也是高校内涵建设的重要内容。高校与企业虽然是异质性的组织，但两者在组织运行层面上具有许多共同特征，因此借鉴企业治理观来探讨高校治理问题有一定的优势和现实启发性。本书以公司治理中被运用较为成功的利益相关者理论作为研究民办高校内部治理结构的理论框架，分析关键利益相关者在民办高校内部治理中的利益诉求，并结合绩效评价理论，提出民办高校内部治理结构分析框架。

第一节　民办高校治理与绩效评价研究现状分析

　　研究分析我国民办高校内部治理结构的相关文献，有助于我们更加深刻地理解当前存在的问题以及这些问题的成因，准确把握所处环境，有针对性地提出应对策略。本研究探讨绩效评价对民办高校内部治理结构的影响问题：一方面需要围绕民办高校内部治理结构进行文献综述，以验证我国民办高校在内部治理结构上确实存在着问题；另一方面本研究认为绩效评价对完善民办高校内部治理结构有着重要的作用，因此需要通过文献综述初步掌握绩效评价对民办高校内部治理结构影响的研究现状。

一、研究概述

关于民办高校治理研究,在理论界有时也被认为是公司治理或政府治理研究的移植或延伸。本书认为民办高校治理与政府治理、公司治理之间既存在着一定的相通之处,也存在着质上的区别。从已有的关于民办高校治理研究的文献来看,多以民办高效组织的特殊性为切入点进行探讨。

(一)代表性著作

1.关于我国民办高校治理的代表性著作

国内专门针对民办高校治理研究的专著,大致可分两类。一类是学者的专著,如杨炜长的《民办高校治理制度研究》(2006)、董圣足的《民办院校良治之道》(2010)、杨军的《民办高校治理结构研究》(2017)等,专门以民办高校内部治理为研究对象展开论述。此外胡卫的《民办教育的发展与规范》(2000)、柯佑祥的《民办高校定位、特色与发展研究》(2016)等著作,也有部分章节涉及民办高校治理问题。另一类是长期在民办高校从事管理工作的校级领导或研究人员,如黄藤的《中国民办教育思考与实践》(2012)、周鸿静等的《新常态下民办高校创新治理研究》(2016)、潘留仙等的《民办高等教育的治理创新与风险防范》(2017)、石猛的《民办高校治理能力及其现代化》(2017)、徐绪卿的《我国民办高校治理及机制创新研究》(2017)、王一涛的《民办高校的内部治理与国家监管——基于举办者的视角》(2019)等。这些著作从不同视角对民办高校治理问题进行研究,提出了各自独到的见解,其中不少富有见地的观点和主张,可为本研究直接或间接引用与参考。

2.关于我国高校绩效评价的代表性著作

国内关于高校绩效评价的研究,代表性成果包括王占军的《高校特色办学战略绩效评价》(2015)、吴勋的《中国高校预算绩效评价研究》(2016)、姜华等的《资源与效率——国外高等教育绩效评价研究》(2016)、张男星等的《高等学校绩效评价研究》(2018)、马丹等的《分类发展视阈下高校绩效评价研究》(2021)等。国内关于高校绩效评价的专门论著不多,但这些论著有助于我们理解绩效评价的本质特征、操作过程及实施意义。另外,关于"高校教师"研究,也是国内绩效评价的一个研究热点,代表性著作有王光彦的《大学教师绩效评价研究——基于教师自主发展的探索》(2012)、耿益群的《研究型大学教师绩效评价制度研究》(2017)、刘兴凤的《基于胜任力的高校工科教师绩效评价研究》(2020)等。目前,国内还没有针对民办高校绩效评价的专著。

(二)研究概况

1.关于我国民办高校治理的研究概况

除了查阅专著外,笔者利用中国学术期刊网络出版总库 CNKI,于 2022 年 8 月 30 日,在 CNKI 的专业检索中输入专业检索语法表达式"SU=('民办高校'+'民办高等教育')AND 治理",共获得有效文献 833 篇(见图 2-1)。最早专门关于民办高校治理的文献出现在 2001 年。[①]

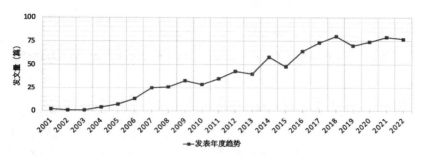

图 2-1　2001—2022 年关于民办高校治理研究的文献发表年代分布

资料来源:中国知网,2022 年 8 月。

本书通过关键词词频共现和关键词共现图谱,利用 Cite Space-6.1.R3 Basic,设置参数,节点类型分别选取作者、研究机构、关键词等共现词,阈值为前 20。运行软件后得到共现图谱(见图 2-2)。共现图谱中一个圆圈代表一个节点,共 20 个;节点大小表示共现词频次高低,节点越大则共现词频次越高;节点在图谱中的位置表示共现词的中心度,即共现词越靠近图谱中心,出现的概率越大。从网络图上看,"民办高校""内部治理""治理结构""分类管理"等关键词节点最大,这些词出现的频次最高,处于核心位置,其周围存在着密集的连线,指向"法人治理结构""非营利性""营利性""治理机制""治理模式""治理能力"等与民办高校内部治理结构密切相关的高频关键词。民办高校内部治理结构不仅仅是指在民办高校设置董事会并将其作为核心决策机构,营利与非营利的选择,治理机制,治理模式,治理能力等对民办高校内部治理的影响等,都构成了这一阶段民办高校内部治理结构研究的重要内容。

---

① 韩翼祥,陈世瑛,韩维仙.论民办高校法人治理体制[J].高教探索,2001(1):20-22.

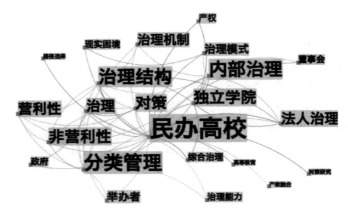

图 2-2　2001—2022 年关于民办高校内部治理研究文献关键词的共现图谱
资料来源：中国知网，2022 年 8 月。

　　词频和中心度较高的关键词是一段时间内学者们共同关注的问题。运行 Cite Space 后，导出了 2001—2022 年 833 篇民办高校治理文献的关键词频次数据（见表 2-1）和中心度数据（见表 2-2）。表 2-1 和表 2-2 展现了在民办高等教育治理领域讨论最多的是分类管理、内部治理、法人治理、治理结构等。随着国家对民办高校分类管理政策的推进，内部治理、非营利性、分类管理等关键词，也就自然而然地成为研究的热词。

表 2-1　2001—2022 年关于民办高校治理研究的文献关键词中心度
（前 20 位）及频次

排序	关键词	中心度	频次	排序	关键词	中心度	频次
1	民办高校	1.43	528	11	治理机制	0.02	15
2	独立学院	0.08	45	12	高等教育	0.02	11
3	内部治理	0.06	58	13	治理	0.01	35
4	法人治理	0.06	51	14	董事会	0.01	24
5	治理结构	0.05	64	15	非营利性	0.01	24
6	分类管理	0.04	36	16	治理模式	0.01	24
7	产权	0.04	25	17	对策	0.01	16
8	公办高校	0.04	8	18	民办教育	0.01	13
9	民办学校	0.03	12	19	举办者	0.01	12
10	大学治理	0.03	8	20	制度	0.01	12

资料来源：中国知网，2022 年 8 月。

表 2-2　2010—2018 年关于民办高校治理研究的文献关键词频次
（前 20 位）及中心度

排序	关键词	频次	中心度	排序	关键词	频次	中心度
1	民办高校	528	1.43	11	治理模式	24	0.01
2	治理结构	64	0.05	12	对策	16	0.01
3	内部治理	58	0.06	13	治理机制	15	0.02
4	法人治理	51	0.06	14	问题	15	0.00
5	独立学院	45	0.08	15	民办教育	13	0.01
6	分类管理	36	0.04	16	民办学校	12	0.03
7	治理	35	0.01	17	举办者	12	0.01
8	产权	25	0.04	18	制度	12	0.01
9	董事会	24	0.01	19	共同治理	12	0.01
10	非营利性	24	0.01	20	高等教育	11	0.02

资料来源:中国知网,2022 年 8 月。

2.关于我国民办高校绩效评价的研究概况

利用中国学术期刊网络出版总库 CNKI,笔者于 2022 年 8 月 30 日,在 CNKI 的专业检索中输入专业检索语法表达式"SU＝('民办高校'＋'民办高等教育')AND TI＝'绩效管理'＋'绩效评价'",共获得有效文献 147 篇(见图 2-3)。最早专门研究民办高校绩效评价的文献出现在 2004 年。[①]

从图 2-4 主题分布可知,关于民办高校绩效评价的文献,主要关注绩效评价在民办高校实施的必要性、民办高校教师绩效评价、指标体系等。自源于企业管理中的绩效评价手段引入我国高等教育领域以来,在民办高校也受到了较高的关注。这是因为资源短缺一直是困扰民办高校办学的一个瓶颈,其对提高办学绩效具有内在强烈的需求,具有较高的关注度也是一个顺理成章的现象。评价体系构建是一项繁杂的系统工程,指标的具体内容以及指标权重的设置关乎指标体系是否科学合理,关系到民办高校能否通过评价发现办学实践中的问题。因此,对指标体系进行研究是我国民办高校

①　武勇,勾丽.民办高校教师绩效评价与行为激励[J].改革与战略,2004(7):116-118.

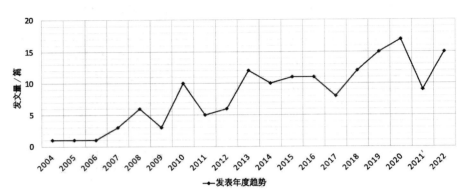

图 2-3 2004—2022 年关于民办高校绩效评价研究的文献发表年代分布
资料来源:中国知网,2022 年 8 月。

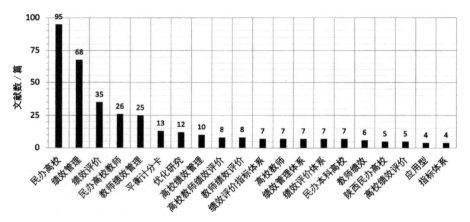

图 2-4 2004—2022 年关于民办高校绩效评价研究的文献主题(前 20 个)分布
资料来源:中国知网,2022 年 8 月。

绩效评价研究领域的又一热点。作为一种在高校绩效评价实践中运用较为广泛的评价工具,平衡计分卡是构建指标和科学计算指标权重的常用工具,因此学者们也比较关注平衡计分卡在民办高校中的运用。关于民办高校教师绩效评价研究,也是此领域关注度较高的一个主题,这是因为作为高校最重要的人力资源,教师工作积极性、主动性的发挥是民办高校谋求变革、提升办学能力的关键因素。

二、国内相关研究现状

(一)我国民办高校内部治理结构发展历程研究

1.民办高校内部治理结构初步形成阶段

20 世纪 50 年代随着私有制的社会主义改造,我国只有单一的公有制经济,私立学校也就失去了赖以生存的经济基础,在国内随之消亡。1978年年底,随着党的十一届三中全会召开,我国民办高校开始走上发展之路。针对大量的高考落榜生、城市待业青年,各地纷纷开办了一批高考复习班、业余进修班,如北京自修大学、湖南长沙中山业余大学等。当时这些"民办高校"办学内容单一、办学形式也不稳定,还不能称为真正意义上的"高校",但为推进办学体制改革奠定了基础。

1982 年的《中华人民共和国宪法》,最早从法律角度确定了民办教育的法律地位,第十九条规定:"国家鼓励集体经济组织、国家企事业组织和其他社会力量依照法律规定举办各种教育事业。"鉴于改革开放之初,社会对各类人才的需求呈井喷式状态以及广大青年学生接受高等教育的愿望非常强烈,各地兴起了高考辅导班、成人夜校等。"我国民办高等教育的复兴,究竟从何时算起,众说纷纭"[①],但目前比较一致的看法是,把湖南长沙中山业余大学作为我国改革开放后民办高等教育的雏形。但当时的这些大学,都不是严格意义上的学历教育,只能算是"助学机构"。1984 年,全国出现了北京城市学院(前身为北京海淀走读大学)、西安培华学院(前身为西安培华女子学院)等一批民办普通高校。这些高校实施国家计划内的普通高等教育,在省(市)内招生并承认大专学历文凭,标志着民办高校正式拉开了办学的历史帷幕。但在粗线条的法律框架下,民办高校管理处于"自为"状态。政府开始意识到应加强对民办高校办学规范的管理,但民办高校自身的关注点还落在争取办学合法性和规模扩张,尚未意识到管理的迫切性和重要性。在学界,开始有学者研究民办高校的管理体制问题。1988 年 9 月,潘懋元教授撰写《关于民办高等教育体制的探讨》,除了呼吁社会各界关注民办高等教育以外,还前瞻性地提出了应对"民办高等教育"适时立法的建议,认为

---

① 邬大光,卢彩晨.艰难的复兴　广阔的前景:我国民办高等教育 30 年回顾与前瞻[J].中国高教研究,2008(10):12-16.

立法目的是加强扶持和引导,而非限制。①

1993 年的《民办高等学校设置暂行规定》(教计〔1993〕129 号)中,首次提出了"民办高等学校"概念,明确了民办高校设置条件和程序、办学职权等一系列管理办法。一批以"民办"冠名的社会力量举办的普通高校被批准成立。虽然政府仍然对民办高校发展持谨慎态度,但涉及其内部管理体制等政策法规的发文节奏加快。1997 年,国务院颁发了《中华人民共和国社会力量办学条例》,对民办高校内部管理体制提出了规范要求。随着资金、生源、师资等矛盾不断凸显,民办高等教育引起了国内学界高度关注。

这一阶段的民办高校内部治理结构,在国家层面上实现了从无法可依到有法可循的过程,从政府角度提出了"设置董事会或理事会"的要求。在这一要求下,董事会(理事会)领导下的校长负责制初步成形。一些早期创办的民办高校,在内部管理体制上进行了一些有益探索,逐步建立起董事会(理事会)。但总体而言,教育行政部门对民办高校还没有形成明确而系统的管理办法,民办高校内部管理体制非常不完善。有的民办高校尚未设立董事会机构;有的民办高校虽然设立了董事会,但董事长、校长的职责义务不明;有的民办高校内部决策机构诸如校务委员会、董事会、理事会等,机构与机构之间的关系尚未理顺,民办高校内部治理结构处于初步形成阶段。

2.民办高校内部治理结构探索阶段

1999 年,《中共中央、国务院关于深化教育改革全面推进素质教育的决定》中提到,要"积极鼓励和支持社会力量以多种形式办学"。之后民办高校有了迅猛发展。2002 年,《民办教育促进法》的出台,标志着我国民办教育立法工作进入了一个新阶段。《民办教育促进法》及其《实施条例》以国家法律法规的形式引导和规范民办高校内部管理体制。一是明确决策机制,《民办教育促进法》第十九条规定,"民办学校应当设立学校理事会、董事会或者其他形式的决策机构",表明从政府层面上基本认可了民办高校实行"董事会(理事会)的决策机构"这一管理体制,具有一定的强制性和必需性。二是对民办高校法人也做出了相应规定,"民办学校的法定代表人由理事长、董事长或者校长担任"。三是对民办高校董事会(理事会)职权范围做出了更为明晰的规定,同时也明确了民办学校校长的管理职责与权限,从法律上保证了校长能够独立行使办学权。《民办教育促进法》虽然没有提出"治理"概

---

① 潘懋元.关于民办高等教育体制的探讨[J].上海高教研究,1988(3):35-40.

念,但部分条款和规定体现了治理的要求。

随着国家层面对民办高校内部管理体制框架逐步清晰,国内学界关注度持续增加,"治理"理念开始引入民办高等教育领域,相关研究试图从法人治理结构本质属性、内涵要求等层面提出对策建议。潘懋元、邬大光认为,民办高等教育的出现表明我国高等教育办学已走出计划经济模式,昭示着多样化办学模式的形成。[①] 但是苗庆红认为"在民办教育发展过程中,始终贯穿着资本的寻利性和教育的公益性这一基本矛盾"[②],胡赤弟等则指出,民办高校存在着投资公司法人和学校法人的"双法人"治理模式,这一模式导致产权归属模糊、投资公司控制学校、董事会弱化等问题。[③]

这一时期,大部分民办高校由于举办者权力过大,举办者及其代表通过在董事会担任重要职务把持着董事会,举办者在学校决策权上占据主导性话语权,其他利益主体的正常利益和权利得不到保证,民办高校治理结构还处于探索阶段。

3.民办高校内部治理结构之国家政策基本完善阶段

2010 年颁发的《国家中长期教育改革和发展规划纲要(2010—2020年)》,表明国家在法律法规层面上关于民办高校内部治理的制度设计基本完成。2016 年 11 月,全国人大常委会正式通过《民办教育促进法》修法决定。随后,国家陆续出台了《关于鼓励社会力量兴办教育促进民办教育健康发展的若干意见》《关于加强民办学校党的建设工作的意见(试行)》《民办学校分类登记实施细则》《营利性民办学校监督管理实施细则》等。2021 年 9月 1 日修正实施的《实施条例》强调坚持教育公益性,在法律地位上更加体现平等原则,充分保障民办学校师生的同等权利,依法维护民办学校的同等地位。这些政策的出台标志着国家对民办高校内部治理结构的顶层设计基本完善。之后各级政府针对民办高等教育存在的突出问题和矛盾,推出了更加灵活有效的政策措施,民办高校所处的外部政策环境得到极大改善。国家对民办高校的内部治理结构做出了全方位的政策设计。

① 潘懋元,邬大光.世纪之交中国高等教育办学模式的变化与走向[J].教育研究,2001(3):3-7.

② 苗庆红.公司治理结构在我国民办高校管理中的应用[J].经济经纬,2004(6):139-142.

③ 胡赤弟,黄志兵.民办高校"双法人"治理模式研究[J].教育发展研究,2008(18):39-44.

　　在外部政策基本完善情况下,许多民办高校举办者调整了办学思路,创办初期举办者把控学校的现象有所改善、部分民办高校的董事会和领导机构中实施了亲属回避制度、部分高校聘用职业校长进行内部管理。但施文妹、周海涛等认为,总体而言,受各种主客观因素制约,部分民办高校不同程度地存在着董(理)事会组建及运行比较随意、基层党组织处于边缘地位、学术权力异化、内部监督虚化、利益相关者参与度弱化等现象。① 国内学者对民办高校内部治理现状进行了较为深入的专题研究。如杨军从新制度经济学角度,分析民办高校内外部治理结构中存在的问题,并提出相应对策建议,对进一步提高民办高校资源配置效率、发挥民办高校经济学“效用”、解决如何提高民办高校经营管理效能具有一定的启发意义。② 石猛借鉴治理理论,认为投资办学是制约民办高校治理能力现代化的根源,不完善的董事会制度、过度的家族控制与非专业化的行政团队是影响民办高校办学水平提高的主要因素,并提出了提高民办高校治理能力和办学水平的对策建议,对当前民办高校实现治理能力现代化具有一定的借鉴作用。③ 徐绪卿借鉴教育产权理论、委托-代理理论等,不仅探究了民办高校政府治理的机制创新,还探究了民办高校内部治理的机制创新,如为完善和创新董事会工作机制,他认为民办高校应以产权为基础,建立完善的董事会制度,避免家族化管理在民办高校的蔓延,科学合理地配置管理权力;为完善和创新校长工作机制,他认为应确立校长地位,高度重视校长团队建设,加强民办高校校长开展工作的相关制度建设。该著作对民办高校优化治理体系,创新治理机制和改善治理能力具有理论和实践上的参考价值,同时对本书写作也具有积极的启发意义。④

　　改革开放以来,尽管民办高等教育得到了快速发展,但其繁荣的背后还存在着一些深层次问题。部分民办高校将财力主要投入在基础设施和硬件建设上,对软件建设、校园文化建设重视不够,人才培养质量、教师科研水平与社会服务能力等不尽如人意。部分民办高校为提高办学效益往往压缩办

　　① 施文妹,周海涛.民办高校内部治理的变革特征、基本模式和未来走向[J].现代教育科学,2019(1):11-17.
　　② 杨军.民办高校内部治理结构研究[M].北京:经济科学出版社,2017:56.
　　③ 石猛.民办高校治理能力及其现代化[M].青岛:中国海洋大学出版社,2017:22.
　　④ 徐绪卿.我国民办高校治理及机制创新研究[M].北京:中国社会科出版社,2017:13.

学成本,忽视教师队伍投入,师资队伍建设跟不上学生规模扩张,高水平学科带头人缺乏,自有专任教师数量不足等现象严重。部分民办高校的学科专业设置追求大而全,服务区域经济发展水平不高,学科专业薄弱,教学改革滞后,在教学改革、课程体系建设、实验室建设、学生学科竞赛、质量保障等方面,与同类公办高校相差悬殊,国内还没有出现足以与公办名校相比肩的民办名校,民办高校的品牌效应尚未形成,社会对民办高等教育的认可度和接受度都还比较低,"普遍将民办高校作为次优选择,有些民办高校甚至成为劣质教育的代名词"。①

(二)我国民办高校内部治理结构基本特征研究

1.民办高校在内部治理上拥有更大的自主权

政府是公办高校办学资金的提供者,对高校进行指令性的直接控制与管理,校长由上级政府部门直接任命并对上级部门负责。2010 年的《国家中长期教育改革和发展规划纲要(2010—2020 年)》提出要"进一步扩大和落实高校办学自主权",这体现了我国公办高校"政府治教"的办学理念,即"高校办学自主权是通过政府授权、权力下放来扩大和落实,而不是从法律层面上进行确认的"②。这不是一种依法治教和依法治校的办学理念。虽然近年来政府在高等教育领域积极推进治理改革,重视发挥市场竞争机制的作用,但总体而言高校和政府之间的依附关系并没有得到实质性改变。在现行的高等教育行政管理体制下,政府既是公办高校的举办者,同时还通过计划、审批、监督和处罚等方式直接管理高校事务,有意无意地插手高校具体事务而成为一个办学者。政府对高校几乎所有的办学行为都进行了规范,公办高校作为独立法人的地位并不完整,自主办学能力弱,处于对政府的服从与依赖状态。目前公办高校完善内部治理结构首先要理顺与政府之间的关系,解决政府干涉过多、高校办学自主权缺乏等问题。

与公办高校主要由政府公共财政资金投入不同的是,民办高校主要由社会力量投资办学,具有相对独立的法人地位。由于两者办学体制不同,政府在公办高校和民办高校发挥着不同作用。相对于公办高校对政府的附属

---

① 阙明坤,王云儿.我国建设高水平民办高校的动因、瓶颈及对策[J].现代教育管理,2022(2):74-83.

② 张应强,张浩正.从类市场化治理到准市场化治理:我国高等教育治理变革的方向[J].高等教育研究,2018(6):3-19.

与依赖,民办高校具有更大自主性。民办高校不像公办高校那样,纳入现行的国家高等教育行政体系。政府对民办高校管理,更多的是一种政策管理,而非直接的行政干预,而且这种政策管理主要聚焦在对民办高校组织公益性的限制和规范上。这种政策管理定位,使得民办高校在内部治理上具有较大的办学自主权。

2.规范董事会制度是民办高校破解举办者单边治理的内在需求

我国公办高校的内部治理结构是党委领导下的校长负责制。在这一治理结构中,公办高校以政府为主导进行治理制度设计,开展治理活动,提升办学水平。现行的治理结构,强调和突出了强大的政府作用,公办高校治理活动需要上级党委和政府部门授权,所以学校内部治理实质是授权治理,其治理的权力既不是源于学术共同体的专业权力,也不是来自利益相关者所应拥有的权力,而是源于上级党政组织的授权,治理的合法性是上级党政组织所赋予,治理的范围、内容、形式、程序等都依据相关政策法规执行。高校党政部门根据上级党政部门的精神办学,并伴随着广泛的政治动员和社会动员、自上而下的建设过程,追求学术卓越的活动反而被置于行政目标之下,内部各种权力冲突频繁。这些冲突无疑对高校自主办学是有伤害的,不利于激发公办高校的办学活力和提升其治理能力。学术事务始终应该是高校所有活动的核心,公办高校应构建一个有利于学术权力发挥作用的内部治理结构。

民办高校在治理结构上一般沿用企业的股东控制模式,即由股东组建和控制董事会,实行董事会领导下的校长负责制。在这种治理结构中,学校有很大一部分权力掌握在举办者手中,集权现象严重,等级和权力链明显。由于内部缺乏有效的制衡机制,并且受限于投资办学的现状,学校内部治理与发展就会出现公司化倾向,导致教育公益性与资本寻利性之间存在着较大冲突,在部分民办高校甚至出现举办者因过度追求办学的经济效益而背离教育规律。王一涛等认为,影响民办高校内部治理结构最重要的内部因素是举办者的办学动机、境界和管理能力。[①] 周海涛、施文妹认为,民办高校内部治理结构存在着权力运行中的出资人(举办者)控制、以校长为核心的管理团队职权不明晰、缺少利益相关者参与及内外监督机制缺失等问题,

---

① 王一涛,刘继安,王元.我国民办高校董事会实际运行及优化路径研究[J].教育研究,2015(10):30-36.

造成这些问题的原因在于民办高校家族化治理、内部权力缺乏制衡、缺少共治动力以及存在监管盲区等现象。[①] 韩玉亭认为,民办高校内部治理中存在着章程雷同且与相关法律法规衔接不畅、风险预警和财务审计机制不完善、师生权利贫困化等突出问题,产生这些问题的根源是民办高校在超常规发展中忽视了内部治理建设,并且举办者一权独大。[②] 高俊华、姜伯成也指出,董事会成员与学校管理层的核心领导干部大多由其家族成员担任,并且大多数投资者身兼董事长与校长之职,这些都是影响民办高校内部治理结构完善的因素。[③]

董事会制度建设影响着民办高校内部治理结构的完善程度。为更好地推进董事会建设,学者们提出应规范以举办者为代表的董事会制度运行。王一涛等认为,优化董事会成员结构,实现对董事会权力的监督和制约。[④] 胡大白认为,民办高校董事会建设需要经历从人治到法治、从个人决策到民主决策的转向过程,对董事会进行规范是民办高校科学发展的内在需要。[⑤] 赵宇宏、王义宁指出,需要对营利性民办高校和非营利性民办高校董事会的功能与结构进行分类规定,设计差异化的制度。[⑥] 石猛认为,除鼓励举办者自主规范办学行为之外,还需对举办者的权力进行一定约束,通过发挥校长的行政领导作用以及党委的政治核心作用对举办者权力形成一定制衡。[⑦] 臧琰琰、徐兴林认为,应规范董事会运行程序,提高董事会的决策水平。[⑧]

---

① 周海涛,施文妹.完善民办高校法人治理结构的难题与策略[J].江苏高教,2015(4):13-16,95.

② 韩玉亭.民办高校内部治理机制的困境及出路[J].高教发展与评估,2017(1):18-33,127.

③ 高俊华,姜伯成.分类管理改革背景下民办学校内涵式发展的困境与突围[J].教育与职业,2018(20):55-59.

④ 王一涛,刘继安、王元.我国民办高校董事会实际运行及优化路径研究[J].教育研究,2015(10):30-36.

⑤ 胡大白.关于民办高校董事会建设问题的思考[J].中国成人教育,2016(17):42-44.

⑥ 赵宇宏,王义宁.结构功能主义视角下两类民办高校董事会制度的差异化设计[J].浙江树人大学学报(人文社会科学版),2018(5):22-26.

⑦ 石猛.民办高校董事会制度的治理价值及其实现[J].复旦教育论坛,2019(2):15-20.

⑧ 臧琰琰,徐兴林.利益相关者理论视角下民办高校内部治理的困境与突破[J].黑龙江高教研究,2021(8):38-44.

3.推进民办高校校长职业化建设是其一项重要任务

与公办高校校长相比,民办高校校长这一职务更具挑战性。民办高校校长除了具备一般公办高校校长的管理能力之外,还需具备以下能力:一是应变与创新能力。民办高校大都是在艰苦创业中成长起来的,缺乏现成而完备的办学条件,如今又面临着生源竞争更加激烈、政府监管愈发严格、外部高校竞争更加严峻、高等教育发展方式转变等挑战,这些挑战对处于成长期的民办高校而言是一个不小的考验,需要校长具备敏锐的洞察力、果断的决策力、开拓的精神和克服困难的坚强意志,审时度势,因势而变,用自己的智慧处理好各种内外部关系。二是经营能力。民办高校既要与公办高校一样引进高学历、高水平的教师,为他们营造一个良好的教学科研氛围,又要为学生提供良好的教育教学环境,同时还要做到自收自支、持续经营。在没有政府财政支持情况下,民办高校办学经费一直处于捉襟见肘的困境,各项经费使用都要精打细算,并且绝大多数民办高校都需要留出一部分结余经费用于学校的再发展和再建设,这就需要校长不仅要研究办学成本,学会办学成本核算,探索实施成本战略管理,同时还要具备相应的办学风险防控能力和较强的经营能力,才能带领学校迈向可持续发展之路。民办高校校长不仅是领导者、管理者,更是经营者。对民办高校校长而言,一方面面临着来自内外部的各种挑战和压力,另一方面却在治校理政的过程中行政权相对有限,造成了其与举办者之间矛盾丛生。为此解决举办者与校长之间矛盾,改变举办者一权独大的局面是民办高校完善内部治理结构的重要前提。

邱昆树等将我国民办高校校长产生来源分为三类:举办者兼任或举办者家属成员担任、外聘校长、学校内部培养校长。[①] 黄斯欣指出,民办高校在不同发展阶段,其校长来源是不一样的,这在某种程度上反映了民办高校校级管理团队水平。[②] 陈红、袁本涛指出,建立与民办高校长远发展相适应的校长选拔、任用制度是关键,不管是对内培还是外聘校长都是适合的。[③] 邱昆树等则认为,落实校长负责制的关键是赋予校长特别是大部分外聘或

---

① 邱昆树,王一涛,石猛.我国民办高校校长群体特征及其政策启示[J].中国高教研究,2016(8):74-79.

② 黄斯欣.民办高校校长队伍建设探析[J].西南科技大学学报(哲学社会科学版),2017(2):97-102.

③ 陈红,袁本涛.我国民办大学校长在任现状及选聘的思考[J].高等工程教育研究,2016(4):112-116.

内培校长在校务管理中的独立决策权。① 王一涛、申政清提出,民办高校建立现代大学制度的根本前提是明确校长遴选标准、建立完善的外部遴选机制。② 周海涛、廖苑伶认为,在董事会授权范围内,校长应依法全面行使行政和教学管理权。③ 可以预见的是,随着越来越多的举办者因年龄问题逐渐退出学校领导岗位,推进民办高校校长职业化建设将是一个重要任务。

4.民办高校内部治理结构类型研究

在 2002 年《民办教育促进法》颁布之前,涉及民办高校内部治理结构的研究,大多数文献使用"管理体制""领导体制"等提法,随着现代大学制度的推进,民办高校内部治理结构作为一个专有名词被提出。苗庆红指出,资本的寻利性和教育的公益性是贯穿于民办教育发展过程中的一对基本矛盾;④其在借鉴公司治理结构基础上,根据民办高校控制权的配置和行使,将民办高校分为人力资本控制模式、股东控制模式、共同治理模式三种治理结构类型。⑤ 董圣足指出,"董事会领导下的院(校)长负责制"已成为我国民办高校较为流行的治理模式。⑥ 阎凤桥认为,从形式上看,多数民办高校设立了董事会,但民办高校内部治理结构与实际运行存在着较大差异,董事会的利益团体控制是我国民办高校内部治理结构的显著特点。⑦ 胡赤弟、黄志兵提出了民办高校投资公司法人和学校法人的"双法人"治理模式概念,加深学界对民办高校内部治理结构认识。⑧

随着研究不断深入,学者们按照一定的标准对民办高校内部治理结构

①　邱昆树,王一涛,石猛.我国民办高校校长群体特征及其政策启示[J].中国高教研究,2016(8):74-79.

②　王一涛,申政清.我国民办高校校长的产生方式及遴选优化路径[J].浙江树人大学学报(人文社会科学版),2019(4):8-13,20.

③　周海涛,廖苑伶.民办高校高质量发展的基础[J].复旦教育论坛,2021(3):69-74.

④　苗庆红.公司治理结构在我国民办高校管理中的应用[J].经济经纬,2004(6):139-142.

⑤　苗庆红.民办高校治理结构的演变研究[J].中国高教研究,2005(9):28-30.

⑥　董圣足.民办高校法人治理结构的构建与思考:基于上海建桥学院的个案分析[J].教育发展研究,2006(11B):64-69.

⑦　阎凤桥.中国民办高校内部治理形式及国际比较[J].浙江树人大学学报(人文社会科学版),2007(5):1-8.

⑧　胡赤弟,黄志兵.民办高校"双法人"治理模式研究[J].教育发展研究,2008(18):39-44.

进行分类。王一涛等根据民办高校关键决策权（人事和财务）的占有情况，将我国民办高校内部治理结构分为个人控制型、企业办学型、国有民办型和共同治理型等四类。[①] 王维坤、张德祥认为民办高校的控制权可分为"出资者控制权"和"教职工控制权"，根据两者在学校实际运行中的强弱程度，将我国民办高校内部治理结构划分为"松散型治理模式""人力资本单边治理模式""出资者单边治理模式""关键利益相关者共同治理模式"等四种类型，并指出随着民办高校这一组织的不断成熟，"关键利益相关者共同治理"模式是民办高校发展的基本趋势。[②]

鉴于民办高校治理现状，很多学者认为民办高校应在利益相关者之间建立起一种相互信任和支持的关系，让相关者感到在价值观、办学使命等方面有共同追求，在学校教育教学目标、资源使用效率、经济效益、社会效益等方面形成共同认识。陈伟鹏认为，应在民办高校设立监事会，厘清董事会（决策机构）、校长（执行机构）、监事会（监督机构）三者之间关系，形成由出资人、教职工和学生代表出任监事的"三方制衡"模式。[③] 张安富、石中玉提出应规范民办高校章程制定和实施、提高教授在董事会占比、保障学术委员会的学术决策权、赋予教职工代表大会独立监督权以及健全教师参与学校治理的机制。[④] 研究表明，民办高校由单边治理结构向共同治理结构转变的重要举措是建立利益相关者的参与机制。本书认为，民办高校内部治理结构不管以何种标准进行分类，多元共治、分权制衡将是其善治的主要特征，代表了民办高校今后发展方向。

（三）关于民办高校绩效评价的研究

1.民办高校绩效评价指标分类呈现出由粗及细的趋势

平衡计分卡（the Balance Scorecard，缩写 BSC），是一种绩效管理工具，自其诞生以来就一直受到西方学术界和实业界的广泛关注。殷俊明是国内

---

① 王一涛,冯淑娟.我国民办高校内部治理的基本类型分析[J].浙江树人大学学报(人文社会科学版),2015(6):1-6,13.

② 王维坤,张德祥.我国民办高校内部治理结构类型及演变路径[J].现代教育管理,2018(1):30-35.

③ 陈伟鹏.民办高校监事会制度的建设问题研究[J].法制与社会,2012(18):176-180.

④ 张安富,石中玉.民办高校教师参与内部治理:意义、权限及策略[J].浙江树人大学学报(人文社会科学版),2019(6):24-29.

较早运用平衡计分卡对民办高校办学绩效进行研究的学者,他认为可以从财务稳健、利益相关者满意度、内部管理流程优化、组织学习与成长能力等方面对民办高校办学绩效进行评价。[①] 宋丽平、安宁根据企业组织的经营绩效概念,将民办高校绩效划分为财务绩效和管理绩效两个方面。[②] 陈丽认为民办高校的生存与发展在很大程度上依赖于系统有序的评价系统,为此需要引入绩效评价来合理度量利益相关者的投入和产出,并将民办高校绩效分为人才培养绩效、教学绩效、科研绩效、社会服务绩效、财务绩效以及教师发展绩效等方面,以此来判断民办高校运作效率和资源优化能力。[③] 贾来喜等认为民办高校绩效由社会效益、持续经营能力、教学管理能力等组成,在评价中要突出对民办高校社会效益评价,强化公益性导向。[④] 张爱华利用平衡计分卡理论对民办高校教学、科研、财务及管理等指标进行评价,并认为为提高绩效评价效果应将战略分解到具体的各项指标,把平衡计分卡嵌入到民办高校管理流程中,构建全体师生认同的平衡计分卡绩效评价体系。[⑤] 民办高校实施绩效评价,不仅有助于社会公众准确认识其竞争实力,也有助于其提升资源配置的效率和管理水平,提高人才培养质量。从绩效评价指标分类来看,国内学者对民办高校绩效指标分类由粗及细,从单纯关注财务指标、资源投入指标到注重学校社会责任等指标的转变。

2.教师绩效评价的实施效果在民办高校褒贬不一

民办高校建立教师绩效评价体系,其目的是最大限度地调动教师工作热情,引导教师树立正确的职业观,推动教师主动形成积极向上的工作态度,做好教学、科研和社会服务等工作,但研究同时也发现,民办高校教师绩效评价存在着较大问题。黄枫珊通过对广东省民办高校调研发现,多数民办高校的薪酬体系是在参考公办高校基础上建立起来的,存在着考核目标

①　殷俊明.平衡计分卡在民办高校战略业绩评价中的应用[J].科技进步与对策,2006(6):155-157.

②　宋丽平,安宁.高校绩效评价指标体系构建[J].财会月刊,2006(8):9-11.

③　陈丽.民办高校组织绩效评价指标体系构建[J].中国成人教育,2016(18):49-51.

④　贾来喜,杜娟,张鹏.非营利性民办高校办学绩效评价指标体系探讨[J].当代教育实践与教学研究,2018(9):123-124.

⑤　张爱华.平衡计分卡下的民办院校绩效评价研究:以A学院为例[J].会计之友,2018(22):140-145.

不明确、机制不健全等问题,表现在教师绩效评价与学校发展的总体目标关联性不够,评价结果和教职工薪酬、职务晋升、教师专业发展等联系不紧密。① 汪雪玲、杨扬认为,现行的民办高校教师绩效评价存在着评价标准固化、评价指标不科学、评价体系不健全、评价结果反馈不及时等问题,对调动教师工作积极性的作用不大,并没有达到实施绩效评价的最初目的。② 由于民办高校教师与公办高校的教师在社会地位、经济待遇上存在着差别,不科学、不合理的绩效评价制度,将会对民办高校引进、留住人才产生不利影响。③ 总体而言,已有研究认为教师绩效评价有利于民办高校提高管理效率;但同时因为民办高校评价制度的不完善对教师队伍造成了一定的负面影响,最直接的后果是造成教师流失。正如杨程所指出的,民办高校原本就留不住优秀教师,分类管理后将会更加困难,师资队伍将会面临更大的挑战,教师队伍流动性可能更大。④ 因此构建科学合理的教师绩效评价体系,稳定教师队伍,提升师资实力,才能更好地推动教师认同学校发展的核心价值观,形成积极向上的工作态度,促进学校持续有力发展。

(四)关于高校绩效评价对内部治理结构的影响研究

随着高等教育问责压力的不断增大,以政策驱动为主导,强调产出和效率,强化激励奖惩机制,采用可量化的绩效评价模式成为当前我国高校内外部评价实践的主流。作为我国高等教育领域的一个热门话题,学者们围绕着绩效评价与内部治理结构的关系开展了一定探讨。

姜华等借用社会网络分析法对权力结构与绩效之间的关系进行研究,得出高校的权力重心越低,学校绩效越高;高校的权力运行状态越好,学校绩效越高的结论,为我们探寻完善权力结构与提高办学绩效水平之间的关系提供了有效思路。⑤ 鞠建峰指出,绩效评价以权责利划分为核心优化教

① 黄枫珊.以新发展理念引领民办高校人事管理改革的探索:以广东省为例[J].现代教育管理,2017(7):60-65.
② 汪雪玲,杨扬.民办院校教师绩效评价问题探析[J].当代教育实践与教学研究,2019(22):144-145.
③ 张绍铭,成信法,朱乔青.民办高校可持续发展战略评价研究:基于平衡计分卡的视角[J].财会通讯,2013(26):82-84.
④ 杨程.分类管理背景下民办高校教师队伍建设的困境、归因与对策:基于利益相关者的访谈分析[J].黑龙江高教研究,2021(8):87-91.
⑤ 姜华,黄帅,杨玉凤.大学内部权力结构与绩效的关系研究:社会网络分析的视角[J].复旦教育论坛,2017(4):84-91.

育教学资源,给院系更大的资源配置权和发展空间,将治理主体由学校转变为院系,下移治理重心,有利于完善高校内部治理结构。① 白宗颖认为,由于绩效评价和高校治理两者具有共同的理论基础、价值引领和目标导向,绩效评价对推进高校治理现代化具有一定的可行性;评价结果能够反映高校治理能力和治理体系是否完善,绩效评价对促进高校阳光建设,提升治理能力具有积极作用。② 刘振天认为,高等教育评价的实质是治理,通过构建多方评价主体共同参与、共同评价的绩效体系,有助于改变当前单一的治理格局。③ 虽然已有文献认为绩效评价对完善高校内部治理结构具有积极作用,但部分研究也表明其消极作用不容忽视,如张男星指出,高校行政管理者依据自身掌握的规则制定权,以行政意志和市场需求为导向设置绩效评价体系,从而造成绩效评价、资源分配与行政权力的一体化捆绑,学术自由和学术权力受到不同程度侵蚀。④ 高江勇指出,在以效率为价值取向的评价中,量化评价成为强有力的技术工具并深度介入高校人才培养、科学研究、社会服务等领域,其"过度使用,致使高校行政权力泛化现象严重"⑤。李立国认为,"评价体系对大学治理的制度体系和组织体系具有检验、评价、引导、规范、监督等功能"⑥,评价体系要以实现"善治"为目标,充分考虑我国高等教育治理现状与特点,才能更好地引导高等教育治理的改革方向。已有的少数研究表明,绩效评价对高校内部治理结构而言,既有积极作用也有消极作用。目前国内专门研究绩效评价对高校内部治理结构影响关系的文献相对较少,围绕"民办高校"的研究更是少见。

绩效评价作为一种治理手段具有两面性,如果设置不合理或利益分配不当,容易造成盲目追求绩效的工具理性取向,这对民办高校的教育教学、

---

① 鞠建峰."双一流"建设战略视野下高校院系绩效评估研究[J].黑龙江高教研究,2018(7):1-4.

② 白宗颖.以高校绩效管理推进高等教育治理现代化[J].现代教育管理,2019(7):42-48.

③ 刘振天.完善高等教育评价体系提升高等教育治理能力[J].大学教育科学,2020(1):37-42.

④ 张男星.高等学校绩效评价研究[M].北京:科学出版社,2019:45.

⑤ 高江勇.大学教育评价中的过度量化:表现、困境及治理[J].中国高教研究,2019(10):61-67.

⑥ 李立国.大学治理的制度逻辑:融通"大学之制"与"大学之治"[J].华东师范大学学报(教育科学版),2021(3):1-13.

教师发展并非有利,因此完善内部治理结构,要有效防范、规避、控制绩效评价带来的负面、消极的影响,最大限度地发挥其积极作用。现有研究尚不能回答绩效评价到底在哪些维度上影响内部治理结构。这些都需要我们进一步探究。

三、美国私立高校相关研究现状

自 20 世纪末以来,私立高等教育在全球范围内快速发展,遍布各个学术层级,他们中的一小部分踞于学术层级的顶尖,但大部分院校则还是在学术层级的底端。美国私立高校在国际上声名显赫,它们大多拥有悠久的历史、良好的校风以及高水平的教学和科研。据世界大学排名中心(Center for World University Rankings,简称 CWUR)发布的 2018—2019 世界排名,前 10 名中,美国高校占 8 所;这 8 所高校中,除加州大学伯克利分校为公立以外,其他包括哈佛大学、斯坦福大学、麻省理工学院等在内的 7 所高校均为私立高校。在以多样性与竞争性著称的美国高等教育系统中,私立大学群体能够经久不衰,在残酷的市场机制主导的环境中顽强生存,与其完善内部治理结构密不可分。在公立高校产生之前,美国私立高校就已经有将近 150 年的历史,其较为完备、科学的内部治理结构成为私立高校持续健康发展的制度保证。私立大学在美国有营利性和非营利性之分,鉴于两者的内部治理结构差异性较大,本研究仅以美国非营利私立高校为研究对象,对其内部治理结构进行文献综述。

2019 年 6 月 15 日,笔者通过"教育资源信息中心"(Educational Resources Information Center)检索到与 higher education,governance 有关的研究共有 6434 篇;而与"美国私立大学"直接相关的英文研究 592 篇。2019 年 6 月 28 日,笔者在 CNKI 上进行检索发现,自 2005 年以来,以"美国大学(高校)""治理"为题的文章有 1008 篇。在万方数据资源系统"中国学位研究全文数据库"和 CNKI 中国优秀博硕士学位研究全文数据库中检索,以"美国大学(高校)""治理"为题的硕博士研究有 286 篇。

(一)美国私立高校内部治理的主体研究

与欧洲大学相比,美国私立高校内部治理结构不仅独特,而且还具有高度的自我调适能力,其内部治理结构主要由董事会组织、高校内部领导组织、教师共治组织等构成,多数实行董事会领导下的校长负责制,学术权力和行政权力两权分立是一种普遍的做法。通过文献研读，本书发现董事会、校长、拥有学术权力的教师群体是其内部最重要的治理主体，这些治理主体之间呈现一种多元共生和异质冲突的关系，而为了协调他们之间的矛盾和冲突，美国私立高校通过设立学术评议会、运用多样化的治理手段等有效治理方法来弥合冲突。这种经治理主体间博弈后形成的内部治理结构，对美国私立高校实现自身使命、发挥办学功能起着至关重要的作用。联合治理或共同治理(shared governance)是其内部治理结构的一个重要特征。① 科尔(C.Kerr)认为，美国高校内部治理特征在于：高质量地履行其职能；显示有效的自我管理能力；在党派政治和校外公众的论争中确保中立；在来自校内外的攻击面前保持自身的统一；对公众广泛关注的各种问题，能够向公众、立法机关和当选官员做出全面和如实的解释。② 这一治理结构，确保了行政和学术两种权力在各自职能范围内充分发挥优势，并且主体间日趋渗透，协调发展，是一种较为高效的治理模式。埃德尔(A.Edel)认为美国高校内部治理结构与其宪法所确立的立法、行政、司法三权分立、相互制衡的民主共和政体非常相似。③

1.董事会是美国私立高校的最高权力机构

董事会是美国私立高校最高的权力机构和法定的代表人，总体上把握学校发展方向，拥有学校管理的最高决策权。董事会在美国私立高校内部治理中发挥着多重作用。一是将社会的各种需求直接反映到高校并成为决策，使学校与社会有机地联系起来；二是拓宽资金来源，通过校外人士有效地向社会募集资金；三是作为一个既与政府和社会有联系，又相对独立的机构，董事会可以在大学卷入社会政治浪潮之时起到缓冲作用。根据董事会成员的来源不同，哈利(B.D.Harry)将其分为"专家型董事会"和"代表型董事会"两种类型，前者是指董事会主要成员由财务、教学、管理、法律等方面

① DONNA R E. Some legal aspects of collegial governance[EB/OL].(2003-10-11)[2019-09-12].https://www.aaup.org/issues/governance-colleges-universities/legal-aspects.

② 陈学飞.美国、德国、法国、日本当代高等教育思想研究[M].上海：上海教育出版社,1998:91.

③ EDEL A. The struggle for academic democracy：Lessons from the 1938"revolution" in New York's city colleges [M].Philadelphia，PA：Temple University Press，1990:35.

的专家组成,后者是指董事会成员由学生、教师、管理人员、校友、社区代表等组成。① 科尔曾指出,在美国是利用董事会等外行机构以求最大限度地保护高校免受政治干预,但在大多数国家,对高校的管制则是通过强大的政府部门干预来实现的。② 奥斯坎普(P.J.Oscamp)更加明确地指出"董事会的工作内容可以概括为,尽量维护董事会的组织机构健全和良性运行、优化人员配置,但不插手大学的日常运行"③。

2.校长是美国私立高校最高行政负责人

经董事会选任的校长是美国私立高校首席行政官,贯彻董事会意志并协调学校行政工作。④ 科尔指出"在美国,人们期望校长成为学生的朋友,教师的伙伴,和董事们站在一起,明智的、稳健的管理者……"⑤校长的主要角色是高校的管理者和执行者,而不仅仅是学者的代表,从某种程度上而言,董事会对校长管理能力的要求大大超过对其学术水平的要求。由于校长的能力和水平与所在高校的未来发展息息相关,美国私立高校都非常重视校长选拔,有一套成熟的校长遴选办法,并采用会议制和个人负责制相结合的办法来确保校长不会独揽大权。校长是美国私立高校治理中相对独立的核心环节,除校长之外,一般还设若干名副校长协助校长工作。此外美国私立高校里还有一个受校长领导、高效运行的行政管理团队。随着高等教育市场竞争日益激烈,行政管理团队职能不断拓展,行政人员权力日益扩张,已成为美国私立高校重要的治理主体。

3.拥有学术权力的教师群体是美国私立高校重要的治理主体

克拉克(B.R.Clark)曾提到,教师既为特定的高校工作,同时又代表着

① BOER D H, MEISTER S C. Supervision in modern university governance: boards under scrutiny[J/OL].Studies in higher education,2010(3):317-333[2019-08-21]. https://www.tandfonline.com/doi/full/10.1080/03075070903062849.

② 科尔.大学的功用[M].陈学飞,陈恢钦,周京,等译.南昌:江西教育出版社,1993:45.

③ OSCAMP P J. Moral leadership-ethics and the college presidency [M]. Lanham.Md:Rowman & Little field Publishers,Inc,2003:22.

④ RUDOLPH F. The American college and university:a history [M]. New York: The University of Georgia Press,1999:167.

⑤ 科尔.大学的功用[M].陈学飞,陈恢钦,周京,等译.南昌:江西教育出版社,1993:67.

所属的学科领域,他们隶属于两种完全不同形式的组织。^① 教师在学术领域拥有自主决策或联合评议的权力,而在其他领域则主要扮演"讨论"和"咨询"的角色。杜里埃(E.D.Duryea)指出,虽然美国私立高校的董事会是大学法人,拥有最高决策权,教师是董事会的雇员,但随着学术权力的重要性日益增强,董事会被迫将与学术相关的事务交给教授们负责。^② 美国学者布朗(W.O.Brown)对教师参与治理和绩效之间的关系进行了研究,得出的结论是,由于教师和行政人员拥有不同的知识、信息及动机,造成教师参与学术事务决策的程度越高,高校业绩表现越好;而参与行政事务决策的程度越高,高校业绩表现越差。^③ 卡普兰(G.E.Kaplan)通过对 882 所大学(其中 532 所私立大学,350 所公立大学)调查表明,在课程内容、学位要求和遴选学校委员会成员等方面,教师拥有较大决定权;在全职教师任命、终身教职晋升、提供学位类型以及教学工作量等方面,教师以联合行为的方式参与治理;不论私立还是公立高校,评议会等正式机构发挥着重要作用。^④

(二)美国私立高校内部治理的关系协调研究

1.治理主体之间存在着多元共生的关系

美国私立高校内部治理主体之间是共同分享治理权力的关系,这种主体之间共同参与治理的方式,既符合治理的基本精神,也是其治理结构的基本特征。治理理论认为,不同治理主体在地位上是平等的,合理的治理结构是一个由多元主体组成的多中心治理网络体系,并非权力中心单一化的管理模式。美国私立高校参与治理的各方在高校共同使命指引下,实现分享治理,代表教师团队的评议会、以校长为首的行政团队和董事会,在高校重大事项的决策过程中具有较大的影响力,其他诸如社会代表、学生代表等也都在相关治理决策机制中拥有一定的话语权。内部治理主体的多元化,使

① 克拉克.高等教育新论:多学科的研究[M].王承绪,徐辉,郑继伟,等译.杭州:浙江教育出版社,2001:14.

② DURYEA E D.The academic corporation:a history of college and university governing board[M].N Y:Routledge,2010:34.

③ BROWN J W O.Faculty participation in university governance and the effect on university performance [J].Journal of economic behavior&organization,2001(44):129-143.

④ KAPLAN G E. Preliminary results from the 2001 survey on higher education governanc [EB/OL].(2003-10-11)[2019-07-02].https://www.aaup.org/NR/rdonlyres/449D4003-EB51-4B8D-9829-0427751FEFE4/0/01Results.pdf.

得美国私立高校内部权力结构成为一个由多元主体构成的权力共同体。

2.治理主体之间存在着异质冲突的关系

大学是一个"松散结合系统",处于"有组织的无序状态"①,各利益主体之间虽然是多元协调的,但同时也是异质冲突的。高校办学牵涉到多方利益主体,由于利益主体之间存在着利益诉求上的差异,他们在互动中不可避免地会有矛盾和冲突产生。这些矛盾和冲突的背后是价值取向的差异。学术人员群体和行政人员群体是高校内部差异最大的两个群体,多重目标、多样行为方式以及多元文化是学术组织的主要特征;而高校行政组织则以"科层制"为原型,强调严格的等级结构与目标的同一。这种差异乃至冲突的关系,正是高校生命力的体现,协调好两者之间的关系对高校发展至关重要。戴尔(F.M.Del)指出,教师与行政人员之间构建起彼此信任、协商合作的人际关系是高校实现有效治理的基础。② 对于多元价值矛盾的协调,美国私立高校,一方面通过承认和追求多元价值,保证各类治理主体的利益诉求得到满足;另一方面通过保证和巩固评议会的地位,发挥其在内部治理中的专业作用,确保各利益相关者都能够从学术价值的发挥中获得更大权益。

(三)美国私立高校内部治理的方法研究

1.设立学术评议会是美国私立高校重要的治理方法

学术评议会,又称为学术议事会,是美国私立高校关键的专业机构。这些机构的主要功能是关注学术政策与学术事务,是教师与行政人员之间进行沟通的重要机构。作为与以校长为代表的行政管理团队制衡的重要部门,评议会是教师参与学校重要问题决策的学术性机构,主席一般由校长兼任。20世纪初,美国许多高校建立了评议会,董事会也更多地把制定学术政策与规章制度,管理学术事务的权力交给评议会。③ 根据学校章程和管理传统不同,评议会的地位和作用在不同的高校有所不同。一般而言,在学术水平较高的大学,学校教学科研以及其他与学术有关的工作,主要由评议会审议并做出决策,评议会在高校的地位较高。学术评议会与董事会之间

---

① 季诚钧.大学属性与结构的组织学分析[M].北京:人民教育出版社,2006:4.

② DEL F M. Faculty-administrator relationships as integral to high performing governance systems: new frameworks for study [J].American behavioral scientist,2003 (6):901-922.

③ 李福华.大学治理的理论基础与组织架构[M].北京:教育科学出版社,2008: 175.

是一种隶属关系,学术评议会从董事会那里获得管理学术事务的权力,直接对董事会负责,为董事会提供与学术事务相关的建议并进行政策咨询,按照规定学术评议会的决策须得到董事会批准后方可奏效。学术评议会与以校长为首的行政管理团队共同构成隶属于董事会的两大支柱,形成了学术权力与行政权力相互制衡的局面。

2.采用多样化的治理手段适应内部治理的需要

首先,控制是美国私立高校实施内部治理的重要手段。它是指通过各种法律、法规对利益相关者的权力与职责予以法律保护与约束。这种控制分为他控与自控两种类型,各成员之间通过法律、制度等手段实施他控;教师、行政人员等则通过自我职业道德、学术道德等实施自控。其一是平衡大学董事的权责。各私立高校根据所在州政府关于非营利法人的相关法律法规,对董事会和董事个人的职责做出明确区分,校内系列制度保障董事会各项活动有法可依,既维护董事会集体决策的权威,也避免董事滥用职权。其二是平衡学术人员的权责。美国私立大学为平衡内部学术人员的权责,一般通过制度来规避冲突和分配学术权力,实现对其行为的规范。

其次,协调是美国私立高校实施内部治理常用的治理手段。它是将高校内部冲突合法化的过程,主要包括集体谈判(collective bargaining)、正式仲裁(formal arbitration)、申诉机制(appeals systems)等。事实证明,这些制度化的举措适应了高校治理主体多元化与结构变迁的需要,为解决高校内部治理过程中产生的冲突提供了一个良好的渠道,对协调教师与校方之间的矛盾,协调行政权力与学术权力之间的矛盾,以及学生与校方之间的矛盾,尤其是在保护教师、学生权利与利益等方面发挥了重要作用。

最后,激励也是美国私立高校内部治理常用的手段。它主要体现为组织激励、资金激励、晋升激励等。激励手段是美国私立高校利益相关者尤其是教师群体参与内部治理的动力,具有精神和物质双重激励的作用。组织激励是以信任为基础,通过"控制权配置"和"内部人控制"实现决策权的再分配,赋予各利益主体或机构更多的参与决策权分配的机会。与其他激励机制相比,组织激励是一种更高级的激励,因为它涉及权力的再分配,这也体现了美国私立高校内部治理不仅关注刚性的框架要素,同时也关注共治过程中的柔性要素,注重教师的内在需求。

四、对已有研究成果的评价

通过对文献梳理和归纳,概而言之,国内外学者对民办(私立)高校内部治理结构进行了比较深入的分析,有关研究呈现出以下几个基本特点。

第一,国外研究已从内部治理"是什么""为什么"的阶段,进入"如何做"的中观和微观层面,更多的是从理论假设出发,通过对现状广泛调查验证,探讨了高校内部权力配置、治理机构和治理主体参与情况等问题,学理性较强;无论研究深度还是广度都表现出较为成熟的特征,对我国民办高校完善内部治理结构具有较好的借鉴价值。虽然众多文献从不同视角对美国私立高校内部治理结构展开了深入分析,取得了很有价值的研究成果,但还存在着一些不足,有待从以下两个方面继续深入:一是目前关于美国私立高校内部治理结构的研究,重在解读治理结构本身,忽视了内部治理结构对私立高校发展的推动作用,这种内在推动力值得进一步探索;二是现有关于美国私立高校内部治理结构的研究,较多地关注或强调内部权力的协调关系,忽视了不同治理手段对治理结构的影响作用。

第二,国内学术界在民办高校内部治理研究方面已积累了丰富的学术成果,为本研究提供了坚实的学理支撑。国内学者对民办高校内部治理结构提出了许多真知灼见,为民办高校争取良好的生存空间和健康发展做出了重大贡献。但国内研究比较关注宏观层面,还没有进入中、微观层面的系统探讨,对民办高校内部治理结构研究还停留在"为什么""是什么"的阶段,尚未深入到"如何做"阶段。从研究方法上看,大多以思辨说理居多,使用文献研究比例较高;相比较而言,实证性研究偏少。从研究深度来看,不少研究套用企业管理理论得出的结论存在比较牵强;同时由于缺乏对我国民办高校办学实践的了解,不少研究陷入"就事论事"的误区,没有区分民办高校的具体情况,缺乏深度和针对性。从研究内容上看,关于民办高校内部治理结构的研究内容都围绕着校级层面,或者说是权力在横向层面上的分权而展开,还没有深入到对权力在校院两级纵向层面上的分权研究。这也为本研究提供了研究的空间。

第三,民办高校绩效评价研究尚处于起步阶段。绩效评价是一个复杂的问题,需要广泛借鉴和综合运用多学科知识,才能从不同角度做出正确分析。有的研究过度引用现代企业绩效管理理论而忽视了民办高校的教育逻辑规律;有的研究就评价论评价,很少从民办高校内部治理角度寻找绩效评价面临的问题及其存在原因,这样就很难从根本上反映和揭示民办高校绩效评价的本质特征,也无从谈及有针对性地改进对策,研究结论可行性、操作性都不是很强,这类研究对民办高校办学实践的指导意义也有待于进一步商榷。

总体而言,国内研究虽然在理论上对内部治理结构与绩效评价之间的关系有所涉及,但尚未将绩效评价作为完善内部治理结构的一种重要手段和提升治理水平的重要途径加以深入研究。绩效评价作为一种治理手段是通过哪些维度影响民办高校内部治理结构,如何利用绩效评价手段更好地优化民办高校内部治理结构,这些都需要我们做出系统回答。

第二节　利益相关者理论与民办高校治理

利益相关者理论是西方学者在研究公司治理时提出的一种全新思想,兴起于 20 世纪 60 年代,并随着学界对其研究的日益深入,于 20 世纪 80 年代形成比较完整的理论体系。由于对现实问题有着强大的解释力,该理论被广泛应用于工商管理、教育管理、绩效管理、风险管理等领域。在高等教育治理领域,利益相关者理论同样也是一个重要的理论分析框架。本书选择利益相关者理论,基于以下两个方面的考虑。一方面,作为一个典型的利益相关者组织,民办高校应重视不同利益相关者在学校发展所中扮演的角色与发挥的作用,合理地将利益相关者理论的精髓运用在学校治理中,最大限度地满足各类治理主体的需求,只有这样才能推动其内部治理结构由个别群体把控为特征的单边结构向多元主体共同治理的结构转变,实现办学的长治久安。另一方面,民办高校绩效评价是对学校办学水平及办学努力程度的一种判断,是民办高校管理者进行人、财、物等办学资源分配的基本依据,绩效评价直接影响着利益相关者的利益。由于绩效评价对各个利益相关者的自身利益有着深刻影响,其必然要对绩效评价模式选择、指标制定、权重分配、实施机制等方面进行关注甚至干预,期望评价能够有利于自身利益的实现;在此过程中必然还存在着利益相关方之间的相互冲突、相互争执的现象,因此,本书选择从利益相关者的角度来探讨是合适的。

一、利益相关者理论概述

(一)利益相关者的内涵

《牛津词典》记载,"利益相关者"一词最早出现于 1708 年,最初的意思是指人们在某一项活动中"下注"(have a stake),随后被引用于在企业的经营活动过程中抽头或赔本。① 西方学者对利益相关者的认识经历了一个"窄定义—宽认识—多维细分—属性评分"的过程。20 世纪 60 年代,美国斯坦福研究中心首次提出"利益相关者"(stakeholder)概念,他们认为"企业能够较好生存的原因是企业中存在着一些利益群体"②,这些群体与企业有着密切关系。这一定义相对来说是比较狭隘的,但其作用在于让人们认识到企业的周围存在着许多关乎企业生存的利益群体,企业的存在并非仅仅是为股东利益服务的。随后这一概念逐渐受到重视,并发展成利益相关者理论。

美国学者米切儿(R.K.Mitchell)认为,利益相关者是指"企业为了实现持续发展依赖于内部的个人或者群体,而个人或者群体则为了实现自身目的而依存于企业"③,这一概念将利益相关者的内涵从单向企业依存扩展为双向动态依赖,即个人或群体与企业之间为了各自的目的而相互依赖,两者之间是一种互动的双向关系。这一定义拓宽了对利益相关者的认识。

由于不同类型的利益相关者对于企业决策的影响以及被企业活动影响的程度是不一样的,许多学者从多个维度对利益相关者群体进行细分。根据相关群体与企业之间是否存在交易性的合同关系,查克汉姆(J.Charkham)将利益相关者分为契约型利益相关者和公众型利益相关者,认为契约型利益相关者包括股东、雇员、供应商、顾客、分销商和贷款人;公众型利益相关者包括政府部门、全体消费者、监管者、媒体、当地社区等;④克拉克逊(M.

① 贾生华,陈宏辉.利益相关者的界定方法述评[J].外国经济与管理,2002(5):13-18.
② CHARKHAM J. Corporate governance:lessons from abroad[J]. European business journal,1992(4):8-16.
③ MITCHELL R K, AGLE B R, WOOD D J. Toward a theory of stakeholder identification and salience:defining the principle of who and what really counts[J].Academy of management review,1997(4):853-886.
④ 贾生华,陈宏辉.利益相关者的界定方法述评[J].外国经济与管理,2002(5):13-18.

Clarkson)根据相关群体在企业经营活动中承担风险的主动性和被动性情况,将利益相关者分为自愿利益相关者和非自愿利益相关者;①卡罗(A. B.Carroll)根据利益相关者与公司关系的正式性,将利益相关者分为直接利益相关者和间接利益相关者,前者是由于契约和其他法律承认的利益而能直接提出索取权的人或团体,后者是基于非正式关系的利益团体,他们对公司的影响是次要的。② 上述各种多维度的细分方法,加深了人们对企业利益相关者的认识,但由于这些方法在实践上缺乏可操作性,在一定程度上制约了利益相关者理论的推广。

为了解决这一问题,米切儿提出了用属性评分法来界定利益相关者,从实践层面上解决了利益相关者界定的操作性问题,对推广利益相关者理论意义重大。③ 米切儿认为要成为一个企业的利益相关者,至少应符合以下三种属性中的一种:一是权力性,即某一群体是否拥有影响企业决策的地位、能力和相应的手段;二是合法性,即某一群体是否被法律和道义赋予对企业的索取权;三是紧迫性,即某一群体的要求能否即刻引起企业管理层的关注。在具体划分时,依据这三个属性对利益相关者进行评分,根据分值确定利益相关者的类型:若同时拥有上述三个属性,则被认定为确定型利益相关者,他们是企业最需要关注和密切联系的对象,包括股东、雇员和顾客。拥有三种属性中的任意两种,被认定为预期型利益相关者,如投资者、雇员和政府部门等同时拥有权力性和合法性;媒体、社会组织等同时拥有合法性和紧迫性;激进的社会分子同时拥有权力性和紧迫性,却没有合法性。只具备三种属性中的其中一项,被确定为潜在型利益相关者。

1984 年,美国学者弗里曼(R.Edward Freeman)在《战略管理:利益相关者管理的分析方法》一书中明确提出了利益相关者理论,确立了利益相关者分析的理论框架。他认为利益相关者是"那些能够影响企业目标实现,或被企业目标在实现过程中所影响的个人及群体"④。此概念极大地丰富了

① 贾生华,陈宏辉.利益相关者的界定方法述评[J].外国经济与管理,2002(5):13-18.
② 王辉.从"企业依存"到"动态演化":一个利益相关者理论文献的回顾与评述[J].经济管理,2003(2):29-35.
③ 蒋伏心,李家俊.企业的利益相关者理论综述与启示[J].经济学动态,2004(12):65-68.
④ FREEMAN R E. Strategic management: a stakeholder approach[M].Boston:Pitman,1984:12-38.

利益相关者内涵,即其既包括有利于企业价值实现的个人或者群体,也包括不利于企业价值实现的个人或群体。企业发展离不开利益相关者参与或投入,没有他们支持,企业无法生存,保护利益相关者的利益是企业发展的关键。弗里曼将整个战略管理过程分为理性层面、过程层面和交易层面。理性层面主要涉及对企业利益相关者的识别问题,包括"谁是企业的利益相关者""它们可观察到的利益是什么""各自的利益诉求又是什么"等;过程层面主要涉及利益相关者行为如何影响企业目标实现的问题,要解决的问题有"利益相关者在既定条件下达成目标的行为或策略是什么";交易层面需要解决的问题有"利益相关者之间是如何讨价还价、如何交易的",企业与利益相关者之间的最佳沟通方式是什么等。弗里曼将企业及其利益相关者看作是相互独立的个体,并以他们的个体属性为单位展开分析。

在众多学者共同努力下,利益相关者理论形成了比较完整的理论框架,并在实际应用中取得了很好的效果。随着研究不断深入,其应用领域扩展到经济学、管理学、政治学、社会学和法学等众多学科,影响力也得到迅速提高。该理论精髓在于,企业保持发展的关键是对不同利益相关者进行"分类治理",而非"等量齐观"。具体而言,该理论强调两个原则。一是现代企业要优先保护和实现核心利益相关者的利益,改变传统企业只强调股东利益最大化的狭隘主张。这是因为相关者的利益并非完全平均,企业要为不同相关者的利益实现服务。从资源稀缺性和异质性出发,那些贡献了专用性资产的所有者由于承担了投资风险,企业应将他们的利益纳入组织治理。由于不同利益相关者之间存在着一定的冲突与矛盾,需要运用治理手段通过协调和分配的方式进行化解。二是主张用权力来保障主体的利益实现。利益相关者在组织中形成的权力关系,依赖于制度安排并合理设计结构、机制进行有效调节,利益相关者之间的权力关系在重大事项的决策过程中要得到体现,同时依靠权力进行维护和保障。

(二)四种治理观的演变

根据对已有文献的梳理,发现学术界形成了与利益相关者有关的四种治理观,即股东治理观、员工治理观、利益相关者共同治理观以及关键利益相关者治理观。

1.股东治理观

现代企业强调"所有权与控制权相分离",而两权分离带来的直接问题是,失去控制权的所有者如何来监督、制约拥有控制权的管理者,以实现所有者利益最大化,这也是委托—代理理论的起源。股东治理观认为,股东是公司唯一的治理主体,经理人员应对股东负责,如果在股东价值最大化的原则下开展生产活动,则股东的利益就会得到满足,与此同时整个公司的经营效益也会提升。[①] 这一观点隐含了"股东主权至上"的单边治理理念,也是市场经济理论在公司治理研究领域的反映。随着知识经济的兴起和人力资本重要性的逐渐凸显,过分强调"物质资本或者财务资本"而忽视企业人力资本投资的做法,不但会增加企业交易费用,而且也不利于形成对内部员工的激励机制,从长远看不利于企业竞争力提升。

2.员工治理观

员工治理观秉持"劳动雇用资本"的主张,认为员工拥有企业的所有权而且具有自我管理的动力,员工应该参与公司治理,并同时享有企业的剩余控制权和剩余索取权。[②] 这一主张和"股东主权至上"是相对立的。与股东治理观下的员工在企业地位不高、薪资水平低、生活质量差等情况相比,员工治理观的理念极大提高了劳动生产率,但因其无法从经济学和法理的角度说明允许员工掌握企业剩余控制权和剩余索取权的依据,在后期治理过程中推行困难。

3.共同治理观

20世纪90年代以后,在企业界出现了利益相关者共同治理观。该治理观的核心要义是,企业的全体利益相关者都应该参与企业治理,利益相关者应该享有与股东同等的参与企业决策的权利,过分强调某一类利益相关者的利益而忽视其他类型的利益相关者利益,是不利于企业持续发展的。国内学者杨瑞龙和周业安也认为,有效率的公司治理结构应该是利益相关者共同参与治理。[③] 但以全体利益相关者为取向的治理理念,在现实中却因控制权分散,公司运作效率低下、决策拖沓而陷入泛利益相关者治理的困境。

4.关键利益相关者治理观

关键利益相关者治理观认为,只有那些能够承担企业经营重大风险的

①　WILLIAMSON O E. The economic institutions of capitalism: firms, markets, relational contracting [M]. New York: Free Press, 1985: 56.

②　汉斯曼.企业所有权论[M].于静,译.北京:中国政法大学出版社,2001:45.

③　杨瑞龙,周业安.论利益相关者合作逻辑下的企业共同治理机制[J].中国工业经济,1998(1):38-45.

企业主权者以及与企业之间存在着长期相互依托关系的核心员工,才有资格参与公司的治理。① 这里的企业主权者是关键利益相关者。关键利益相关者,在有些文献中也被称为核心利益相关者或权威利益相关者等,本书认为这些称谓在内涵上是一致的。这一治理观的价值意义在于,从经济合理性与社会认同性的角度,超越了股东治理观和员工治理观的局限;从制度有效性角度,避免了利益相关者共同治理观因主张全员参与治理而带来的混乱。对此,我国学者王辉持相同的观点,他从资源依赖角度出发,认为凡是能够提供关键性资源的利益相关者都应参与企业控制权的配置。② 值得一提的是,在战略管理领域,一直致力于把利益相关者与公司战略制定及实施有机结合,认为战略管理应考虑不同利益相关者的“优先级”,体现关键利益相关者对企业战略目标实现的贡献度。

从“股东治理观”所倡导的股东利益至上到“关键利益相关者治理观”的演变过程,表明了利益相关者与企业的关系,经历了从利益相关者影响,到利益相关者参与,再到利益相关者共同治理的阶段。从以上分析,我们可知,第一,企业的发展是一个从低级阶段向高级阶段连续过渡或跃升的过程,不同阶段其利益相关者的划分维度是不同的。第二,利益相关者的支持是企业生存和发展的根本,但由于利益相关者对企业治理的影响以及被企业活动影响的程度不一样,企业不可能实时预见所有利益相关者的诉求;受时间和金钱限制,企业更关注那些对其生存和发展具有重要意义、绝对不可或缺的关键利益相关者。第三,利益相关者理论在企业治理中能够得到广泛运用的一个成功经验是,企业采用不同的策略有针对性地管理不同的利益相关者,在最大限度上提高他们对企业的满意度和支持度。由于该理论深刻地认识到企业作为一个“社会存在”的本质,能够较好地解决企业发展中的实践难题,因此彰显出强大的生命力。

二、民办高校利益相关者分类

借鉴利益相关者理论,学者们对高校的利益相关者按一定标准进行划

---

① 李维安,王世权.利益相关者治理理论研究脉络及其进展探析[J].外国经济与管理,2007(4):10-17.

② 王辉.企业利益相关者治理研究:从资本结构到资源结构[M].北京:高等教育出版社,2005:67.

分,但并未取得较为公认的分类。在利益相关者理论发展过程中,始终有一个命题困扰着理论界和实践领域,那就是"到底谁是组织的利益相关者"。这一追问,从利益相关者理论提出之日起就存在,但直至今日并没有统一的分类标准。由于不同的利益相关者与组织的联系、对组织的发展影响作用各不相同,因此对利益相关者的分类标准难以取得共识。

罗索夫斯基(H.Rosovsky)提出大学"拥有者"概念,他认为大学的利益相关者是那些与大学有密切利益关系的人,这里的大学"拥有者"不同于企业所有者,前者拥有的是社会利益,而企业所有者拥有的是经济利益。[①] 罗索夫斯基还根据不同群体对高校的重要性不同,认为最重要的群体是教师、行政主管和学生;董事、校友和捐赠者是重要群体;政府、银行家、议会等,只有在特定条件下才转化为利益相关者;市民、社区、媒体等被纳入次要群体。[②] 胡赤弟、田玉梅从办学资源的角度界定大学利益相关者,他认为能为大学提供办学资源的个人或群体都是大学的利益相关者,并按此标准将其划分为三个层面:教师、学生、行政人员、出资者、政府等是大学的权威利益相关者,校友、捐赠者和立法机构是潜在的利益相关者,市民、媒体、企业界、银行等是第三层利益相关者。[③] 李福华则从个人或群体与大学之间的密切程度来界定利益相关者,将其分为四个层次:教师、学生、管理人员是第一层次;校友和财政拨款者是第二层次;与学校有契约关系的当事人,如科研经费提供者、产学研合作者、贷款提供者等是第三层次;当地社区和社会公众等是第四层次。[④] 可见,因分类标准不同,利益相关者的划分具有一定相对性,其对高校的重要性也是可以转化的。[⑤] 由于,不同利益相关者存在着不同的利益诉求,这种差异性决定了他们在治理中发挥着不同作用。正因为如此,我们需要根据实际情况对利益相关者进行科学分类,并准确分析其利

① 罗索夫斯基.美国校园文化:学生・教授・管理[M].谢宗仙,周灵芝,马宝兰,译.济南:山东人民出版社.1996:6.
② 罗索夫斯基.美国校园文化:学生・教授・管理[M].谢宗仙,周灵芝,马宝兰,译.济南:山东人民出版社.1996:6.
③ 胡赤弟,田玉梅.高等教育利益相关者理论研究的几个问题[J].中国高教研究,2010(6):15-19.
④ 李福华.大学治理的理论基础与组织架构[M].北京:教育科学出版社,2008:85-99.
⑤ 李维安,王世权.利益相关者治理理论研究脉络及其进展探析[J].外国经济与管理,2007(4):10-17.

益诉求,从而为利益相关者共同治理提供清晰的方向。

民办高校是一个典型的利益相关者组织,其利益主体之间呈现出错综复杂的关系,其发展过程也是一个利益相关群体关系不断演化的过程。民办高校的利益相关者,有举办者、以校长为首的管理团队、教师、学生、政府、社会公众、社区、校友、银行、媒体等。施文妹、周海涛将举办者、教职员工、学生、政府、校友、用人单位、社区、供应商等列为民办高校关键利益相关者。[①] 王维坤、张德祥将教师、学生、行政人员、出资者、政府等列为关键利益相关者。[②] 石猛、侯琮将举办者、校长及其行政团队列为核心利益主体,其他主体列为一般利益主体。[③] 本研究根据民办高校办学体制的特殊性,参照胡赤弟、田玉梅的分类标准,从为民办高校提供办学资源的角度,对民办高校利益相关者进行分类,认为举办者、以校长为首的管理团队、教师、学生、政府等是民办高校的关键利益相关者;社会中介组织、校友、捐赠者等是潜在的利益相关者;市民、媒体、企业界、银行等是第三层利益相关者。在本书中将对关键利益相关者开展讨论。

三、民办高校关键利益相关者在内部治理中的利益诉求

我国民办高校投资办学的特征,决定了其除了和公办高校一样,履行公益责任、教育责任、学术责任、服务并引领社会发展的责任之外,还应当承担对举办者、政府、以校长为首的管理人员、教师、学生等关键利益相关者的责任,最大限度地增进关键利益相关者的整体利益。

(一)政府的利益诉求

1.支持民办高等教育健康发展以满足分类管理政策的需要

在高等教育领域里存在着举办者、办学者和管理者三种角色,对公办高校而言,政府集举办者、办学者、管理者于一身,政府的角色多重而交叉,产

---

① 施文妹,周海涛.民办高校内部治理的变革特征、基本模式和未来走向[J].现代教育科学,2019(1):11-17.

② 王维坤,张德祥.我国民办高校内部治理结构类型及演变路径[J].现代教育管理,2018(1):30-35.

③ 石猛,侯琮.民办高校治理能力的特殊性与提升路径[J].复旦教育论坛,2021(3):75-80.

生的直接结果是政校不分、政府与高校的关系始终处于"剪不断,理还乱"的纷扰局面,但也正是由于政府的这种多重身份,高等教育管理者与公办高校之间很容易形成利益共同体,公办高校也因此比民办高校在政策扶持、资源分配等方面占有更明显的优势。对于民办高校,政府显然不是举办者,也不是办学者,而是管理者。政府作为民办高校的管理者,其主要职责是依法制定和实施有利于民办高校发展的政策,为民办高等教育事业发展提供保障。《民办教育促进法》以法律的形式明确规定,"国务院教育行政部门负责全国民办教育工作的统筹规划、综合协调和宏观管理","县级以上地方各级人民政府教育行政部门主管本行政区域内的民办教育工作"。根据法律规定,政府对民办高等教育负有统筹规划、综合协调和宏观管理之责,但政府在公共资源配置上却存在着严重的失衡。据吴华等人的统计,在"2002—2017 年期间,我国财政性教育经费从 3500 亿元增加到 35000 亿元,总量上约增长了十倍,其中 99％用于公办教育,1％用于民办教育"①。

　　实施分类管理政策是国家对民办高等教育发展的顶层设计。别敦荣、石猛认为,政策出台的初衷是"为理顺民办教育管理体制,有利于政府财政资助民办学校以充实壮大办学实力,同时也为社会资本进入民办高等教育领域提供法律保障"②。但政策出台后,出现了两种令人意想不到的情况,一方面,"一些民办高教集团在政策衔接过渡期采取了收购并购、共同持股、协议转让等方式控制多所民办高校,并采取集团化办学模式对民办高校进行管理与运营"③。据钟秉林等人的统计,目前国内已有 23 个民办高教集团,这些集团旗下共有 104 所民办高校(含境外院校 9 所),其中境内的 95 所民办高校,在校生规模约为 110 万人,分别占全国民办高校总数的 1/8 和在校生总数的 1/6。④ 2019 年,某省规模最大的民办高校被上市公司以人民币 14.92 亿元的价格收购了其 90％的股价,更是在社会上引起了极大反

　　① 吴华,徐婷婷,马燕萍,等.发展民办教育需要新的观念基础[J].复旦教育论坛,2019(2):5-8.
　　② 别敦荣,石猛.民办高校实施分类管理政策面临的困境及其完善策略[J].高等教育研究,2020(3):68-76.
　　③ 钟秉林,周海涛,景安磊,等.民办高校集团化办学的发展态势、利弊分析及治理路径[J].中国高教研究,2020(2):29-32,39.
　　④ 钟秉林,周海涛,景安磊,等.民办高校集团化办学的发展态势、利弊分析及治理路径[J].中国高教研究,2020(2):29-32,39.

响。另一方面,由于举办者对未来非营利高校和营利性高校的发展态势持观望态度,不同程度地存在着焦虑、迷茫、彷徨心理,这种心理状态促使举办者进一步增强对民办高校的揽权意识,加强对民办高校的控制,产生了不少管理问题,最直接的后果是举办者不再追加对学校的投入,或是利用自己对学校的控制权,通过虚增成本、关联交易等方式最大限度提取回报或转移、抽逃资产,以获得回报。

显然,这两种情形并非政策设计者的初衷。集团化办学已成客观事实,其地位作用不容否定,但资本的大规模进入导致民办高校办学方向和办学质量存在着风险,而上市公司却因此在资本市场圈到了不菲的资金。营利与非营利的"两难"问题,至少到目前为止,使得民办高校举办者处于犹豫不定的阶段,非但没能让其看到明确的发展前景,反而使民办高校人心浮动。可以说,这是一种政府干预失灵的情况。本书认为,可以暂且把"被动选择"的倒逼举措先搁置一边,通过精细化地设计分类管理政策,设置较长期限并积极发挥政策诱导功能,激活其中的创新因素,促使民办高校举办者主动走上选择"营利性"或"非营利性"的分岔路径,只有这样才能真正达到政策设计的初衷。

2.引导民办高校完善内部治理结构满足政府"善政"的需要

民办高校现代化治理体系建设是国家现代化治理体系的重要组成部分。《国家中长期教育改革和发展规划纲要(2010—2020年)》强调"民办教育是教育事业发展的重要增长点和促进教育改革的重要力量。各级政府要把发展民办教育作为重要工作职责",对我国民办教育作用、地位进行了全新定义,也明确了各级政府在民办高校发展过程中的职责。随着国家治理体系与治理能力现代化的推进,政府对民办高校的治理体系和治理能力提出了更高要求。理想的高校治理状态应保持内外部力量平衡,在内外部力量的共同作用下保持相对自主的发展状态,但当前民办高校内部治理结构与现代化治理的要求相距较远。民办高校内部治理结构失衡、校长办学自主权缺乏保障、党建和思政工作薄弱、章程建设不完善,以及如何从单边治理结构走向多元共治等现实问题,是民办高校亟待解决的问题。

政府希望民办高校能够构建起完善的内部治理结构,承担更多的社会责任,更好地兼顾教育的公益性,建立约束和激励机制,提高内部治理水平。政府通过政策法规的手段来规范和约束民办高校的办学行为,使其承担起相应的社会责任;通过经济杠杆、办学质量评估等手段引导民办高校履行社会责任。作为外部的关键利益相关者,引导民办高校完善内部治理结构是政府"善政"的体现,政府不仅能够从中获得一定的教育利益和政治利益,还能提升民众对其满意度与公信力。当然离开了政府的扶持与引导,民办高校想要构建完善的内部治理结构并被社会认可与信任,也是难以想象的。民办高等教育的发展历程表明,发展民办教育,不仅不会损害教育公平,反而能够促进教育公平,因为它具有公办教育所没有的制度优势。政府应改变对民办高等教育的认识,在顶层设计上积极创新,正视愈加复杂的民办高校办学形态和愈加棘手的民办高校办学风险,推出更加灵活、更加适切的政策措施,从"善治"的视角,完善政策框架。可以说,政府对民办高等教育每一次观念上的突破和超越,都会对民办高等教育发展起到无法估量的推动作用。

3.引导民办高校完善内部治理结构满足区域经济发展对人才的需要

改革开放初期,政府推动民办高校发展最直接的原因是扩大招生规模,给青年有志者提供一个进入高等院校深造的机会。在大学生就业难成为社会焦点和政府迫切需要解决的民生问题之后,政府希望民办高校积极承担起为政府排忧解难的责任。在创新驱动发展战略背景下,经济社会发展越来越依赖于知识的转型,知识已不仅仅应用于实践,而是从过去作为经济社会发展的"资源"转变成为经济社会发展的"引擎",高校成为区域创新的源泉,高等教育成为加快区域经济社会现代化建设的重要推动力量。区域经济社会要走高质量、创新型发展道路,发展高等教育是一个重要的推手,这也是目前我国很多省份的政府大力发展高等教育的内在动力。政府部门作为国家管理的执行机关,依法对国家政治、经济和社会公共事务进行管理,其中经济职能是指政府为促进国家经济发展,对社会经济生活进行管理的职能;政府除了实施宏观调控职能、提供公共产品和服务职能、市场监管职能以外,还要通过实施产业政策,促进产业经济结构不断优化升级,增强国家经济竞争力,通过实施区域政策和环境政策,推动区域经济协调发展和可持续发展。马浚锋、胡阳光的研究表明,"一个地区经济发展程度的高低与它的高等教育投入规模多寡存在很强的空间相关性"。[①] 随着地方政府对高等教育价值认知的逐渐清晰,当政治竞争"锦标赛"的指挥棒由"唯GDP"转变为科、教、文、卫以及城市化等非经济性公共事业指标时,政府尤其是地

① 马浚锋,胡阳光.地方政府标尺竞争何以成就中国高等教育发展:基于空间杜宾模型的经验研究[J].重庆高教研究,2021,9(6):41-55.

方政府对高等教育的重视程度将会不断加强。作为高等教育体系中的重要组成部分,民办高校也是政府不容忽视的一股办学力量。

首先是民办高校办学规模持续扩大、办学层次逐渐提高。根据教育部官网上公布的数据,2010年全国共有民办高校676所,约占全国高校总数(2358所)的28.7%;在校生477万人,约占全国高校在校生总数(3105万人)的15.4%。截至2019年,全国共有民办高校757所,占全国高校总数(2688所)的28.2%;民办高校在校生708.83万人,约占全国高校在校生数(4002万人)的17.8%。[①] 九年间,我国民办高校增加81所,在校生数增加约232万人。民办高职院校升格本科的步伐加快,2011—2020年间,除2017年之外,每年均有民办高职获批升本。民办高校本科招生规模逐步扩大,本科比例略高于专科。硕士生招生规模逐步扩大,2011年有5所民办高校获批硕士研究生培养资格,随后研究生招收数量逐年扩大。截至2019年,民办高校硕士生招生数达876人,在学硕士生人数达1865人。[②] 2020年,西安翻译学院、三亚学院等民办高校成为新增硕士学位授权单位。[③] 民办高校升格大学实现突破。2018年,经国务院学位委员会批准,吉林华桥外国语学院成为硕士学位授予单位,升格为吉林外国语大学,成为全国第一所由学院升格为大学的民办高校。西湖大学创办伊始就招收博士研究生,独立招收博士后研究人员,开创了我国民办高校博士研究生培养的先河。[④]

其次是民办高校内涵式建设稳步推进。民办高校充分发挥体制机制优势,紧贴地方经济社会发展需求,面对互联网、大数据、云计算、人工智能、区块链等技术的推动,设置了一批紧密对接新经济、新业态、新技术的新兴专业,以适应产业转型升级的需求。一批人才培养有特色的专业相继被评为国家和省级重点专业。仅2019年就有10所民办高校入选国家首批"一流本科专业建设点",30所民办高校的38门课程入选首批国家一流本科课

① 教育部.2019年全国教育事业发展统计公报[EB/OL].(2020-05-20)[2021-05-22].http://www.moe.gov.cn/jyb_sjzl/sjzl_fztjgb/202005/t20200520_456751.html.
② 根据学校网站上公布的数据整理而成。
③ 教育部.2020年审核增列且需要加强建设的博士、硕士学位授予单位及其学位授权点名单[EB/OL].(2021-10-26)[2021-11-12]. http://www.moe.gov.cn/srcsite/A22/yjss_xwgl/moe_818/202111/t20211112_579350.html
④ 阙明坤,段淑芬.民办高校改革发展成效、经验及展望:《教育规划纲要》实施十年审视[J].大学教育科学,2021(2):16-25.

程。在学科建设方面,民办高校根据区域经济发展战略,不断凝练学科方向,科学研究水平稳步提升,科研成果层次、数量、质量均逐年提升。在高级别科研项目方面,少数民办高校获批国家社会科学基金、国家自然科学基金项目,有的高校当年度立项数甚至超过同类公办新建本科院校。2020年,全国民办高校获批21项国家社会科学基金项目、20项国家自然科学基金项目、34项教育部人文社科项目,显示出一定的发展活力。在高水平学术论文方面,民办高校刊载于SCI、SSCI或A&HCI三大外文检索期刊以及CSSCI、CSCD刊物的论文数量呈现逐步上升的态势。在社会服务能力方面,民办高校的技术革新、企业服务、技术转化能力有所增强,许多横向科研项目致力于解决区域经济社会发展中的紧迫性问题,具有较高的应用价值。

　　民办高校的办学活动与公办高校一样,具有明显的外部性,不仅能为其本身发展带来收益,还能够为高校之外的其他社会主体带来收益。近年来,民办高校办学规模不断扩大,办学层次日益提升,瞄准区域经济发展趋势培育相关学科专业,内涵建设质量稳步提升,极大地满足了区域经济发展对高素质应用型人才的需求。但民办高校持续健康发展是以完善的内部治理结构为基础的,只有那些内部治理结构完善、治理能力和水平不断提高的民办高校,才能在服务区域经济发展中积极作为。我们很难想象,一所内部矛盾重重的民办高校,能真正关注自身发展、有效提高内涵建设质量。

(二)内部关键利益相关者的利益诉求

1.举办者具有"经济人"和"道德人"的双重利益诉求

　　陈文联认为在民办高校关键利益相关者中,"举办者占据核心地位"[①]。首先,举办者是民办高校创建人和办学经费保障者,是"具有企业家精神的领军人物"[②]。在民办高校发展过程中,举办者个人乃至整个家族与学校利益紧密相连,为学校筹设、创办和发展倾注了大量心血,也承担了巨大的办学压力。鉴于他们在学校发展中所起的作用,举办者具有很大的权威性,有时甚至成为学校组织的化身;他们所激发出来的精神力量,也是公办高校这一办学体制无法比拟的。其次,举办者是民办高校的最高决策者。资源依

---

　　① 陈文联.举办者视阈下民办高校分类管理制度的调适与创新[J].中国高教研究,2018(5):88-91.

　　② 王保华."变革式"自主创新型大学的范例:西安欧亚学院案例再研究[J].清华大学教育研究,2014(4):113-117,124.

赖理论认为,资源即权力。由于举办者掌握着学校的办学资源,其拥有对学校办学的控制权也就成为一种常态化现象。这种由"出资人控制"的治理结构,表明尽管绝大多数民办高校在形式上构建了董事会领导下的校长负责制,但实际上举办者通过在董事会担任董事长的形式实现对民办高校的管控;在部分民办高校,有的举办者还兼任学校校长或书记之职,举办者或其代表始终牢牢控制着学校实际权力,校长基本上扮演的是"高级打工仔"的角色。

在分类管理背景下,举办者作为民办高校的出资人和决策者,其在内部治理结构中的利益诉求发生了很大变化。由于民办高校的治理涉及众多资产所有权和产权问题,研究民办高校治理,不能回避产权的界定、保护等问题。黄崴、李文章指出,我国大多数民办高校是投资办学,逐利是资本的天然本性,对举办者而言,选择"经济人"或"道德人"是两难的境地。[①] "经济人"是西方经济学对人性的一个基本假设和逻辑起点,其提出者最早可以追溯到英国古典经济学创始人亚当·斯密。简要概之,即实现个人经济利益最大化是"经济人"的根本目的,人的诸多行为,不是基于服务于他人,而是出于主观上对自我利益的追求;与之相对的是"道德人"假设,这是从人性本善的角度出发,认为无论人怎样自私,在天赋中总存在着一些利他的思想,这种利他的想法促使他关心别人的命运,把别人的幸福看成是自己的事情。

举办者就是这样的一类人,既具有"经济人"的固有属性,也具有"道德人"的内在特征。[②] 举办者如果选择了"营利性学校发展道路",虽然满足了其"经济人"的属性,即举办者可以获取"过程利益"和学校的"终极资产",但意味着学校将历经财务清算、税费补缴、重新登记等法定程序环节;同时,受传统的社会文化影响,社会对营利性民办高校存在一定的歧视和偏见,家长和学生在情感上对接受营利性私立高校还存在一定困难,这些都会导致学校投资与营运成本大大增加。而选择"非营利性高校发展道路",在一定程度上满足了举办者"道德人"的属性,也有利于民办高校树立正面形象,获得政府扶持与社会认可,但举办者不仅不能获取"过程利益",还要将自己投资

---

① 黄崴,李文章.民办高校分类管理改革的"中间路线":基于举办者视角的分析[J].中国高教研究,2017(2):19-23.

② 黄崴,李文章.民办高校分类管理改革的"中间路线":基于举办者视角的分析[J].中国高教研究,2017(2):19-23.

创办的民办高校资本以及办学过程中累积起来的资本都捐赠给民办高校法人，捐赠完成后，不再拥有对这些资产的支配权，"对学校办学成效不再负有直接责任或最终责任"①。这对举办者来说是难以接受的。

厘清现有民办高校的产权关系，合理回应举办者的利益诉求是分类管理制度不容回避的核心问题，也是完善内部治理结构的核心问题。在新《民办教育促进法》和《国务院关于鼓励社会力量兴办教育促进民办教育健康发展的若干意见》的政策框架下，政府应从民办高校的实际出发，科学制定"补偿或奖励方案"，进一步保障举办者合法权益，综合考虑初始出资、资产增值及行业属性等因素，给予举办者必要的回报，如此举办者才有可能继续加大对民办高校的投入，放心地将办学权下放给校长，在既定的约束下不断增进社会公共利益和教育公益性，为学校发展继续发挥应有的作用。

2.决策权和行政权有效分离是以校长为首的管理团队的主要利益诉求

校长的能力素质与治校理政的水平对民办高校持续发展具有重要影响。从全球范围内私立高校的成功经验来看，"在外部条件变得有利的情况下，高校良性发展最可靠的保证是专业化的管理团队"②。在民办高校，以校长为首的管理团队主要包括公办高校退休的领导干部、政府和企业退休干部以及在学校发展过程中成长起来的干部等。校长是民办高校办学的直接责任者，在内部治理中处于关键地位。为发挥民办高校校长在内部治理中应有的作用，应分析并满足其利益诉求，这是完善民办高校内部治理结构的关键。校长在治校理政方面存在着以下方面的主要利益诉求。

第一，校长亟须能够依法独立开展工作。职业校长正常有效地履行职责的重要制度前提是权责分割。在"董事会领导下的校长负责制"这一治理结构框架下，校长应依法、依照大学章程充分享有相应的办学自主权。董事会的职责是为民办高校挑选合适的校长，其最重要的工作是对校长进行授权，而校长则在规定的职责范围内，拥有充分的权力并按照自己的理念来管理高校。如果民办高校校长的办学自主权和相关权益得不到保障，也就无从谈及内部治理结构的完善。

---

① 别敦荣,石猛.民办高校实施分类管理政策面临的困境及其完善策略[J].高等教育研究,2020(3):68-76.

② 别敦荣,石猛.民办高校实施分类管理政策面临的困境及其完善策略[J].高等教育研究,2020(3):68-76.

第二,校长需要完备的工作制度来保障其依法行使职权。校长工作制度是民办高校内部治理重要的制度之一,校长应具有的工作职责、权利与义务等,都应通过规范性的制度在民办高校章程中得以体现。明确的工作流程、清晰的工作职责和工作权限,对校长发挥专业优势具有积极作用,也可以减少传统的家族化管理或现代企业管理方式对校长工作的干扰,让校长在处理具体学校事务时做到有法可依、有章可循,心中有底,提高工作效率,从而专心于学校的人才培养、学科科研建设、教师专业发展等核心工作。

第三,校长需要科学合理的考核机制对其工作成效做出公平公正的评价。民办高校办学体制的特殊性,决定了董事会对校长的工作有进行目标管理和绩效评价的需求,但对校长的目标管理,既不能像企业那样以经济逻辑为导向,追求利润最大化,也不能像公办高校那样,追求因办学体制的特殊性所带来的众多显性的政绩、业绩等,而是应该突出民办高校组织的学术属性和社会属性,基于绩效的不断改进,以校长的工作职责为依据,以实现学校使命、愿景和目标为基础,通过设计合理的指标进行综合评价。可以由董事会自行根据事先设定的目标对校长工作成效做出评价,也可以委托专业的社会中介组织对其做出评价。

3.满足自身发展的需要是民办高校教师主要的利益诉求

随着民办高校从初创期、规模扩张期转入内涵式发展阶段,教师在民办高校的地位作用发生了显著变化。在初创期,民办高校初创团队的关键人员、招生岗位的教师在学校发展中占有重要地位;进入规模扩张期后,民办高校主要职能部门的管理者在内部治理中成为核心力量之一;而进入内涵式发展阶段之后,民办高校教学科研的业务骨干,高学历、高职称的中青年学术人才以及关键岗位的中层管理干部等,成为教师队伍的核心力量。"民办高校是物力资本所有者和人力资本所有者之间形成的一系列契约关系的载体和结果的资本要素"[1],教师作为核心的人力资本,参与内部治理不仅能够有效地满足教师主体的民主诉求、促进办学目标的达成,还有助于克服民办高校内部单边治理所带来的弊端。因此准确分析教师群体在民办高校内部治理中的利益诉求,并采取相应的对策提高其对学校的归属感,进而提升参与学校治理的意识和能力,是完善内部治理结构的主要内容。

第一,获得和公办高校教师相当的社会保障制度。民办高校教师希望

---

① 张宏博.中国私立大学有效经营的制度研究[M].北京:人民出版社,2009:40.

政府能够建立起相应的民办高校教师社会保障补贴制度和资助机制,与公办高校教师一样享有同等的社会保障水平。相比于其他资助政策,这种补贴制度在满足教师个体利益诉求上的效果十分显著,同时这一制度也是快速扭转民办高校师资队伍建设困境的有效举措。据调查,我国已有极少数省份,如浙江省将民办高校纳入事业法人单位管理,赋予教师"事业编制身份",相对而言,这些民办高校的教师在社会保障方面与公办高校教师之间的差距要小很多,这也是浙江民办高等教育发展态势良好的一个重要原因。完善的社会保障制度是民办高校教师安心工作、全身心地投入教育教学事业的前提。

　　第二,获得更多的专业发展机会。鉴于外部发展环境在短时间内彻底改变的难度较大,民办高校教师希望能够得到来自学校组织内部更多的支持,从而更好地促进自己的专业发展。相关研究表明,"组织的支持和民办高校教师的工作幸福感之间呈现一种显著的正相关关系,并且与工作幸福感中的积极情感呈正相关关系"[①]。目前我国民办高校学术组织特性日益凸显,教师专业发展需求日益旺盛,这已是一个不争的事实。民办高校教师中不乏来自国内高水平大学的毕业生,这些教师大多为刚毕业的硕士或博士研究生,他们迫切希望得到学生、学校乃至社会认可,但由于专业知识积淀相对薄弱且又被贴上了民办的标签,在各种学术资源竞争中往往处于劣势。民办高校教师对学术身份的认同度和对学术职业的期望值比以往任何时期都要高,他们"非常注重自身的专业发展"[②],希望学校为其提供更多的教学科研培训机会与平台。毋庸置疑,民办高校教师强烈的内在发展需求如果得到满足,则可以成为一种巨大的心理动力,可以让他们更好地投入教学科研工作中。

　　第三,有合适的教师绩效评价体系。教师希望学校能够出台基于胜任能力的绩效评价体系,这种评价体系是在依据教师教学能力和科研水平的真实情况下制定的,不会因考核指标要求过低达不到激励的效果,也不会因要求过高而给自己造成过大的工作压力,同时他们希望学校建立完善的教

　　① 徐星星.提升民办高校教师组织支持感与工作幸福感的实证研究[J].当代教育论坛,2020(5):80-88.

　　② 黄海涛.民办高校新教师专业发展需求特征与策略选择:基于与公办高校的比较[J].高等教育研究,2019(5):57-63.

师培训、选拔、职务晋升体系。理想的状态是通过实施绩效评价,有序地提高教师教学科研能力,帮助他们树立长远的职业发展目标和职业信心,同时促使教师自觉地将其职业发展目标与学校办学目标结合起来。如若民办高校教师获得了更多的、来自组织上的认可和激励,他们就会对职业发展产生强大动力,对民办高校产生强烈的归属感,从而在内部治理结构中发挥出积极的作用。

4.获得高水平的教育教学服务是民办高校学生的主要利益诉求

由于公办高校的教育资源由教育行政部门提供,学生对高校没有直接制约权,处于被动接受知识的地位。但民办高校学生,从一定意义上而言,是自己出钱购买了教育服务,学生不仅是教育市场的消费者,还是民办高校教育资源的购买者,更是民办高校教育服务价值的承载者。基于这一认识,民办高校学生有足够的动力和理由对就读高校提出自己的利益诉求,他们不仅在入学之前拥有对教学内容和教育方式的选择权,还因为他们对民办高校提供的教育教学的质量的满意度直接影响今后的生源质量,而成为民办高校内部治理中的关键利益相关者。但目前学生这一关键利益相关者在与其他治理主体的互动中明显处于弱势,这是因为"学校内部的信息在很大程度上是由管理层流向学生,学生只能被动地接受自上而下输入的信息"[①]。在这种自上而下的信息流动中,学生主体在内部治理中往往处于缺位的状态。民办高校应把学生视为内部治理中的合作伙伴,在相关制度设计上为学生行使权力提供制度性的支持和引导,实现信息的双向互动,保证学生参与到相关的、具有实质性的治理活动中。

学生在内部治理中的利益诉求表现在:一是有效地行使学生的权力。学生作为高校内部合法、合理的学生权力的代表,其参与内部治理有助于提高民办高校决策的合法性和民主性。二是学生的权利诉求能够得到满足。学生希望通过参与民办高校内部治理,追求更高质量的教育教学。学生参与高校内部治理不仅是一种制度设计,更是一种价值观,一种行为规范,也是一个重要途径;表面上看,民办高校内部治理中增加了学生这一角色,可能会使管理变得烦琐,但学生参与能够提高学生的自我认同感,更多地增进学生对学校办学的共识,减少矛盾冲突,会在无形中降低民办高校治理成

---

① 李永亮.高等学校内部治理结构优化研究[M].北京:经济管理出版社,2017:153.

本,增强学生对学校的归属感。

第三节　绩效评价理论与民办高校治理

随着现代社会的发展和进步,高校在功能、种类、规模和数量上都得到了极大扩充,接受高等教育不再是少数人的特权,而是逐渐转变为每个公民的权利;高等教育与经济社会的联系越来越紧密,高校办学情况不仅受到政府、社会中介组织、行业企业、媒体等外部利益相关者的广泛关注,还受到管理者、教师、学生等内部利益相关者的关注。为回应内外部利益相关者对高校办学目标、教育质量、办学效益等问题的关切,高校绩效评价应运而生。绩效评价对民办高校的意义不仅在于将教育质量、办学效益等情况公之于众、满足利益相关者的"知情权",还在于完善的绩效评价体系能够帮助民办高校提高治理水平和能力,促使其健康持续发展。

一、绩效评价理论概述

绩效评价起源于企业管理实践,具有很强的导向作用。曾经有学者将开展绩效评价比喻为驾驶一辆汽车,认为越是表现优异的企业,越是需要出色的绩效评价体系对其运行状况进行监测,以便管理者充分挖掘企业发展潜力,并将可能存在的风险防患于未然。利益相关者理论认为,企业生存状况和发展的可持续取决于其能否有效地处理与各种利益相关者之间的关系。谁可以对企业绩效进行评价、评价企业的什么绩效、根据绩效反馈信息如何动态地调整管理策略以最大限度地提高利益相关者对企业的满意度和支持度、采用哪种方法方式评价,这些都是利益相关者理论和绩效评价理论研究的主要内容。指标设置是绩效评价体系的核心内容,体现了利益相关者在绩效评价中的参与程度,以及不同类型的利益相关者对企业管理决策的影响以及被企业活动影响的程度。企业绩效评价指标发展经历了从关注财务单一指标,到多维度指标,再到将关键利益相关者的利益融入指标的过程;相应地,绩效评价也经历了从最初注重结果到注重过程变化,再到最后将结果与过程变化和组织的发展战略融为一体的过程。

（一）以财务指标为特征的绩效评价阶段（20 世纪 80 年代之前）

在 20 世纪 80 年代以前，由于企业的关注点主要在利润、投资回报率和生产率等方面，企业所有者或管理者以利润最大化作为经营运作的首要目标，注重企业的财务状况。这一时期企业绩效评价以财务评价指标为主，资产、负债、权益等是主要的评价指标。但随着资本市场的成熟，出现了有限责任公司，强调企业所有权和经营权分离，一些未参与企业具体生产和经营过程的投资者也迫切需要掌握企业经营情况和财务状况，绩效评价指标开始将企业偿债能力、运营能力和盈利能力等内容纳入其中。这种以财务指标为主要评价标准的做法，代表着投资者利益，没有关注到其他利益相关者，并且因其反映的是企业历史数据，未能显示企业未来绩效，具有较大的局限性，对推动企业长远发展和形成企业核心竞争力的作用十分有限。

（二）多维度指标的绩效评价阶段（1980 年—2000 年）

社会的发展需要现代企业承担起比以往更多的社会责任，企业必须坚持恰当的立场，以一种让利益相关者都感到满意的方式来运作，获得包括股东在内的其他利益相关者的认可和支持，才能促进企业长期发展和竞争力的形成。因此，管理者开始考虑将诸如顾客满意度、组织战略以及学习创新能力等一些非财务性指标纳入绩效评价指标，以此反映企业整体的运营效果以及未来发展趋势。这一阶段，出现了平衡记分卡、全面质量管理以及欧洲质量管理基金会商业卓越模型等绩效评价方法，这些方法的最大特点是以综合性指标代替了单一性指标。

卡普兰（R.S.Kaplan）和约翰逊（T.Johnson）认为，传统财务指标并不能真实地反映企业绩效状况，应在此基础上加入顾客指标。[①] 平衡记分卡从组织愿景和战略出发，不仅注重财务指标，还注重顾客、内部运营和人力资源学习与发展等指标，通过平衡财务目标和顾客、内部流程和员工之间的关系，为我们提供一个含义更广泛、内容更丰富的综合性评价方法。这种可持续的绩效评价，综合考虑了影响企业发展的内外部因素及重要的相关利益者，有机结合投资者、顾客、员工三方的利益，实现了组织战略与行动之间的互动，引导企业活动始终朝着战略目标方向努力，通过满足相关利益的需求

---

① KAPLAN R S，JOHNSON T.Re.evance lost：the rise and fall of management accounting[M].Boston：Harvard Business School Press，1987：105.

实现企业价值最大化。鲍威尔（T.C.Powell）提出了全面质量管理方法，这一方法基于整体的管理理念，强调持续改进，将质量意识贯穿于运营过程以及组织结构的每一层级，以高质量的产品和服务来应对日益激烈的竞争。[①] 1988 年，欧洲质量管理基金会提出商业卓越模型，这一模型包括领导力、员工管理、政策与战略、伙伴关系和资源、过程、员工结果、顾客结果、社会结果、关键绩效结果等指标，注重发挥利益相关者的作用，加强流程管理上的持续改进，与内外部的标杆进行指标对比，促使组织走向成功。[②]

（三）嵌入关键利益相关者的绩效评价阶段（2000 年至今）

利益相关者理论认为，企业是其与各种利益相关者结成的一系列契约，承载着利益相关者的期望和要求。越来越多的研究者意识到在绩效评价中，关键利益相关者发挥着重要作用。西蒙（J.Simmons）认为员工在绩效评价中处于中心地位，应重视发挥员工的主体作用。这一分析扩展了绩效评价的理论视角，为理论界将绩效评价与利益相关者理论相结合提供了很好的依据。[③] 这一阶段，出现了很多强调发挥利益相关者在组织绩效评价中作用的绩效评价模型。尼利（A.Neely）和亚当斯（C.Adams）等提出了绩效棱柱的概念，这是利益相关者理论模型的一个典型代表。[④] 这一模型基本上涵盖了组织中所有的关键利益相关者，如投资者、员工、供应商、顾客、政策制定者和公众等，并将利益相关者满意度、战略、过程、能力和利益相关者贡献等作为主要的绩效评价维度，不同的企业可以在这些维度框架下选择符合发展实际的评价指标。该模型的最大特点在于将关键利益相关者的利益嵌入绩效评价，不仅强调关键利益相关者的满意度，还注重其对企业发展的贡献度。

上述对绩效评价的划分阶段，并非十分严格，只是为了回顾绩效评价发

---

① POWELL T C.Total quality management as competitive advantages：a review and empirical study[J].Strategic management journal，1995(16)：15-37.

② PORTER M E.Clusters and the new economics of competition[J].Harvard business review，1998(11/12)：77-90.

③ SIMMONS J. Employee significance within stakeholder-accountable performance management systems[J].The TQM journal，2008(5)：463-475.

④ NEELY A，ADAMS C，KENNERLEY M.The performance prism：the scorecard for measuring and managing business success[M]. London：Pearson Education，2002：67.

展历程的需要所做的粗略划分。从中我们可以看出,企业绩效评价指标经历了一个从单一指标到多维指标,再聚焦关键利益相关者的阶段,这也表明绩效评价从最初的注重结果到侧重于执行过程,到最后将两者有机结合起来并与组织发展战略融为一体。随着关键利益相关者作为组织成功的元素在绩效评价中占据越来越重要的地位,绩效评价在企业中得到了广泛应用并逐渐成熟。

二、高校绩效评价的缘起与理论追问

20 世纪 70 年代末受全球经济萎缩影响,各国政府削弱了对高校的财政支持力度,高校为了更好地生存和发展,开始为争夺优秀生源、科研经费和学术带头人而展开竞争,高等教育进入了准市场化环境;与此同时,包括交易成本理论、新经济社会学等在内的学术理论得到了快速发展,新公共管理理论在世界范围逐渐兴起并很快渗透到高等教育领域,成为高校实施绩效评价的理论基础。

(一)绩效评价在高等教育领域的兴起

1.绩效评价在西方高等教育领域的发展

绩效评价强调节省投入成本,以较少的支出获得更多的产出,提升组织的运行效率与效能,这一理念对各国高等教育均产生较大影响。以美国为例,20 世纪 80 年代以来,面对全球高等教育日益激烈的竞争环境和高等教育质量逐渐下滑的困境,美国高等教育管理重点开始转向对财务、物质和人力投入等资源的配置与管理上。如何提高高校教育质量以更好地应对社会公众对高等教育质量的问责成为美国政府关注的议题。从 20 世纪 80 年代开始,美国政府开始推行"评价运动",鼓励高校根据自身制定的标准、规则和程序来评估办学效率和办学效益。政府通过"高等教育行动计划",成立专门机构,建立新的高等教育绩效信息系统,对地方政府和高校建立激励机制[①],"各州开始将绩效指标与预算和资源的分配相联系,绩效信息被视为

---

① 蔡敏.绩效评价:美国提升高等教育质量的重要举措[J].评价与管理,2015(4):15-19.

向高校提供拨款的重要因素"①；在政府引导下，"许多高校纷纷在内部开展自我绩效评价"②，通过评价发现学校改革与发展过程中面临的问题，预测办学过程中可能遇到的风险；同时绩效评价结果还是学校发展规划、行政管理以及自我完善的依据。经过20多年的发展，美国在高等教育领域逐渐形成了完善的、内外有机结合的绩效评价制度，保证了美国高校能够在急剧变化的外部环境中有效调整办学策略，及时应对社会公众对高校办学质量的问责。

但在绩效评价实践中，由于时常出现育人功能被削弱、指标化导致的学术表浅化和功利化等现象，绩效评价备受诟病，受到高教界的抵制和排斥。这是因为，高等教育成效具有隐蔽性、滞后性，过度重视绩效评价，会导致基于好奇和兴趣的探究减少，影响原创性科研的发展，也会产生"重科研轻教学"的倾向。因此张男星认为，"在西方国家的高等教育领域中，绩效评价一直处于实施推进、讨论反思、再实施推进的不断改进过程中"③。

2.绩效评价在我国高等教育领域的发展

进入21世纪以来，我国不断借鉴国外高校绩效评价的成功经验和有益做法。操太圣指出，我国对"绩效的关注与强调并不逊于西方国家，而且对绩效的偏爱不可避免地形成了关注经济成本的倾向"④。2001年科技部、教育部、中国科学院、中国工程院和国家自然科学基金委员会联合颁布的《关于加强基础研究工作的若干意见》，提出"政府侧重对国家财政支持的基础研究工作进行绩效评估"，这是较早的明确提出绩效评价的政策文本。2005年的政府工作报告中强调研究建立科学的政府绩效评估体系和经济社会发展综合评价体系的紧迫性和重要性。2007年制定的《国家教育事业发展"十一五"规划纲要》指出，要"完善公共教育经费绩效评价制度"。2010年颁布的《国家中长期教育改革和发展规划纲要（2010—2020年）》明确提出，高等教育要改进管理模式，引入竞争机制，实行绩效评估，进行动态管理；完

① 吴跃，姜华.省属高校绩效评估的方案与实施策略研究[M].沈阳：辽宁人民出版社，2014：6.

② 童康.自我研究：西方高校内部院系评估的传统[J].教师教育研究，2013(5)：92-96.

③ 张男星.高等学校绩效评价研究[M].北京：科学出版社，2019：27.

④ 操太圣.遭遇问责的高等教育绩效化评价：一个反思性讨论[J].南京社会科学，2018(10)：129-136.

善学校目标管理和绩效评价机制;落实教师绩效工资;建立经费使用绩效评价制度,加强重大项目经费使用考评。2013年通过的《中共中央关于全面深化改革若干重大问题的决定》指出,要深入推进管办评分离,扩大省级政府教育统筹权和学校办学自主权,完善学校内部治理结构,强化国家对教育的督导,委托社会组织开展教育评估监测。2015年,中央全面深化改革领导小组会议审议通过的《统筹推进世界一流大学和一流学科建设总体方案》中,强调坚持以一流为目标、以学科为基础、以绩效为杠杆、以改革为动力的基本原则,其中"以绩效为杠杆"就是强调要建立一种激励与约束机制,充分激发高校内生的发展动力,引导其对照目标努力改进,以持续提升高校内部管理绩效。2016年新修订的《高等教育法》规定,"高等学校应当建立本学校办学水平、教育质量的评价制度"。2021年9月1日实施的新《实施条例》也指出,教育行政部门等应当按照职责分工,"定期组织或者委托第三方机构对民办学校的办学水平和教育质量进行评估"。绩效评价作为高校评估体系的有机组成部分,成为国家统筹治理高等教育的重要政策导向。

当前,绩效评价正在成为我国高等教育领域的主导理念和方向性的行动策略,从国家步步推进对高校的评估到高校自行开展的多样化的内部院系绩效评价、教师绩效评价等,各类评价不断发展。如何为高校决策者提供适切信息,促使其做出更优决策,同时在最大限度上激发高校教师内生创新能力和发展动力,持续提高教育教学质量,更好地回应社会对高等教育的期望与诉求,是高校开展绩效评价必须做出的回答。作为民办高校,应充分发挥绩效评价的正向作用,有效防范、控制绩效评价对内部治理结构的负面影响,逐步实现绩效评价指标和体系的科学化,不断提高资金使用效益,加快内涵式发展的步伐。

3.高校绩效评价的理论追问

(1)高校实施绩效评价的合理性

绩效评价在高等教育领域已成为一种强势的话语体系,但理论界针对它的怀疑、责难和反思却从未停止过。政府、社会的众多机构参与对高校的评价,从不同角度对高校或"评头论足"或"排列座次",评价结果发挥着越来越重要的作用。政府依据评价结果制定政策、确定重点、分配经费、引导高校办学方向;高校则依据评价结果调整办学思路、制定学校发展规划、明确重点发展任务;社会大众依据评价结果选择报考学校等等。那么,将应用于企业管理的绩效评价运用于高校评价实践的做法是否合理?是否可以对高校进行绩效评价？这一质问隐藏的实质是："教育可以评价吗？"新公共管理理念指导下的绩效评价，以实现既定目标为宗旨，用一种投入产出的计量方式对高校进行评价；而包括人才培养、科学研究和社会服务等在内的高等教育产出，是一种学术成果，不同于企业生产的产品和政府管理的成果，用企业管理中的绩效评价手段来评价教育教学活动，似乎既不合理也不科学。这一质问是对用定量指标来评价复杂的、多样化的高校办学活动的应然反思，也反映了高校实施绩效评价的难度和挑战。郭芳芳、张男星认为，知识生产模式已经发了很大的转变，"对高校实施绩效评价是高等教育适应知识生产模式变化的需要"①。

以学科知识为特征的知识生产模式Ⅰ时代。在这一时代，大学垄断了知识生产。中世纪大学从成立开始就是一个典型的自治组织，以人文经典为基本课程内容，以追求纯粹知识为目的，从而避免了权力部门以及市民社会的干预。牛津大学、剑桥大学作为历史最悠久的中世纪大学代表，直到19世纪二三十年代还坚持着以培养贵族精神为宗旨的古典模式，拒绝与社会生产发生直接的联系。1810年由洪堡等创立的柏林大学，虽然与社会之间开始建立起某种内在联系，但其仍以追求纯粹知识为目标。这一时代，大学以知识本身为目的从事知识生产，与社会之间存在着严格界限。在知识生产模式Ⅰ框架下，"大学自治、学术自由和教授治校"是当时大学治理的方式。在中世纪早期，大学内部结构是一种典型的扁平化状态，而且由于事务相对单纯，学术管理即大学管理，内部并未分化出专门的行政管理组织。后来，随着世俗官员对大学事务的介入日益增多，大学在社会需求力量的强大牵引下开始服务于工业革命和社会进步，知识生产方式由此转向了以社会需求为导向的模式Ⅱ。

以社会需求为导向的知识生产模式Ⅱ时代。随着科学知识在人类社会中的作用不断凸显，高校作为知识生产者已无法将自己隔离于科学知识的转化及科技应用的潮流之外，面向社会生产需求，走出象牙塔、顺势转型成为其理性的选择。高校以产业需求为导向生产知识，技术性、工程性等实用学科开始大受欢迎。高校与产业之间逐渐建立起一种共生的伙伴关系。政府不但扮演了知识生产推动者的角色，还为高校与产业发展提供了必要的

---

① 郭芳芳,张男星.高深知识的生产变革与高等教育绩效评价[J].复旦教育论坛,2012(6):5-9.

制度环境并发挥着协调作用。王聪指出,高校由知识生产主宰者变为政府和产业的合作者,并在社会变迁中越来越多地参与社会生产,由此形成了一个"大学—产业—政府"的"三重螺旋"模式,该模式以社会需求为导向,强调在应用情境中解决问题[①],"以跨学科、异质性、社会问责的广泛性和质量控制的多维度"[②]为特征。在知识生产模式Ⅱ框架下,政府、产业强势介入高校内部治理,高校、政府与市场之间为了各自的理念和利益而进行着博弈。作为国家治理权代言人的行政权力,在高校权力结构中的位置越来越重要;为了迎合国家战略需要和取得更多的政府财政支持,行政力量往往主动影响甚至左右学术发展,致使学术权力的治理范畴大大缩减。产业也开始越来越多地干预办学,通过劳动力市场的筛选机制和教育行政部门的质量评估活动等影响高校内部治理,或者通过在高校内部催生技术服务推广部等专门机构参与高校内部治理。基于知识流动的高校与区域产业、行业之间的协同创新成为高校提升人才培养质量、促进科研成果转化、增强服务经济社会能力的重要路径。协同创新带来新兴学科、跨学科的快速发展,由于学科的发展样态与院系的形式选择有着显著的关联性,当知识和学科以专门化、分化状态为主时,院系也表现出分化的趋势,但是当新兴学科、跨学科发展成为一种趋势后,这种分化的趋势就对院系在资源配置、人事管理、成果划分、组织重组等方面带来了新的挑战。

"四重螺旋"为特征的知识生产模式Ⅲ时代。在经济全球化、社会知识化、文化多元化、信息网络化的时代,高校成为区域可持续发展和创新的源泉。创新时代,意味着知识及知识产品的使用者、体验者都是社会公众,公众以及媒体、第三方组织、专业机构等都成为知识产品质量的重要评判者,这就使得知识及知识生产空前地凸显了公民社会的意义。公民社会的加入,极大地缓解了大学知识生产因完全市场逻辑导向和极端工具化倾向带来的威胁,构建起以政府、产业、大学及公民社会为主体的"四重螺旋创新系统"。在这一框架下,不同利益相关者在高校内部治理结构中的地位和功能也发生了变化。以政府和产业为代表的外部主体对高校实施绩效评价并依

① 王聪.知识生产模式转型与美国公立大学内部治理结构变革:伯克利加州大学的案例研究[J].高教探索,2017(9):55-61.

② 王聪.知识生产模式转型与美国公立大学内部治理结构变革:伯克利加州大学的案例研究[J].高教探索,2017(9):55-61.

据评价结果配置资源,这种评价方式对高校办学产生了显著的导向性,甚至演变为一种控制。而以第三方组织、专业组织等为代表的公民社会,不断介入高校内部治理,使高校陷入了更加复杂的权力结构中。高校疲于应付各种公民社会的诉求,"尤其是在迎合那些科学性存疑的评价体系时"[①],这些都为大学治理现代化带来了不利因素。高校追求资源和经费及其他经济指标的热情远远超过了其对学术本身的追求,办学或多或少地陷入了工具主义的陷阱。高校在不断迎合外部需求的同时失去了自己的立场,行政管理者依据自身掌握的规则制定权,以行政意志和市场需求为导向设置绩效评价体系,从而造成绩效评价、利益分配与行政权力的一体化捆绑,学术自由和学术权力受侵蚀的程度日益严重。

高校在本质上是一个知识生产组织,从知识形态与高校的互动关系来看,知识的传播过程就是高校的教学活动,知识的创新过程就是高校的研究活动,当知识流动到经济社会,产生了经济价值,就是高校的社会服务活动。既然知识是可以生产、保存、传播、转化的,那么这些知识形态在流动的过程中,就会形成可以计量的要素,如生产了多少,什么时候生产,多少人参与生产,生成的知识被运用了多少。这些存在于高校内部知识生产过程中的计量要素,就是高校进行绩效评价的合理性解释。

(2)高校实施绩效评价应有的绩效观

由于高校在办学过程中形成的办学理念、校园文化等人文精神层面的内涵很难用具体指标来衡量,即使有些能被量化,也并非都可以将高校办学水平表示出来;高校办学涉及方方面面,很难用十几个或几十个指标涵盖。高校办学活动由许多要素组成,最基本的要素包括人、财、物等。人的要素包括学生和教师等,物的要素包括基础设施、实验设备等,财的要素表现为办学经费等。这些要素通过一定的活动和载体,经过长时间积累、集聚、增长,在数量上达到一定程度后,才能实现质的突变。通过量化高校办学要素,可以反映出在某一时刻高校办学处于一个什么样的水平,即通过可以观测到的指标,反映办学过程中的一些关键问题。指标数值升降反映了绩效水平的波动。因此绩效评价的作用在于通过对投入与产出及绩效的关系分析,帮助高校主动认识、关注、发现并解决办学实践中存在的问题。

---

① 张继明.知识生产模式变迁视角下大学治理模式的演进及其反思[J].江苏高教,2019(4):9-17.

随着高校之间的竞争日益激烈,绩效评价因追求极致的管理效率,用看似客观的数据作为决策依据,将高校办学过程中的复杂现象简化为纯粹的技术性问题,导致高校办学或多或少地陷入了工具主义的陷阱。高校在不断迎合外部需求的同时失去了自己的坚守,行政管理者对绩效评价、资源分配与行政权力实行一体化捆绑。这种量化反映高校办学水平的方式,一方面在现实中遭遇质疑和批判,另一方面却又因其强大的"功利性",让高校和教师欲罢不能,并逐渐在这种绩效评价机制下安之若素,自觉或不自觉地按照评价指标的要求规范自己的办学行为和学术行为。如何克服和解决这些问题,更好地完善绩效评价体系,需要我们从高校本质出发,树立适合教育规律的绩效观。

戚业国认为,"高校教育活动是建立在一定的价值选择基础之上,教育质量能够体现办学成绩"[①]。高等教育领域的绩效观可分为三类。一是学术性绩效观。这种绩效观,与学术性质量观相对应,强调高校运行中体现出来的学术性成果或成绩就是"绩",而这些学术成绩与投入的比较就是"效"。学术性绩效观以结果产出为导向,强调客观指标,虽然比较直观,但容易忽视教育的其他产出和功效,显然这不是一种全面的绩效观。二是满足需求的绩效观。这种绩效观,围绕高校的需求判断绩效,包括国家、社会和个人需求,能更好满足需求的就是更好的"绩",就是产出,与投入相比较就是"效"。这一绩效观以服务对象的满意为基准,但面临主体需求不同、长期需求与短期需求不同的问题,不同人的文化层次和理解能力也会影响对需求的认知,评价的标准不容易把握。三是文化绩效观。文化绩效观衡量教育活动对人文和文化文明发展的作用与贡献,"效"同样是这种贡献与投入的比较。文化绩效观注重文化成效,但通常不容易具体化,容易影响客观绩效的体现。

三种绩效观是绩效评价的三种价值选择。绩效评价不仅强化了民办高校的办学成本和效率观,还决定着其资源配置的价值取向和资源使用效益,同时也在很大程度上体现了民办高校治理水平的高低。因此,民办高校的绩效评价应兼顾三种绩效观,明确自身的绩效价值取向,按照确定的价值取向实施绩效评价准则,形成绩效评价体系。一是要避免把学术性成果的绩效绝对化,避免把量化绩效作为唯一的绩效,要处理好可以量化的绩效与不

---

① 戚业国.论教育绩效与教育绩效管理[J].教师教育研究,2019(5):1-7.

可量化的绩效之间的关系。二是以满足利益相关者的需要为基本评价准则,坚持对"投入的资源"与"向利益相关者提供的服务"进行绩效评价,把民办高校预先确定的办学目标指向和宗旨作为绩效的基本准则,以投入产出作为效率或效益判断的基本参照。三是民办高校的主要任务是立德树人,但学生的道德提升、自我价值的发现和人生观价值观的确立,经常只通过很小部分的绩效得到直接表现,更大部分是长期的、隐形的,因此,也要重视隐性绩效的评价。

本研究认为,民办高校的绩效评价应坚持强调知识的生产与传授,通过评价来规范和引导高校实现人才培养、科学研究、服务社会等基本职能,合理利用资源,实现资源优化配置,最终提升办学效率和业绩,有效回应利益相关者对高校办学行为的问责。

三、绩效评价对民办高校内部治理结构影响的理论分析框架

绩效评价作为一种治理手段,通过获得绩效信息对高校进行管理,决定着资源配置的价值取向和资源使用效益,强化高校办学成本和效率观,同时更为重要的是,其在很大程度上体现了高校治理结构的完善程度与治理水平的高低。在治理目标的影响下,绩效评价作为一种治理手段,通过影响内部治理结构中的各要素,对治理效能产生作用,这是一个系统且协同的过程,分析框架如图 2-5 所示。

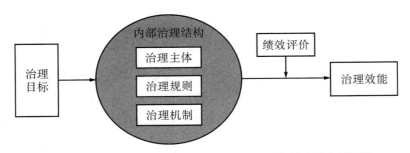

图 2-5　绩效评价体系对民办高校内部治理结构影响的分析框架

绩效评价是高校绩效管理中最重要的一个环节,与完善内部治理结构同属于高等教育治理范畴。绩效评价以提高绩效为最终要旨,其中"效"即

有效率的意蕴,通过投入产出比较对民办高校运行情况进行评价,强化办学成本和效率观念,关注治理主体的利益诉求,回应关键利益相关者问责。民办高校完善内部治理结构最终是为了实现善治,善治必定是有效率的治理,表现在关注办学实际效果,"办利益相关者满意"的高等教育。民办高校的关键利益相关者在内部治理中有着各自的利益诉求,并且通过不同方式和途径影响学校发展,治理的目标就在于调动利益相关者共同参与学校治理的积极性,实现整体利益最大化。

根据前文的概念界定,本研究认为民办高校内部治理结构主要包括治理主体、治理机制、治理规则三个要素。治理主体表明"谁有权力进行治理";治理规则说明"治理主体是依据什么原则、用何种制度进行治理",是指在一定条件下形成有关治理主体间的关系和行为的相对稳定的规范体系;而治理机制则说明"治理主体在一定原则或制度下,是通过什么方式、方法、路径来实现治理的"。治理规则具有规范性和强制性,是治理机制运行的根本;治理机制具有灵活性,可以在执行过程中自动调节,是治理规则运行的基本表征,在实现治理规则的同时又维护和促进规则的发展。

治理主体是治理目标的执行者。民办高校关键利益相关者,就外部而言主要是指政府,内部而言主要是指举办者、以校长为首的管理团队、教师和学生等,这些利益相关者都是民办高校的治理主体,是治理目标实现的具体执行者。治理理论强调多元主体之间的互动与协商,治理主体基于学校和自身发展需要,经常在博弈的环境中进行行动选择。他们之间既有着共同的利益取向,又有着不同的利益关切,治理过程有时可能表现为治理主体之间的利益博弈,有时则呈现出治理主体之间的利益协同。

治理规则是实现治理目标的前提。它在程序上对治理主体做出具有约束力的规制,使治理主体在局部利益与学校整体利益发生冲突时,能够依据一定的原则和制度进行治理。治理结构的均衡离不开制度保障,治理规则对于规范与调适治理结构起着不可或缺的作用。现实中的民办高校内部治理结构大多呈现出一种少数人控制的单边治理局面,导致学校在制定相关制度时,在程序、过程和结果上往往体现了少数人的意志和利益,教师、学生等关键利益相关者参与度不够,或者处于"失语"状态,这种状态对民办高校持续健康发展是不利的。治理主体的有效充分参与,是完善内部治理结构的重要内容,民办高校在制定制度过程中应广泛听取教师、学生等利益群体的利益诉求,在程序上做到公平、公正,在结果上能够代表大多数人的意志。

治理规则的不健全或制度碎片化,都会影响到内部治理的合法性与持续性。

　　治理机制是落实治理目标的关键。完善内部治理结构,除了建立和完善相应的制度以外,还需要建立有效的治理机制。"机制"原本是自然科学的概念,现在常被用来指通过协调各部分之间的关系,更好地发挥各部分作用的一种运行方式。具体到治理领域,治理机制是指通过治理规则来协调各部门之间的关系以便使部门更好地运作的一种方式。民办高校内部治理机制,是指通过协调内外部利益相关者之间的关系,实现治理目标的一种运作方式,没有机制支撑的治理是无法实现的。

　　在治理领域,结构功能主义认为,任何社会都具有一定的结构,每个结构都具有自己的功能。治理结构是基础和前提,治理结构如果是合理的,治理功能就是高的;治理结构如果是失衡的,或者是缺失的,那么治理功能就是低下的,有效治理就难以实现。结构与功能密不可分,但结构相同的系统并不一定具有相同的功能;反之,不同的结构其功能有可能是相同的。这也是本书研究内部治理结构的意义所在。作为一种治理手段,绩效评价体系通过协调治理主体之间的关系,规范各类制度,提高治理机制的运行效率,最终促进民办高校内部治理效能的提升。

第三章

基于扎根理论的绩效评价对民办高校内部治理结构影响模型构建

　　本研究在理论分析基础上,提出了绩效评价对民办高校内部治理结构影响的分析框架,即在治理目标引导下,绩效评价体系作为一种治理手段对内部治理结构中的治理主体、治理规则和治理机制等要素产生影响,进而达到影响治理效能的目的。为了进一步揭示绩效评价体系到底在哪些维度上能够影响民办高校内部治理结构,本章运用扎根理论研究方法,遵守扎根理论的规范要求,按照质性资料数据的转化策略,对绩效评价影响内部治理结构的维度进行质性探索。通过研究,构建绩效评价对民办高校内部治理结构的影响模型,并对模型进行阐释和分析,为后续有针对性地提出优化内部治理结构的对策奠定基础。

第一节　扎根理论的提出与应用

一、扎根理论的提出

　　根据人们认识社会历史现象的理念和途径的不同,社会科学研究方法可分为"量的研究"(quantitative research)和"质的研究"(qualitative research)。两种方法体现了研究者是演绎逻辑还是归纳逻辑的不同思考方法。由于量的研究和质的研究思考逻辑和关注焦点不一致,两者是从不同角度对事物的不同侧面进行探究,陈向明认为它们"各有自己的优势和弱点"①。量的研究,通常体现了演绎逻辑,从特定的理论概念建构出发,通过验证理论的过程发展出研究假设,再对假设中的变量进行观察和测量,作为最终检验假设真实与否的基础;而质的研究,则体现的是一种归纳逻辑,研究者对研究现象进行观察,深入到社会现象中,通过广泛的资料收集,逐步归纳出对研究现象的解释观点,发展出理论建构的基础。

　　一般而言,量的研究比较适合在宏观层面对事物进行大规模的调查和预测,质的研究比较适合在微观层面对个别事物进行细致、动态的描述和分析。本书的研究对象是民办高校内部治理结构,旨在从绩效评价的角度来分析内部治理结构的优化问题,提出解决问题的新视角,强调研究者与被研究者之间的互动,需要对问题进行深入、细致分析,因此本书以质的研究为取向。这不仅仅是"透过现象看本质",更是希望再现现象本身的"质",从而获得一个比较全面的、对事物的"质"的解释性理解。

　　从理论上讲,有多少种量的研究方法,就有多少种质的研究方法,然而现实中这两种研究方法并不是一一对应的。由于不同研究者采用不同的分类标准,质的研究方法呈现出繁杂的分类形式。莫斯(J.Morse)根据研究者所探讨的问题作为分类标准,将质的研究方法分为现象学、民族志、扎根理论、言语分析法、参与性观察、质的生态学等六种类型。② 英国学者阿特肯森(P.Atkinson)则根据质的研究中所呈现出来的类型,将其分为象征互动主义、人类学的方法、社会语言学的方法、常人方法学、民主评估、新马克思主义民族志和女性主义研究方法等七种方法。③ 也有学者按研究者的立场不同,将其分为个案研究、扎根理论、现象学、符号互动、人种志、行动研究等六种方法。④

　　在质的研究中,"扎根理论"(grounded theory)是一种重要的建构理论的方法。扎根理论研究法是指在原始复杂的资料基础上,通过寻找反映社会现象的核心概念,然后在这些概念之间建立起联系而形成理论的一种研究方法。⑤ 20 世纪 60 年代,美国学者格拉泽(B.G.Glaser)与施特劳斯

---

① 陈向明.质的研究方法与社会科学研究[M].北京:教育科学出版社,2000:10.

② 陈向明.质的研究方法与社会科学研究[M].北京:教育科学出版社,2000:46.

③ 陈向明.质的研究方法与社会科学研究[M].北京:教育科学出版社,2000:59.

④ 文军,蒋逸民.质性研究概论[M].北京:北京大学出版社,2010:145-150.

⑤ 陈向明.质的研究方法与社会科学研究[M].北京:教育科学出版社,2000:327.

(A.L.Strauss)根据一项关于医务人员在医院是如何处理即将去世的病人的实地观察,提出了扎根理论的概念。1967 年,两位学者合作出版的《扎根理论的发现:质化研究策略》(The Discovery of Grounded Theory: Strategies for Qualitative Research),标志着扎根理论的正式诞生。[①] 这个方法的形成与美国实用主义的哲学思想和社会学领域强调从行动者的角度理解社会互动、社会过程和社会变化的理论思想有关。两个学派都认为,社会中一个不变的特征是变化,需要对变化的具体方向以及社会互动和社会过程进行研究。受上述两个学派影响,扎根理论方法强调从行动中建构理论,理论必须来自资料,这是一个自下而上将资料不断地进行浓缩、归纳的过程。扎根理论自提出以来,一直处于不断的发展与演变过程中,逐渐形成了以格拉泽为代表的经典扎根理论学派、施特劳斯为代表的程序化扎根理论学派和以卡麦兹(K.Charmaz)为代表的建构主义扎根理论学派。

经典扎根理论是扎根理论三大流派中最早提出的。经典扎根理论的核心理念是,研究问题和理论构建都应该是一个自然涌现的过程,即研究者在进行第一手资料收集时,应该站在一个普通参与者的角度去理解当事人所思所想。研究者先入为主地进行主观想象是最忌讳的。因此王京生等认为,研究者一定要深入到被调查者中,聆听被调查者的心声,实地观察被调查者的行为举止,同时兼顾收集资料的整理,最后完成理论构建的工作。[②] 经典扎根理论的研究重点是对抽象现象和发展过程进行研究,适用于分析社会过程,而不是针对特定的个人、团体和组织等,其目的在于"概念化那些现实存在但却不易进入研究者关注视野的行为"。[③] 1990 年,施特劳斯和科宾(J.M.Corbin)在合作出版的《质性研究的基础:形成扎根理论的程序与技术》(Basic of Qualitative Research: Techniques and Procedures for Developing Grounded Theory)中,正式提出了程序化扎根理论的概念。该理论认为,人不应该被动地接受社会现象,而是应该在社会生活中积极行动,寻找隐含在数据中的理论与假设。程序化扎根理论更加注重寻找数据中的规

[①] GLASER B G, STRAUSS A L. The discovery of grounded theory: strategies for qualitative research[M]. New York: Aldine Publishing Company, 1967:2.

[②] 王京生,王争艳,陈会昌.对定性研究的重新评价[J].教育理论与实践,2000(2):46-50.

[③] 陈向明.质的研究方法与社会科学研究[M].北京:教育科学出版社,2000:135.

律,同时也提出了包括维度化、主轴编码、条件矩阵在内的新概念。① 卡麦兹开创了扎根理论的第三大流派——建构主义扎根理论学派。该学派认为,数据是通过研究者的研究过程以及和研究对象等的互动过程得到的,从而用来构建理论。

二、扎根理论质性研究法的特点

扎根理论的研究方法自提出以来,在社会学、心理学、护理学、教育学、管理学及情报学等众多领域得到了广泛应用。虽然扎根理论被分为三个学派,三种学派因秉持的理念不同,在操作过程中也各有侧重,但作为一种质的研究方法,它们具有以下共同特点:

第一,强调在资料中建构理论。扎根理论强调从原始材料中发现理论,认为研究者应注重对资料的分析,理论建构只有在经过对经验性材料的反复归纳、演绎之后才是科学的。陈向明则进一步指出,扎根理论应该从资料入手进行归纳分析,而不是研究者本人按事先设定好的假设进行逻辑推演。② 换言之,研究者并不是事先有理论假设的,而是通过与研究对象的互动,在经验性材料中提炼概念,才构建起理论的。

第二,强调不断地进行比较。扎根理论的一个主要分析思路是比较,并且这个分析思路始终贯穿于研究的整个过程。扎根理论强调,研究者应在资料和理论之间进行不断对比,然后归纳出概念、范畴等。比较包括:比较不同的人、比较相同个体在不同时间上的资料、比较不同事件、比较数据资料、比较不同类别等。

第三,强调对理论保持敏感性是研究者应具有的品质。研究的任何阶段,研究者都应该与相关的现有理论保持必要距离,能够在实证材料中发现、建构新的理论。这种敏感性,有助于研究者在分析资料时有目的地寻找那些集中表达资料内容的概念,在收集资料时具备一定的焦点和方向,将经验材料和理论建构联系起来。

第四,强调文献的适度运用。一定的文献分析有助于研究者通过对现

---

① 科宾,斯特劳斯.质性研究的基础:形成扎根理论的程序与方法[M].朱光明,译.3 版.重庆:重庆大学出版社,2015:63.

② 陈向明.质的研究方法与社会科学研究[M].北京:教育科学出版社,2000:328.

有理论的优缺点对比，从中找到可能的理论创新点和研究方向，文献研究也是扎根理论的重要组成部分；另外通过扎根理论新产生的成果也可以和原有的理论进行对比。适度而灵活地使用文献资料，其价值在于使研究方向更加聚焦。

第五，强调理解式研究。扎根理论强调研究者尽量采用"当事人"的立场，理解当事人行动的意义，在此基础上分析资料，在建构概念过程中也尽量考虑采用当事人的原话。扎根理论认为研究者可以运用自身经验性知识来理解资料，在与研究对象的互动中，将这些资料进行辨析与提炼，实现研究者个人解释与资料含义之间的完美结合。

三、为何选择扎根理论

对于任何一项研究来说，选择适合的方法是研究得以顺利展开的关键。研究方法是为研究内容服务，要与研究内容相契合，研究方法与研究内容之间存在着密切的相关性。研究方法作为一种研究工具，是为研究内容服务的，合理研究的基础就在于选用与研究主题相适切的研究方法。本研究旨在讨论民办高校绩效评价对内部治理结构的影响维度，通过访谈研究对象获取第一手资料，从中透视民办高校绩效评价在哪些维度上能够对内部治理结构产生影响。

扎根理论的研究方法，主张研究者进入社会情境，注重问题的提出以及理论建构的自然涌现，强调不仅要反映社会结构与行动之间的联系，而且还要捕捉这种联系的诠释过程。本书关注的是民办高校内部治理结构与绩效评价问题，通过研究更好地诠释绩效评价作为一种治理手段是如何影响内部治理结构的，有助于缩短理论与实践的距离。运用扎根理论方法开展绩效评价对内部治理结构的影响研究，实质上是一种实地研究。著名的社会学家费孝通先生曾指出，"研究者通过实地调查，用亲身感受去体会被研究对象的行为和思想，比依靠书本记载、别人的书信以及通过翻译间接取得的资料，来引申理论的方法，在科学上是有质的差异"[①]。

扎根理论是一种"从书斋走向田野""从理论到实践"的思想。本书选择

---

① 费孝通.费孝通学术文集:学术自述与反思[M].北京:生活·读书·新知三联书店,1996:322.

扎根理论是因为:首先优化治理结构是一个理想的目标,是一种价值追求;绩效评价的内容虽然可以量化,但作为一种治理手段,我们很难用具体量化的方法测量绩效评价对内部治理结构到底可以影响到何种程度。其次绩效评价涉及民办高校治理结构的各要素,且这些要素以复杂的方式相互作用,而扎根理论强调基于资料、自下而上地抽象出概念和理论的路径更适合于获得两者的影响关系,生成的理论更具生命力。再者笔者作为民办高校的一名中层管理者,既参与过本校的绩效评价也对其中存在问题产生过困惑,通过扎根理论,能够更加深刻地领会到根植于教育实践中的高等教育理论的重要性,体会到民办高校艰难的办学历程以及其成功的基因;捕捉到民办高校举办者、校长、职能部门管理人员等丰富的办学经验及他们对教育本真的理解,了解到民办高校教师真切的生存现状与利益诉求,为分析绩效评价与内部治理结构的互动共进关系提供了真实的依据;通过研究,笔者还更加深刻地认识到为了让绩效评价在民办高校内涵式发展中真正地、持久地发挥作用,需要理解和把握好绩效评价的内在精神逻辑,而非单纯地追求绩效评价技能和技巧的改进。这种扎根理论的研究过程有利于研究者和被研究者不断地反思自身行动及行动意义,对双方均具有行动的指导意义。因此扎根理论研究方法与本研究的旨趣相吻合。

第二节　绩效评价对民办高校内部治理结构影响模型研究资料的收集与整理

一、研究的总体思路

首先,本研究明确访谈计划,拟定访谈纲要条目 5 个;其次,在完成一位受访者的访谈后,形成访谈笔记,整理后做出初步编码;再次,在征询有关专家意见后,修正访谈提问纲要;复次,开展对后续人员的访谈,形成了近18.1万字的访谈笔记;最后,梳理绩效评价、治理结构等重点理论编码,对访谈笔记进行三级编码,形成开放式编码、主轴式编码和选择式编码列表。这一过程大概持续了近 6 个月。编码后对部分概念类属指向不明和概念类属之间关系不是十分清楚的,用电话回访的形式访谈了个别重要对象,修正部分编码。在对最后 2 名访谈对象做出同样的访谈内容之后,发现不再产生新的概念类属和新的理论内涵,由此定型相关概念、范畴和范畴关系,形成扎根研究的理论模型,对其进行分析阐释,取得扎根研究预期的理论成果,并且将此理论模型进一步运用于后续的案例研究部分。

二、研究对象的选择

为了获取数据资料,我们需要对研究对象进行抽样,样本选取解决的是"我想找谁进行研究"的问题。[①] 本研究在选择样本时,主要考虑抽样对象是否能够提供密集而丰富的信息以及样本的可获取性,基于此本研究无意样本数量的追求,而是围绕有可能最大化实现研究目标的目标人群来抽取适宜样本。因此本研究采用有目的的抽样来选择掌握相关知识和信息的对象进行深度访谈,以获取研究所需的重要数据。首先选择某民办高校校长进行半结构式的深度访谈,访谈历时 62 分钟,转录文本资料数据共 12509 字。该校自 2011 年承担教育部"民办高校内部管理体制改革试点项目"以来,在校内实施绩效评价体系,改革以人事、财务、事权为核心的授权管控模式,完善内部治理结构,学校成功的经验曾在《中国教育报》等报刊上专题刊登,具有较好的代表性。

扎根理论中的抽样是理论抽样,抽样不是一次完成,而是建立在对之前资料收集和分析基础上的。在参考了近些年主流的民办高校排行榜之后,经实地调研或信函联系,并考虑到我国民办高校获取资源的渠道与其内部权力配置方式有很大关联,本书选择的民办高校样本包括个人办学型、企业办学型、国有民办型等;再者考虑到民办高校受区域经济发展水平、社会人口结构等因素的影响较大,学校所在地区,包括东北地区、华中地区、华东地区、华南地区以及西北地区。最后在全国范围内选择了西安欧亚学院、浙江树人学院、宁波财经学院、文华学院、武汉工商学院、郑州科技学院、长春光华学院、三亚学院、山东协和学院、厦门华厦学院等 10 所民办高校作为研究院校。这些高校在校内实行绩效评价均在五年以上,并在评价方面积累了

---

① 陈向明.质的研究方法与社会科学研究[M].北京:教育科学出版社,2000:103-104.

一定工作经验,故具有较好的代表性和典型性,能够大致反映绩效评价对民办高校内部治理结构影响的一般情况。选择具体访谈对象时综合考虑了受访者的职务和工作岗位等因素,共选择了包括民办高校董事长、校长(书记)、职能部门管理干部、院系负责人以及普通教师等在内的 22 位受访者。按照学术规范,本研究中所有受访高校和受访者均做了匿名处理。例如,"HDU1-1"表示华东地区某民办高校第 1 位受访者,"HDU1-2"表示华东地区某民办高校第 2 位受访者。受访高校和受访者的分布特征及具体情况详见附录 1。本研究在上述民办高校中选取多位管理人员、教师进行访谈。

三、研究资料收集

本研究资料数据以访谈资料为主,同时辅以收集到的一些文献资料、实地考察资料等。访谈是研究者"寻访""访问"受访者,通过与之进行"交谈"和"询问",了解受访者的所思所想,获得受访者的价值观念、情感感受和行为规范,这是一个双方共同建构"事实"和"行为"的相互作用过程。

(一)访谈前的准备工作

1.确定访谈时间、形式及地点

在访谈之前,采用电话沟通的方式与受访者预约访谈时间及形式。访谈时间、形式及地点的选择以方便受访者为原则,最大限度地尊重受访者意愿。通过提前预约,可以让受访者选择合适的时间、形式及地点,有利于保证受访者在轻松愉悦情况下接受访谈,有效避免中途干扰,同时也可以让受访者事先对相关主题做好充分准备。这样做的目的是留给受访者被尊重的感觉,提高其合作意愿,同时也给对方留下"专业"的印象。本研究访谈采用了实地面谈以及电话访谈两种形式。

2.了解受访者的基本情况

每次访谈之前,研究者尽可能地对受访者基本情况进行一个初步了解。例如事先掌握其所在学校的发展概况,并对其任职情况、工作经历等做初步了解。这样有助于研究者有针对性地准备访谈问题、恰当选择访谈方法以及灵活运用访谈技巧,保证访谈在轻松、愉快、和谐的氛围下高效完成。

3.访谈提纲的设计

半结构式访谈,是指在实施访谈之前,根据研究问题及目的设计一个访谈提纲作为访谈的方向或提示,但除了事先设定的几个主要问题以外,其他问题并不事先拟定,而是在访谈中逐渐形成,并且可以根据实际情况在访谈中调整问题顺序或增减问题。研究表明,"最能得到丰富资料的访谈是非结构性访谈"[①]。换而言之,有效的访谈不是通过事先确定好的一套问题引导出来的,而是需要研究者带着一个开放的心灵和一个开放的计划来坐下来,与受访者之间进行信息的自由交流。为进一步了解受访者的思想,深挖事情发展的根源和发展过程,在访谈过程中,研究者可以适度使用追问的方式。

依据扎根理论研究的要求,围绕民办高校绩效评价对内部治理结构的影响因素,本研究采用半结构式的深度访谈收集资料数据,从民办高校利益相关者的视角出发,对不同权力主体的代表进行访谈,从中挖掘资料数据,寻找民办高校绩效评价、内部治理结构的相关概念与范畴,梳理概念、范畴之间的复杂关系,进而建构民办高校绩效评价对内部治理结构的影响因素模型。

首先,访谈导入语的确定。访谈导入语会影响访谈的效果与真实性,在访谈导入时,笔者先简要介绍论文研究的目的、预期成果与研究安排,以消除受访者的顾忌,说明不会对受访者造成任何影响。例如本研究的访谈导入语:您好!我想和您一起探讨民办高校绩效评价与内部治理结构之间的关系。旨在探寻绩效评价对民办高校内部治理结构的影响因素、典型案例,进而促进民办高等教育的高质量发展。谢谢您给了我这样一次机会,我的访谈记录资料,仅用于学术研究,不涉及对学校的评价,也不会对您或学校带来任何影响。对于您所提供的资料,我会给予严格保密。再次感谢您!

其次,访谈提纲的确定。访谈提纲是研究获得有效访谈数据的核心。访谈前向受访者告知访谈大纲,访谈过程依据访谈提纲展开,但具体内容可以根据受访者的叙述进行深层挖掘。为进一步了解受访者的思想,深挖事情发展的根源,在访谈过程中笔者适度使用了追问的方式。本研究的部分访谈提纲如表3-1和表3-2所示,具体访谈提纲见附录2。

表3-1　院系负责人的访谈提纲(部分)

序号	访谈问题
1	您所在学校有没有实施绩效评价制度?如果有,请您谈谈对学校绩效评价实施的总体印象?

---

① 科宾,斯特劳斯.质性研究的基础:形成扎根理论的程序与方法[M].朱光明,译.3版.重庆:重庆大学出版社,2015:30.

续表

序号	访谈问题
2	您认为学校实施的绩效评价,好的地方表现在什么地方? 不好的地方,又体现在哪些方面?
3	在学校绩效评价制度出台过程中,院系可以参与吗? 如果有,是通过什么途径参与的? 您对院系参与的效果满意吗?
4	您认为影响绩效评价实施效果的因素有哪些? 能否举几个例子?
5	您认为改革现有绩效评价体系,能提高学校和院系的管理水平吗? 如果能,该如何进行改革?

表 3-2 教师的访谈提纲(部分)

序号	访谈问题
1	您所在学校有没有实施绩效评价制度? 如果有,请谈谈绩效评价对您的影响主要表现在哪些方面?
2	您认为学校实施绩效评价,最主要的目的是什么? 现有的绩效评价,好的地方表现在什么地方? 不好的地方,又体现在哪些方面?
3	在学校绩效评价制度制定过程中,您有参与吗? 如果有,是通过什么途径参与的? 您对自己参与的效果满意吗?
4	您认为影响绩效评价实施效果的因素主要有哪些? 能否举几个例子?
5	您认为改革现有绩效评价制度,能提高教师的积极性和主动性吗? 如果能,该如何进行改革?

(二)实施访谈

在征得受访者同意后,本研究对访谈过程进行全程录音。访谈时间一般维持 60 分钟左右。访谈运用的辅助工具有访谈提纲、录音笔、笔记本等。访谈中,笔者鼓励每一位受访者从自身角度真实地描述对民办高校绩效评价和内部治理结构的感知。笔者不仅主动提问题、认真倾听,而且还做了适当的"回应",目的在于与受访者之间建立一种对话关系,及时地将自己的态度、意向和想法传递给对方。"回应"的方式主要包括:认可、重复、自我暴露和鼓励对方等,通过适时、适度的回应,起到接受、理解、询问和共情的作用。访谈中,笔者还注意记录受访者的面部表情及肢体语言,帮助理解其心理活动及态度反应。

(三)资料的整理和初步分析

资料收集之后,笔者需要根据研究目的进行资料整理和分析。首先,每一次访谈结束后，及时将录音资料转录为文本信息。由于在访谈过程中，对受访者的面部表情、形体动作等进行观察，同时做一些简短的记录，在转录访谈内容时，将这些信息在文本中标注出来。其次，在具体整理资料之前，给每一份资料编号，以方便后续分析时备用查找。再次，在对原始资料初步整理和编号后，对所有资料在计算机里做一个备份，将资料打印一份，以备分析时用来剪贴和分类。

（四）研究的伦理问题

在研究的各个方面和全过程，都存在着一个伦理道德问题。伦理道德问题主要涉及自愿原则、尊重个人隐私和保密原则、公平合理原则、公平回报原则等。本研究在访谈前即向受访者说明研究目的及主题，尊重受访者是否接受参与的意愿；郑重向受访者承诺，访谈资料仅作研究之用，且对涉及学校和个人的隐私信息进行模糊处理，强调保密性；访谈中的录音等行为均事先征得受访者的同意；对所有受访者均表示最诚挚的感谢。

第三节　三级编码构建绩效评价对民办高校内部治理结构的影响模型

本研究的资料数据分析，按照程序化扎根理论的编码分为三个步骤，即开放式编码—主轴式编码—选择式编码。[①] 在开放式编码阶段，主要目的是发现现象，对现象中的概念进行界定，在界定概念的同时还进行范畴的探索，遵循的流程为"定义现象—界定概念—命名范畴"。在主轴式编码阶段，采用了施特劳斯和科宾提出的"范式模型"，运用"因果条件→现象→情境条件→干预条件→行动/互动策略→结果"[②]的模型，将开放式编码阶段得到的范畴联结在一起，分析、挖掘其逻辑关系。在选择式编码阶段，则采用"故事线"的方法，提炼核心范畴，形成理论框架。

---

① STRAUSS A，CORBIN J. Basics of qualitative research：grounded theory procedures and techniques[M]. New York：Sage Publications Ltd，1990：78.

② 科宾，斯特劳斯.质性研究的基础：形成扎根理论的程序与方法[M].朱光明，译.3 版.重庆：重庆大学出版社，2015：96-110.

一、开放式编码

(一)开放式编码的三个主要步骤

在整个数据分析过程中,着手编码和分析是相当重要的步骤。研究者需要将所有资料"打散""揉碎"进行分析整理,旨在发现隐含的重要社会现象。文军等认为,这些重要的社会现象应该具有关键信息,或经常在原始资料中出现的,抓住这些词并对其进行命名(范畴化),可以最终帮助我们把握社会现象。[①] 在开放式编码阶段,研究者需要做的是将原始访谈资料打散、编码、标签,反复推敲,这是对重要的社会现象进行概念化和范畴化的过程。一般而言,开放式编码包括三个主要步骤:第一,定义现象。研究者需要仔细分析原始资料中的句子、段落或篇章等,对资料中反复出现的现象,进行定义。第二,界定概念。即对从中发现的类似现象加以概念化(conceptualizing),概念应该能够准确地概括材料的实际情况,概念可以是一个词、一个短句或句子。第三,命名范畴。所谓的命名范畴,就是赋予范畴以名称。这一过程是针对类似的概念群赋予名称,命名范畴即用一个抽象层次更高的名次说明某一个重要的社会现象。范畴与概念的区别在于,概念是针对未经处理的原始资料赋予名称,而范畴则是一种比概念更为抽象的名称。

本书循定义现象、界定概念、命名范畴三个阶段依次展开。首先,研究者认真阅读每一份访谈文本,审读多次后,将文本内容熟记于心,以形成初步的整体认识。接着,对资料数据逐词、逐句、逐行或是逐段进行现象定义,不漏掉任何重要的信息,不断将这些现象概念化,进而将这些概念不断范畴化。在编码的时候,为了减少研究者的主观影响,尽可能地使用受访者使用的词语,特别是那些能够作为码号的原话。在开放式编码阶段,本书采用了微分析及持续比较的分析工具进行编码。

(二)受访者 HDU1-1 的微分析

微分析(microanalysis)是一种详细的编码分析工具,即把资料数据拆分开来,密切关注细节,有助于研究者以开放的心态思考各种可能的意义,"它

---

① 文军,蒋逸民.质性研究概论[M].北京:北京大学出版社,2010:234-235.

就像使用高倍显微镜来更加近距离地审查每一份资料"[①]。微分析,一般在项目开始的时候使用,目的在于让研究者深入到资料中,将注意力集中到那些看起来相关但其意义仍然模糊的资料上,让研究者在自己的参考框架之外思考问题,从而防止过早地下结论。本研究选择受访者 HDU1-1 进行微分析。

1.定义现象

在对受访者 HDU1-1 进行微分析时,本研究首先对其访谈转录文本资料数据进行逐词、逐句、逐行或是逐段分析,贴出 384 个标签,将原始的文本资料数据分解成独立的事件,对每个标签所指示的现象进行定义,得到 384个现象,为下一步界定概念打好基础。定义现象的过程如表 3-3 所示。

表 3-3　受访者 HDU1-1 访谈材料的定义现象和界定概念示例(部分)

访谈录音转录本书资料	现象
民办高校处在一个新的发展期,也就是内涵式发展阶段(1)。我认为,绩效评价在民办高校完成"我是谁"(2)"我去哪里"(3)的顶层设计以后,是一件可以、而且应该做的事情。如果没有一个完整顶层设计,没有一个明晰的发展目标、规划(4),学校不知道明确的目标任务,也就很难制定绩效指标。因为,学校不知道要评价什么?目标是什么? 绩效指标是学校对自己的一种认知(5),这个认知的前提是要清楚地认识学校现阶段的学科专业发展水平、到底为区域经济发展培养什么的人才?(6) 绩效指标是学校发展的目标,如同学校自画像,就是根据它的时间轴,在某个阶段,完成时间轴里面的阶段性目标(7);当然了,还要考虑学校现有的资源与实力(8)。评价体系不在于它有多完美,而是它在多大程度上适合这个学校(9)。 绩效指标体现了学校的一种价值观(10)。指标内容应该是一个动态的变化过程,是在发展规划指导下做出的一个比较合理的阶段性目标(11)。我认为指标体系里既要包括长远目标与近期目标,还要包括常规工作与特色发展(12)。与此同时,指标不应仅仅体现董事长,或者是校长的意志,应该考虑利益相关者的多方诉求(13)。	(1)民办高校处于内涵式发展阶段 (2)民办高校要认清自己的办学现状 (3)民办高校要明确自己的办学目标 (4)绩效评价和学校的发展规划有关 (5)指标的设计要符合学校的发展实际 (6)民办高校要明确自己的发展状况 (7)绩效评价要完成一定的阶段性目标 (8)绩效评价要和学校的资源和实力匹配 (9)评价的标准要符合学校实际 (10)绩效评价和办学价值观有关 (11)绩效评价体现了学校阶段性目标 (12)指标要考虑长期和近期、常规和特色 (13)绩效评价应体现利益相关者的诉求

————————————

①　科宾,斯特劳斯.质性研究的基础:形成扎根理论的程序与方法[M].朱光明,译.3 版.重庆:重庆大学出版社,2015:63.

092

续表

访谈录音转录本书资料	现象
另外,在一些经济发展地区,政府往往会根据结果给予民办高校一定的财政拨款,设计指标时还要体现政府导向(14)。 现在对民办学校排名,用了很多硬指标,为了顺应这种排名,很多民办高校领导的工作重心也围绕着这些硬指标展开,这些指标其实是冰山上尖角的部分(15)。我们最好能够长远地来考虑这些事情,一手抓长远发展,一手抓硬性指标(16)。评价中还要注意运用科学的统计方法(17)。 一所学校的绩效评价导向如果是追求眼前利益的,追求经济效益的,那么学校的内部治理结构价值取向也会随之变成功利化,而忽视办学的根本初衷是什么(18)。 这说明绩效评价能够反映内部治理的不足,管理者如果能将这种不足加以改进,那就能促进治理结构的优化(19)。 学校重点抓什么,院系和老师就跟着做什么,这时候绩效评价指标也成了内部治理的依据(20)。 以前我们说,火车跑得快——全凭车头带。现在高铁使用动车组,几乎所有车轮一同运转,而不再是用火车头来牵引,大大提高了速度。每一个院系就是一个动车车厢,院系在学校发展中越来越重要了(21)。 学校对院系进行绩效评价,本质上是为了调动院系的办学积极性和自主性,这就需要学校应将相应的人、财、物配置权下放到院系(22)或授权给院系(23),扩大院系的办学自主权(24)。当然院系也要提高自身的管理能力(25)。绩效评价体现的是一种责权利的对等关系(26)。指标就是任务,学校给院系下达指标,其实就是下达任务。这时候,指标体现的是一种责任;为完成任务,就要授权,即学校给院系多少任务,就要下放多少权力;"利",是指结果的使用,这是理顺校院两级管理体制的关键(27)。理顺绩效评价中的责权利关系,有助于完善校院两级管理体制(28)。	(14)政府通过评价给予民办高校一定的财政拨款 (15)外部的排名对民办高校绩效评价有一定影响 (16)绩效评价指标要兼顾长远和近期 (17)绩效评价需要运用一定的评价方法 (18)绩效指标的导向会影响内部治理的价值取向 (19)绩效评价影响内部治理结构 (20)绩效指标的内容,是内部治理的依据 (21)院系在学校治理中处于越来越重要的地位 (22)学校要向院系分权 (23)学校要向院系授权 (24)要给予院系足够的办学自主权 (25)院系要提高治理能力 (26)绩效评价要求做到责权利对等 (27)学校层面要理顺校院两级管理体制 (28)绩效评价会促进内部治理结构完善

续表

访谈录音转录本书资料	现象
院系的任务是由教师来完成的,绩效评价的对象是教师,我们要评价教师的业绩完成情况(29)。假定每个老师都有追求自我实现的愿望,要给老师充分的授权信任和自由。一旦老师老是盯着眼前,为了评职称发文章,为多挣几块钱报项目,那就谈不上什么学术发展和自我发展(30),要让教师的目标要和学校目标尽量靠拢(31)。因为,绩效评价的任务是从学校发展规划中分解出来的,规划代表着学校的发展目标(32)。 绩效评价要尽量多地让教师参与进来,只有教师认同评价,才能最大限度地提高教师的积极性和主动性(33)。 我们还要注意结果的使用。激励和问责的力度,如果说都很弱,评与不评没有太大区别,这样是不可取的(34)。这一点也是民办高校实施绩效评价的优势所在,我们能做成公办高校无法达成的事情(35)。另外,除了工资奖金分配、干部问责以外,评价最根本是促进教师发展,调动他们的积极性,促进他们改进,只能这样才能最终促进学校整个治理效果的提升(36)。	(29)教师是绩效评价的执行者 (30)教师有自我发展的需求 (31)教师个人目标要和学校目标相符合 (32)绩效评价分解落实学校的发展规划 (33)绩效评价要得到教师群体的认同,才能有成效 (34)要合理使用绩效评价的结果 (35)实施绩效评价要发挥民办高校的体制机制优势 (36)绩效评价要和工资奖金、干部问责、教师发展等挂钩

2.界定概念

在定义现象之后,笔者首先对 384 条现象进行筛选,剔除 85 条与民办高校绩效评价和内部治理结构明显不符的表达,对剩余的 299 个现象进行概念化,通过反复分析,合并一些重复的概念,最后从现象中抽取出 72 个概念,并用"an"来指代现象(n)的概念化。界定概念的具体过程如表 3-3 所示,形成的开放式编码概念列表如表 3-4 所示。

表 3-4 受访者 HDU1-1 开放式编码形成的概念列表

序号	概念	序号	概念
a1	发展阶段	a37	教师个体目标
a2	办学现状	a38	学校共同目标
a3	办学目标	a39	指标分解原则
a4	发展规划	a40	教师认同感
a5	评价指标	a41	评价成效
a6	发展实际	a42	评价结果

续表

序号	概念	序号	概念
a7	目标任务	a43	制度优势
a8	办学资源	a44	奖惩制度
a9	办学实力	a45	工资福利
a10	评价标准	a46	干部问责
a11	办学价值观	a47	教师改进
a12	阶段性任务	a48	绩效观
a13	指标设计原则	a49	教育教学质量
a14	利益相关者	a50	以学生发展为中心
a15	政府	a51	数量评价
a16	财政拨款	a52	文献计量数据
a17	政府意志	a53	评价标杆
a18	外部排名	a54	评价周期
a19	社会中介组织	a55	董事长
a20	评价方法	a56	校长管理团队
a21	绩效评价的导向	a57	行政权力
a22	内部治理结构	a58	学术权力
a23	价值取向	a59	质性评价
a24	指标内容	a60	指标权重
a25	治理依据	a61	决策权
a26	院系	a62	体制机制
a27	分权	a63	治理重心
a28	授权	a64	成绩评定
a29	办学自主权	a65	教学委员会
a30	治理能力	a66	学术委员会
a31	责权利对等	a67	稀缺性
a32	责任	a68	学术共同体
a33	权力	a69	匿名评价
a34	利益	a70	资源依赖
a35	校院两级管理体制	a71	资源分配
a36	教师职业发展	a72	专家同行

3.命名范畴

在完成了"定义现象"与"界定概念"之后,为进一步识别有价值意义的现象,笔者尝试将相关的概念归纳成范畴,实现范畴化,并为范畴命名,将概念相同或类似现象的概念集中起来,统一归到相应的范畴下,最终得出 16 个范畴,如表 3-5 所列。

表 3-5　受访者 HDU1-1 开放式编码所得的范畴

范畴	概念
A1 办学愿景	a3 办学目标、a4 发展规划
A2 办学价值观	a11 办学价值观、a21 绩效评价的导向、a23 价值取向、a48 绩效观、a49 教育教学质量、a50 以学生发展为中心
A3 办学定位	a1 发展阶段、a2 办学现状、a6 发展实际、a8 办学资源、a9 办学实力
A4 外部评价	a14 利益相关者、a15 政府、a16 财政拨款、a17 政府意志 a18 外部排名、a19 社会中介组织
A5 量化指标	a5 评价指标、a12 阶段性任务、a51 数量评价、a52 文献计量数据
A6 质性指标	a20 评价方法 、a24 指标内容、a59 质性评价
A7 举办者	a22 内部治理结构、a25 治理依据、a30 治理能力、a55 董事长、a61 决策权、a62 体制机制、a63 治理重心
A8 管理者	a26 院系、a27 分权、a28 授权、a29 办学自主权、a31 责权利对等、a32 责任、a33 权力、a34 利益、a35 校院两级管理体制、a41 评价成效、a43 制度优势、a56 校长管理团队、a57 行政权力、a58 学术权力、a65 教学委员会、a36 学术委员会
A9 身份认同	a40 教师认同感
A10 职业发展	a3 教师职业发展
A11 目标协同	a37 教师个人目标、a38 学校共同目标
A12 评价基准	a7 目标任务、a10 评价标准、a13 指标设计原则、a39 指标分解原则、a53 评价标杆、a54 评价周期、a60 指标权重、a64 成绩评定
A13 同行评价	a68 学术共同体、a69 匿名评价、a72 专家同行
A14 资源配置	a67 稀缺性、a70 资源依赖、a71 资源分配
A15 反馈改进	a42 评价结果、a47 教师改进
A16 奖励与问责	a44 奖惩制度、a45 工资福利、a46 干部问责

（二）多案例的持续比较

在开放式编码阶段，运用扎根理论的研究方法，本书进行了微分析，得到了一些初步的概念与范畴，为构建民办高校绩效评价对内部治理结构的影响模型提供了重要基础。但仅仅一位受访者的微分析所提炼出来的范畴，是有局限性的。为解决这个问题，本书采用持续比较法，继续挖掘新概念、新范畴。持续比较法是指在资料研究过程中，为了寻找相似点和不同点，对资料中的每个事件与其他事件进行比较的一种方法。① 本书在收集到资料数据后就进行分析与编码，将由此产生的新概念、新范畴与现有的概念、范畴比较，直至理论饱和。持续比较法，贯穿于本书的数据收集和分析过程。本书运用与受访者 HDU1-1 相同的方法进行分析，通过多案例的开放式编码，不断丰富、修正受访者 HDU1-1 微分析所挖掘的范畴，直至饱和。当完成第 20 位受访者的开放式编码及持续比较之后，范畴达到了饱和，共提炼出 96 个概念、18 个范畴，如表 3-6 所示。

表 3-6　开放式编码所得范畴

范畴	概念
A1 办学愿景	a3 办学目标、a4 发展规划、a83 办学文化
A2 办学价值观	a11 办学价值观、a21 绩效评价的导向、a23 价值取向、a48 绩效观、a49 教育教学质量、a50 以学生发展为中心
A3 办学定位	a1 发展阶段、a2 办学现状、a6 发展实际、a8 办学资源、a9 办学实力、a77 学科发展、a79 人才培养定位
A4 外部评价	a14 利益相关者、a15 政府、a16 财政拨款、a17 政府意志、a18 外部排名、a19 社会中介组织
A5 量化指标	a5 评价指标、a12 阶段性任务、a51 数量评价、a52 文献计量数据
A6 质性指标	a20 评价方法、a24 指标内容、a59 质性评价、a96 专家评估
A7 举办者	a22 内部治理结构、a25 治理依据、a30 治理能力、a55 董事长、a61 决策权、a62 体制机制、a63 治理重心、a74 经济效益、a82 合理回报
A8 管理者	a26 院系、a27 分权、a28 授权、a29 办学自主权、a31 责权利对等、a32 责任、a33 权力、a34 利益、a35 校院两级管理体制、a41 评价成效、a43 制度优势、a56 校长管理团队、a57 行政权力、a58 学术权力、a65 教学委员会、a66 学术委员会

① 科宾，斯特劳斯.质性研究的基础：形成扎根理论的程序与方法［M］.朱光明，译.3 版.重庆：重庆大学出版社，2015：80.

续表

范畴	概念
A9 学生	a64 成绩评定、a78 学评教、a81 评教方式、a84 评教内容
A10 身份认同	a40 教师认同感、a76 聘任制、a85 能力提升、a87 治理意识
A11 职业发展	a3 教师职业发展、a75 职称评审
A12 目标协同	a37 教师个人目标、a33 学校共同目标、a86 目标趋同、a93 长期目标、a94 短期利益
A13 评价基准	a7 目标任务、a10 评价标准、a13 指标设计原则、a39 指标分解原则、a53 评价标杆、a54 评价周期、a60 指标权重
A14 分类评价	a80 分类管理、a89 教师队伍多元化、a73 教师岗位
A15 同行评价	a68 学术共同体、a69 匿名评价、a72 专家同行
A16 资源配置	a67 稀缺性、a70 资源依赖、a71 资源分配、a88 预算匹配
A17 反馈改进	a42 评价结果、a47 教师改进、a90 反馈调整、a91 绩效改进文化、a92 纠偏机制
A18 奖励与问责	a44 奖惩制度、a45 工资福利、a46 干部问责、a95 激励机制

二、主轴式编码

主轴式编码又称轴心编码,是寻找范畴之间以及范畴和概念之间的相互关系,从中发展出一个主轴范畴,并对这个主轴范畴进行深度分析的过程。由于在开放式登录阶段,得到的范畴大多是独立的,为厘清资料中各部分之间的有机关联,需要深入讨论范畴之间的关系。本研究借助施特劳斯和科宾的"范式模型"将主范畴与其他范畴联结起来,分析、挖掘其逻辑关系。"范式模型"包括"因果条件→现象→情境条件→干预条件→行动/互动策略→结果"六个部分①,这六个部分代表了从开始到结果的一个完整事件流程。其中,"因果条件",是指致使某一个现象产生或发展的事件、事故和事情;"现象"是指具有中心地位的观念、事件、事故和事情;"情境条件"是指从属于某一现象的一套特定的属性,属于某一现象的事件和事故在维度范围的定位;"干预条件"也称"中介条件",是指促进或限制发生在具体情境下

---

① 科宾,斯特劳斯.质性研究的基础:形成扎根理论的程序与方法[M].朱光明,译.3版.重庆:重庆大学出版社,2015:98.

的策略;"行动/互动策略"是指针对某一现象在其可见、特殊的一组条件之下,所采取的管理、处置和实施策略;"结果"是指行动或互动产生的结果。本研究在进一步分析范畴的具体性质及其内在逻辑联系基础之上,重新归类,得到表3-7所示的6个主范畴,并运用高等教育中的专有名词进行命名。

表 3-7 主轴式编码所得的主范畴

主范畴	范畴
AA1 评价目标	A1 办学愿景
	A2 办学价值观
	A3 办学定位
	A4 外部评价
AA2 评价指标	A5 量化指标
	A6 质性指标
AA3 评价主体	A7 举办者
	A8 管理者
	A9 学生
AA4 评价对象	A10 身份认同
	A11 职业发展
	A12 目标协同
AA5 评价标准	A13 评价基准
	A14 分类评价
	A15 同行评价
AA6 评价反馈	A16 资源配置
	A17 反馈改进
	A18 奖励与问责

三、选择式编码

在这一阶段,本书进一步分析主范畴和范畴及其之间的关系。在经过不断检验与调整之后,从中分析出一条"故事线",这条"故事线"将全部的原始现象和条件描绘出来,有效地展现出主范畴的典型关系结构。本研究"故事线"及其所展现出的主范畴典型关系结构如表3-8所示。

表 3-8　研究的"故事线"及其展现的主范畴典型关系结构

典型关系结构	内涵	代表例句
评价目标→内部治理结构	绩效评价的目标,为民办高校进一步完善内部治理机制,指明了方向。	"我们学校对二级学院的绩效评价,大体上和学校实际情况、办学定位相吻合,对校院两级内部治理运行起到了很好的导向作用。""绩效评价目标确定很重要,以前因为评价的导向和学校办学价值观不一致,导致我们在内部治理中走了不少弯路。"
评价指标→内部治理结构	绩效指标,表明了民办高校在一段时期内绩效评价工作的重点和想要达成的目标任务,为民办高校完善内部治理规则提供了依据。	"学校在评价中比较注重教学,这几年人才培养质量提高较快,教学管理制度也相应地完善起来。""我们学校在这一方面有过深刻的经验教训,当老师们被科研业绩指标牵引时,教学管理制度就会形同虚设。"
评价主体→内部治理结构	评价主体分别有着各自不同的利益诉求,如何协调这些主体之间的利益冲突、平衡他们之间的利益诉求,直接影响着民办高校治理主体的作用发挥。	"学校站在全局立场,和院系站在本单位立场考虑问题的角度是不一样的。我们学校的评价,倡导院系从被评价者转为评价的执行者。我作为分院负责人,比较认同这种角色的转变。""指标和评价要求都是职能部门说了算,老实说这种评价并不能达到预期目标,至少院系积极性并没有调动起来。"
评价对象→内部治理结构	教师是绩效评价的对象,其职业认同感、职业发展需求,以及有效协同教师个人目标和学校共同目标,对民办高校进一步提升教师治理意识、提高治理能力都有着直接关系。	"我们在民办高校也就混口饭吃,考核不达标的年轻教师,随时都会被走人。""这几年我们学校实行绩效评价,院系领导每年都定期参加学校会议,有时候普通教师也可以作为代表参会,会上大家都可以提建议,气氛很热烈。"
评价标准→内部治理结构	绩效评价标准是判断院系和教师工作状况优劣的标准,评价标准的合理与否为进一步完善民办高校内部治理规则提供了依据。	"现在的评价体系只有少数有行政职务和善于钻政策空子、整天琢磨对策的人才能够胜出。""应该设计分类评价,不同类型的教师放在一起竞争是十分不合理的。否则就如我们现在,造成校内非理性竞争。"

续表

典型关系结构	内涵	代表例句
评价反馈→ 内部治理结构	绩效评价的结果使用关系到学校对院系和教师的评价、监督、问责与激励,合理地使用评价结果有助于提升民办高校内部治理机制的运行效率。	"每年评价结果出来,院系基本上是认可的,这样内部运行管理就比较顺畅。""部分老师对评价结果不是很认同,经常找院长评理,但院长也没有办法。因为制度是学校制定的。我觉得这时候就走入了无解状态。"

　　基于上述"故事线",本书认为,绩效评价体系中的"评价目标""评价指标""评价主体""评价对象""评价标准""评价反馈"这六个主范畴可以将建构民办高校绩效评价和内部治理结构的关键问题关联起来,由此,本书提炼出"绩效评价对民办高校内部治理结构影响因素"这一核心范畴。本书所及核心范畴、主范畴、范畴和概念之间的关系,如图 3-1 所示。

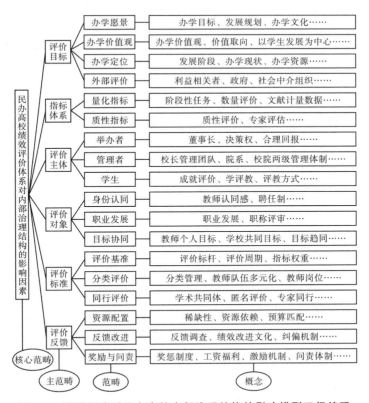

图 3-1　绩效评价对民办高校内部治理结构的影响模型三级编码

进而,本研究形成了"绩效评价对民办高校内部治理结构的影响模型"(如图 3-2)。由该模型可知,绩效评价对内部治理结构影响,可以表现在"评价目标""评价指标""评价主体""评价对象""评价标准""评价反馈"等六个方面。

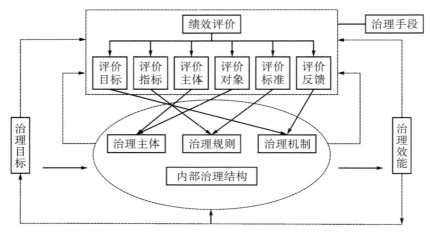

图 3-2 绩效评价对民办高校内部治理结构的影响模型

四、理论饱和度检验

理论饱和通常是指,"没有出现新的类属或相关主题"[1]。换言之,即不再能够获取发展某一范畴的新的信息。本研究在对第 20 位受访者的资料数据进行抽取、编码分析时发现,基本上不再有新的概念或新的理论内涵出现。此种情况表明,基本上达到理论饱和状态。

---

① 科宾,斯特劳斯.质性研究的基础:形成扎根理论的程序与方法[M].朱光明,译.3 版.重庆:重庆大学出版社,2015:159.

第四章

我国民办高校内部治理结构现实观照与影响模型分析

　　绩效评价并不是民办高校治理的目标,但作为一种治理手段,绩效评价能够反映出民办高校内部治理结构是否科学合理。换言之,绩效评价存在的问题,折射出民办高校内部治理结构的不足,若这些问题和不足通过一定的机制反馈到学校管理层,由管理者进行改进,如此就能实现绩效评价改革促进内部治理结构优化的目的。本章主要分析民办高校绩效评价实施现状,并从绩效评价的视角对民办高校内部治理结构现状进行分析,在此基础上讨论绩效评价对民办高校内部治理结构的影响模型。

第一节　我国民办高校内部治理结构现状

　　为快速提升整体办学实力,准确评价院系办学情况和运行效果,合理配置资源,激发教师内生积极性和发展动力,部分民办高校开始在内部实施绩效评价。绩效评价对于民办高校提升办学实力以获得更好的生源和办学影响力,从激烈的高校竞争中脱颖而出,优化内部治理结构有着重要的意义。科学合理的绩效评价体系,能为高校运行提供有价值的信息,帮助高校在看到自身优势的同时,也能直观地反映出学校内部治理结构中存在的问题。正视绩效评价存在的问题,分析这些问题所折射出来的内部治理结构缺陷,才能为后续提出合理对策做好准备。

一、我国民办高校绩效评价存在的问题

现阶段,我国民办高校绩效评价过程中存在的问题有,评价目标的导向上由于过于重视经济效益或受外部评价牵制,功利化现象突出;评价指标由于脱离学校的规划目标或办学定位,评价标准与学校实际符合度不高,导致评价对改进实践工作的指导意义不大;内部权力集权现象严重,绩效评价在运行上呈现出自上而下的单向度特征;由于绩效评价没有全面反映民办高校教师的工作成效和工作投入,对其造成了极大的困惑,教师对绩效评价的认可度总体不高,绩效评价对促进教师发展的作用十分有限;在绩效评价结果的使用上存在着各种短视行为,往往将其简化为薪酬奖金的分配依据,缺乏对评价结果的深入分析与有效反馈。

(一)绩效评价目标存在着功利化现象

1.绩效评价的目标过于重视经济效益的产出

绩效评价是企业管理中一项常用的治理手段,其主要特点是注重行为的结果,即重视在一定资源投入后的产出结果。企业为实现长远目标制订战略规划,将规划中提出的目标任务层层分解后将其落实到相关的部门和员工,进而对部门和员工的完成情况和绩效表现进行量化评价。评价若运用得当不仅可以为内部人员升职加薪和人事调整提供重要依据,而且还可以反映企业在发展过程中存在的问题,为下一轮制定目标提供参考。合理的绩效评价能够激发员工的工作潜能,促进企业整体绩效提高。但无论在哪个企业,也无论是采取何种形式,绩效评价都是一把"双刃剑",如果运用不当,会给企业造成负面影响,伤害员工积极性,不利于企业发展。

绩效评价的目标设置,从根本上而言是评价的价值取向问题,这一取向体现了组织的意志,传递着组织期望。民办高校不同于企业,其绩效评价不能简单地对院系和教师的行为以及行为结果,按照企业标准进行评价,而是应该坚持正确的绩效观,兼顾学术性绩效观、满足需求的绩效观、文化绩效观所倡导的价值取向。目前我国部分民办高校过多地注重满足需求的绩效观,而且是以满足举办者的需求为导向,以经济、效率为目标,简单地以"投入—产出"比来确定指标和评价标准,对院系办学和教师工作情况进行判断。虽然这一评价方式在规范性、数字化、客观性等方面得到了一定程度的保障,但在本质上类同于将"来自工商界的异质的管理范式直接移植到高校"①,致使民办高校在实践中表现出很强的功利性,忽视了其作为办学组织所应承担的育人任务。

民办高校常常把经济效益等同于绩效,看重"投入—产出"比,重视显性的产出结果。我们应该看到,高校人才培养工作成效在很多方面是存在着滞后性,人才培养不同于产品生产。相比较公办高校,民办高校急功近利性更强一些,把企业中的绩效评价方法直接带入高校是不合适的。

(HDU1-1)

民办高校校长一般会根据董事长心目中的绩效观执行评价。但绩效是一个多维度的概念,需要对其有一个正确理解。董事长心目中的绩效标准往往是将经济效益放在首位,他们追求的是资本的利润最大化。但这不应该成为民办高校实施绩效评价的唯一标准,否则就会产生越执行偏差越大的现象。

(HDU4-2)

2.绩效评价的目标设置过多地受到外部评价的牵引

民办高校的绩效评价目标设置除了强调经济效益以外,还受到来自教育行政部门和社会中介组织等外部评价的影响。以笔者调研的一所民办高校为例,该校所在的省份实施将省属高校的本科教学业绩考核结果与财政拨款相挂钩的办法,省内所有高校均被要求参加省教育厅组织的教学业绩考核,民办高校虽然不是省属高校,也被要求参加考核排名但没有财政拨款。通过梳理该省的本科教学业绩考核指标体系,我们发现该省以教学质量为落脚点,运用财政手段促使高校重视本科教学工作及资源使用效率,逐步形成"投入+绩效"相结合的拨款机制,在制度上是一个创新。但与此同时,我们也发现,师资队伍中的"生师比""专任教师博士学位""师资质量中的省部级及以上人才数""高级别科研项目和经费"等指标,限于财力、物力、人力等条件,民办高校在短时间内无法有明显的改变,因此和公办高校相比,民办高校始终处于弱势地位。徐毅鹏认为,已有的评价结果也证明了这一点,各校排名相对稳定,"实际激励效果不太显著"②。但因为每年评价结果、排名情

---

①　操太圣.遭遇问责的高等教育绩效化评价:一个反思性讨论[J].南京社会科学,2018(10):129-136.

②　徐毅鹏.浙江省高等教育绩效拨款改革述评[J].高校教育管理,2015(7):35-42.

况都向社会公开,民办高校顾及社会影响不得不重视这些评价指标。

调研发现,在我国部分省市,教育行政部门不同程度地存在着通过各种短平快、显性的绩效指标对民办高校办学绩效进行评价,并根据评价结果给予民办高校一定财政补助的情况。由于财政补助对充实民办高校办学实力有着极大帮助,因此更能吸引民办高校积极参与。与传统的政府采用行政性的管理手段直接干预高校内部工作不同,这些评价性的管理手段更容易为民办高校所接受。另外我国部分民办高校已完成初创阶段,办学规模趋于稳定,办学水平也有了较大提升,这些高校开始追求社会中介组织的排名,关注各类排行榜指标。

每年的业绩考核对我们民办高校而言,是一次"不好过关的大考",每次我们都处于弱势地位。专任教师的博士学位占比、省部级以上的人才等一些评价指标,我们在短期内无法扭转劣势,而公办高校凭借着天然的体制优势比我们做得好多了。所以我们对评价结果,并非心服口服。但每年我们又不得不全力以赴地应对。长期来看不利于我们把主要精力和资源集中于学校发展。

(HDU4-3)

各类外部的评价结果,对民办高校扩大办学知名度有着较大帮助,特别是对学生选择学校具有积极的影响;同时也为评价民办高校校长及其管理团队的工作业绩提供了一定依据,间接影响民办高校校长管理团队的聘任。但这些外部评价指标绝大部分体现的是政府意志和社会关注的热点指标,与民办高校实际情况未必符合,部分指标甚至脱离学校办学实际。譬如2019年"中国新建(应用型)本科高校综合竞争力排行课题组"(ICAUR)发布"中国新建(应用型)本科高校科研竞争力排行榜"对新建本科高校科研情况进行评价。就数量上而言,截至2019年6月,我国共有新建本科高校693所,其中公办高校290所,独立设置的民办高校152所,独立学院265所。公办高校的数量占新建本科高校的41.8%,而进入前100强的高校中,有95所是公办应用型本科高校,而民办高校只有5所。课题组从论文、课题、奖励、发明专利等四个维度对新建本科院校的科研情况进行评价,设置了12项具体的测量指标:英文三大检索论文(SCI、SSCI、A&HI)、CSSCI论文、CSCD论文、国家社会科学基金项目、国家自然科学基金项目、教育部人文社科项目、国家自然科学奖、国家技术发明奖、国家科学技术进步奖、高等学校科学研究优秀成果奖(科学技术)、高等学校科学研究优秀成果奖(人文社会科学)、授权发明专利。论文、课题、奖励、发明专利的权重分布是50％、25％、10％和15％。虽然课题组本着客观、公正的态度,各项统计指标的数据来源均来自官方网站或专业数据库,但排名结果显示公办新建本科高校的科研竞争力远远高于民办高校。在访谈中,笔者了解到此类评价结果公布后,对民办高校产生了一定的负面影响。由于办学体制不同,民办高校和公办高校之间本身就没有可比性,这种忽视民办高校办学历史和办学现状,不加区别地一刀切,可以说在某种程度上助长了民办高校内部浮躁、急功近利的风气。

在国家开展"双一流"建设和重点大学建设、全面提高高等教育办学质量进程中,民办高校处于弱势地位,如有的项目评选规则将公、民办院校置于同一"赛道",从表面上是公平的,实则不利于民办高校,将民办高校排除在参与这些项目之外。民办高校为了在各种评价中取得较好表现,通常会紧密围绕政府的评价指标和社会中介组织所列的指标开展工作,并且把这些指标任务分解到院系,由院系再落实到教师。从表面上看民办高校内驱力似乎被激发出来了,但受功利化导向的评价目标牵引,这种过度追求可量化的办学成果,从长远看并非有利于学校内涵式发展。除非民办高校自身建立起内涵式发展的内驱力,并具备与内涵式发展相匹配的各类资源和制度安排,否则随着教育行政部门政策的终结或社会中介组织评价重点的转移,前期被大幅度提升的指标数据很有可能会再度滑落。

民办高校求生存的阶段已经过去。现在很多民办高校办学资金相对宽裕,基本建设已完成,有能力、有觉悟来提高办学质量。举办者、校长等管理者对质量、生源、绩效越来越重视。他们开始关注政府、社会中介组织等外部评价,重视同行之间的竞争排名。在这种大环境下,民办高校在绩效评价设计导向上开始追求"高大上",这种导向对民办高校长远发展是不利的。

(HDU2-1)

有的民办高校直接以关注度较高的社会中介组织所设的指标为依据,对院系和教师提出要求,也不管这些指标是否符合学校发展定位和教师实际水平,这是一种拔苗助长、盲目追求绩效的表现。因为不符合学校发展实际,评价的导向作用就会发生偏差,容易在校内产生浮躁之风。

(HDU4-1)

民办高校的校领导是董事会聘用的,校长们并不知道能够在学校做几年;还有一些民办高校的校领导是从公办高校退休下来的,本身年纪比较大。他们可能更多地关注一些显性指标和当前效益,考虑学校的长远发展少了一点,这也是导致民办高校绩效评价功利性突出的一个原因。

(HDU4-2)

(二)民办高校的绩效评价指标脱离办学实际

1.绩效指标偏离民办高校规划目标

发展规划是解决学校发展方向和发展目标的一种手段,规定了学校发展的总目标和重点任务。但这些目标和任务在付诸行动过程中,中间需要一个转化过程,这个转化过程就是绩效评价,载体是评价指标。民办高校一旦制订了战略规划,明确了发展目标之后,把学校发展成什么样,发展状态是什么,每年进步到了怎样程度,需要有相应的绩效评价制度来衡量。但很多民办高校并没有将绩效评价工作上升到服务学校战略发展的高度,缺乏系统的顶层设计,而是将绩效评价仅仅视作为教师调薪、晋升、进修和培训等提供管理的依据,选取的指标缺乏全面性和逻辑性,导致指标和学校战略规划的相关度较低。

高校三大职能所对应的工作内容是所有高校绩效评价的对象,但由于不同的民办高校处于不同的发展阶段,办学定位、成熟度、社会影响力等方面存在着显著差异,其对绩效指标的关注点与侧重点应有所不同。但一个共同的特点是,民办高校绩效评价应与学校规划的目标协同发展。学校根据规划目标将任务分解到院系和教师并进行考核,最终当院系和教师绩效目标实现时,学校规划目标完成也就水到渠成。但如果发展规划仅仅停留在校领导的头脑里或本书材料层面,没有将目标要求清晰地体现在对院系和教师绩效评价指标中,则会造成院系和教师对学校未来发展方向认识模糊,影响规划目标的实现进程。

有些民办高校绩效评价指标,并没有根据学校规划目标进行分解,评价主要内容也没有围绕学校事业发展规划展开,处于"两张皮"的窘境。指标一没有聚焦学校发展目标,二与发展规划相关性低,执行效果肯定是不理想的。

(DBU1-1)

民办高校的绩效评价指标如果放到任何一所高校都适合,这就有问题了。每所学校都处于不同的发展阶段,应根据自己的发展目标制定不同的绩效评价指标。一所学校应该采用一把尺子,按照这把尺子分阶段来实行评价,这样容易做出特色。民办高校要有自己的定力,不要受各种外部评价影响,跟公办高校盲目攀比。否则很有可能什么也达不到,反而在这个过程中丢掉了自己的特色和优势。

（XBU1-1）

2.绩效指标偏离民办高校应用型的办学定位

我国绝大多数民办高校都定位为应用型高校,为此应在绩效指标设置上充分体现应用型的办学定位。应用型高校应坚持学以致用的学术观,加强对教师队伍"应用学术性"引导。但在调研中我们发现,部分民办高校在绩效指标设计上并没有体现出应有的办学定位。笔者所调研的 10 所民办高校中,有 5 所高校是参照公办高校做法,从德、能、勤、绩等方面对教职工展开年度考核,各项指标要求模糊且笼统,缺乏针对性。

以笔者调研的一所民办高校为例。该学校创建于 2002 年,是所在省份应用型转型发展试点本科高校,调研中我们发现该校虽然提出了应用型的办学定位,但目前学校并未构建起一支能够有效支撑应用型人才培养的教师队伍。在评价办法中,虽然学校对教师学历、年资、科研等基本业绩进行了明确规定,但对应用型教师所需具备的核心能力要求却不明确。如应用型教师下企业进行实践锻炼应是一种常态,但学校对"教师下企业锻炼"这一指标,只是笼统地提出"原则上须到相关企业或行业等进行实践锻炼,近三年内实践经历须累计达到 3 个月以上""具备相应的专业实践经历,在相关企业或行业进行专业实践或挂职锻炼达 3 个月以上"等要求。由于学校没有在对教师的绩效评价中体现相应的应用型标准,这种绩效评价制度并未致使教师队伍发生实质性变化。

受"重学轻术"社会风气影响,我国部分民办高校在走应用型发展道路上仍然举棋不定,缺乏价值观层面的自信。这些民办高校,一方面希望在国家鼓励发展应用型高校的政策中获得一定实惠,另一方面又担心应用型高校是不是一个长久之计,而举棋不定。因此就出现了一种尴尬的情况,理论上缺乏深入研究,较少把应用型教师评价作为独立的研究对象或内容展开讨论,模糊地表述为"双师型"或"双师双能型";实践中又缺乏相应的有效举措,对教师缺乏明确要求,从而导致民办高校的评价指标偏离应用型办学定位。

我觉得在指标设计上,民办高校存在着误区,有些指标不切实际,不符合学校办学定位;还有些指标,仍然引导我们教师走学术型发展之路,而不是应用型发展之路。过分注重一些量化指标,不利于教师对教学的投入,造成教师天天围着指标作规定动作,其他的事情都不做了。

（HNU1-1）

学校一方面鼓励我们走"双师双能型"教师的发展道路,但在职称评审条件的设置上还是用研究型这套标准来衡量,譬如强调纵向课题、学术论文等,直接就忽视了对教师的应用实践能力考核,搞得我们无所适从。最后这个"双师双能型"的提法,也就成为一种走过场的形式,没有对教师队伍转型起到实质性作用,但学校又不能不提,很多上级部门的考核中都有这个指标。

(HZU3-2)

(三)民办高校的绩效评价在运行上呈现出自上而下的单向度特征

1.院系处于被动接受评价的状态

绩效评价是一项价值判断活动,以"责权利对等"为前提,是学校层面自上而下的制度设计和院系层面自下而上推动相结合的过程。但目前民办高校的绩效评价在实践中呈现出明显的自上而下的单向度运行特征。民办高校绩效评价工作一般由职能部门代表学校开展,发展规划处或评估办公室将具体量化指标下达到院系,按照一定的办法对院系进行评价;院系则对照指标逐条完成,接受学校层面的考核评价。评价的主要成员包括校长在内的校级行政管理人员、职能部门负责人等。譬如笔者调研的一所民办高校其绩效评价文件中规定,"学校成立全体校领导组成的考评领导小组,具体由发展规划处负责"。学校作为评价主体,虽然体现了举办者、校长为首的行政管理人员的意志,较好地引导院系按照学校意志办学,但这种强势的自上而下的评价方式,使院系始终处于被动接受的状态,以迎合学校的评价标准为目标,缺乏自我变革的意识与觉醒。

我虽然是分院院长,但学校对院系要评什么,怎么评,我都是通过红头文件才知道的。我们分院只有执行的资格,而没有提意见的渠道和机会。所以我每年为了应付评价,搞得焦头烂额,上下都对我有意见。任务硬分摊下去,老师们对我意见很大,而完不成任务,学校领导又要批评我。

(HZU2-1)

每年学校给院系下指标的时候,是院系最团结之际。因为和教务处、科研处等部门相比,院系处于弱势地位。为了分院利益,我们必须团结起来,让职能部门不得不重视分院的意见。有时候,这种一致对上,还是有一定成效,至少职能部门会将我们的需求向学校领导反映,学校在适当考虑院系实际情况的前提下会作出一些让步。

(DBU1-2)

2.院系的责权利在绩效评价中缺乏对等性

民办高校由于投资办学的属性,导致其在办学过程中常常呈现出过度的市场化倾向,校院两级权力在纵向配置上与高校应有的权力分散型本质特征明显不符。自上而下的单向度运行特征,造成院系在评价过程中责权利不对等,增加了评价工作在实际操作中的难度。院系负责人在认领了来自学校下达的绩效指标后,责任相应地增加了,但权力和利益并没有同步增加。这是因为大多数民办高校内部权力配置集权现象严重,各类权力主要集中在校级层面,由此造成评价过程中院系的责权利不对等,院系缺乏相应的办学自主权。合理的绩效评价应根据院系的实际水平,选择能够反映院系职责的定性和定量指标,以此来衡量其履行责任的情况。绩效评价的过程是学校将各类权力逐渐下放的过程,绩效评价的结果是院系以自己的努力及工作成效争取更大限度权力"下沉"的资本。绩效评价并不是单纯的校级管理者的行为,而是应在制度设计上充分考虑院系的办学自主性,增加校院之间的反馈、沟通、协调等环节,以充分调动院系的办学积极性。

我觉得二级学院在学校并没有多大的地位。学校领导虽然在各种场合强调学院是办学主体,要激发学院的办学自主性等等,听多了,也就习以为常了。特别是实施院系绩效评价以后,我感觉权力没有增加,责任倒是无限地被放大了,职能部门自己不想做的事情,都借着绩效评价推给下面的院系,让我们苦不堪言。

（HNU1-2）

如果资金分配权和人事权不在院系,那么院系是无法完成"责"的,这个"责"其实就是学校下达给院系的指标。责权是学校和院系之间的一种契约,这种契约关系表明,学校给院系多少责任,相应地就应该给院系多少权力。但目前我们学校的绩效评价,都是学校说了算,院系没有说话的份。

（HZU2-1）

虽然完善内部治理结构,促进民办高校内涵式发展是利益相关者共同的愿景,但不同利益相关者对内涵式发展的认识和理解并非完全一致。举办者在投入巨额资金的情况下自然不会轻易放弃在民办高校绩效评价中占据主导地位的诉求,提高经济效益、提高资源的配置效率始终是举办者最大的利益诉求。以校长为首的管理团队代表着学校的行政权力,为了更好地开展校内各项行政工作,他们希望把绩效评价所代表的行政权力、学术权力都牢牢地掌握在自己手中,借此确立校长的行政主导地位,实现决策权和行政权的有效分离。而院系和教师则更多地关注学科发展和学术传承与创新,以及自身发展等诉求。鉴于此,建立多元主体的协商沟通机制和责任共享机制,调节校院两级的利益诉求和价值主张势在必行,绩效评价应在举办者、校长管理团队、院系和教师等多方利益主体协商沟通的基础上运行,以激发院系的办学自主性和积极性为核心。

(四)绩效评价对促进民办高校教师发展的作用有限

1.教师对绩效评价的认可度不高

民办高校实施绩效评价最根本的目的在于激发教师内生的主动性和发展动力,促进教师专业发展和自身素质提高,实现学校可持续发展。但目前部分民办院校尚未建立科学合理的教师绩效评价体系,评价方法也相对落后,还无法真正全面客观地对教师工作业绩开展评价,教师对绩效评价结果认可度不高,导致评价本身所具有的诊断、导向和激励功能等大打折扣。调查发现,大多数民办高校教师对本校的绩效评价体系并不满意,对评价结果的认同度也不高。尤其是部分民办高校盲目参照公办高校的绩效评价标准,在定量指标方面片面强调对教师核心研究、专著、高级别项目等科研成果的考核,教师过于注重争取科研经费、项目申报等,唯绩效至上。陈锋正等认为,这些做法都导致了校内"急功近利之风盛行"①。而一些体现办学特色或体现院系及教师隐性投入的定性指标则被弱化或虚化。另外部分民办高校绩效评价体系中,结果性的指标占据主导地位,缺少过程性、形成性指标,导致院系和教师只关心评价结果,不关心评价过程,不愿意将更多的时间和精力投入在教学和人才培养上。

现在我们学校对老师的评价,就是政府倡导什么,排行榜流行什么,学校就对老师评价什么。学校试图把这些指标转化为我们的目标考核。但这些评价指标并不是老师们真正想做的,或者能做到的。为了达到这些目标,有些老师再累再苦也要拼;也有些老师对着数字指标望洋兴叹,持一种不跟你玩的消极态度,除了把课上完之外,其他事情都不抱任何奢望;也有少部分老师,成为机会主义者,投机取巧,弄虚作假。

(HDU1-3)

我们学校的绩效评价指标,大都是一些能量化的、结果性的指标,为了

---

① 陈锋正,苗彦恺.多重制度逻辑视角下我国高校绩效管理存在的问题及策略选择[J].教育发展研究,2019(13):23-29.

完成这些目标,院领导不停地催着我们报课题、写研究,谁有成果就奖励谁。老师们都感到身心疲惫,想出高质量的科研成果嘛,就觉得自己的水平不够,业余时间全被科研占据了。想上好课又没时间备课,至于学生课外辅导更是没时间顾及了。这样的评价,大家都知道不好,但为什么就是改变不了,而且还越来越严重了。

(HZU3-1)

2.绩效评价给民办高校教师带来极大的困扰

民办高校绩效评价目标导向上功利化倾向严重、指标体系设置上又不同程度地存在着异化现象,给教师的日常工作带来了极大困扰,他们往往会对过于量化的指标产生严重的心理矛盾和厌恶感,但迫于现实压力,又不得不遵循这种规则。由于绝大多数民办高校教师为硕士研究生,专业知识积淀相对薄弱,他们迫切希望通过专业发展,增加自我效能,适应学术职业的岗位要求;与此同时,民办高校教师处于"高校场域中的底层"[①],在与公办高校教师竞争学术资源中常常处于劣势。为尽快得到学生、学校乃至社会的认可,绩效评价的结果成为民办高校教师脱颖而出的一个绝好机会,教师自觉不自觉地将工作"重点"放在应付各种量化检查和评价活动上。但是当教师的学术积累、科研积淀达不到一定水准时,则会造成欲速则不达的后果,因此为追求一个可量化、可比较的结果,一些看似不合理的手段因其在达成目标上的有效性而得到了默认,这种为了证明,而不是为了改进的行为,与评价的初衷背道而驰。民办高校绩效评价应"照应"教师主体的利益诉求,切实针对其职业发展需求,为教师提供改进、发展和提升的机会与渠道。李冲指出,从某种程度上而言,"评价是一种协调过程,评价结果是评价双方不可分离的同构过程"。[②] 重绩效结果,凸显量化的指标,虽然在短期内的确能促使教师在提升数据上下功夫,但由于缺乏对"大学之美,在于灵魂"的坚守,最终对教师职业发展和专业提升并没有多大帮助。

绩效评价是引导学校和教师往哪里发展的方向性问题。绩效评价应在学校发展总目标和教师个体职业发展目标之间起到一个良好的桥梁作用。

---

①　黄海涛.民办高校新教师专业发展需求特征与策略选择:基于与公办高校的比较[J].高等教育研究,2019(5):57-63.

②　李冲.知识效能与评价:制度分析视角下的大学教师绩效评价研究[M].北京:科学出版社,2015:18-19.

否则当教师个人发展目标偏离学校发展的总方向时,绩效评价就会被老师诟病,或者成为一个令人嘲笑的对象。

(XBU1-3)

绩效评价有效开展的一个重要前提是营造公正和平等的评价环境,如果教师认为评价制度是公平的,他们就会愿意承认和接受,并且会想方设法地完成;反之,教师则会持反对、抵制、漠视甚至逃避的态度。如果民办高校仅仅用科研项目、核心研究、学术著作等硬核指标去评价院系和教师,会产生很多负面影响。

(HNU1-1)

目前部分民办高校把教师绩效评价视为一种管理和奖惩手段,主要目的是确保教师的日常行为规范符合学校要求,而非督促和引导教师专业发展,忽视了评价的导向功能,导致教师对绩效评价认可度较低。本书认为决定绩效评价是否有价值或价值有多大的群体,是教师而非学校管理者,决定是否接纳绩效评价信息的也是教师。教师是绩效评价的执行者,让广大教师了解评价、认同评价、支持评价并积极参与评价是绩效评价有效开展的前提条件。种类繁多甚至相互矛盾的各类排名和评价从不同角度影响着民办高校的办学行为和方向,助长了急功近利、短视无章的办学环境与氛围的滋长,这些对教师专业发展都是极为不利的。民办高校应该让教师了解并认同绩效评价体系的内容及学校发展的核心价值观,通过评价促使教师形成自觉、积极向上的工作态度,主动做好教学、科研和育人工作。

(五)民办高校绩效评价的结果使用存在着短视行为

1.将绩效评价结果简化为薪酬奖金的分配依据

在调研中,笔者发现很多民办高校绩效评价文件中,都明确提出了"考核结果作为教职工晋职、聘任、调薪、奖惩的主要依据""年度考核不称职的教职工,次年岗位津贴按 80% 执行""聘期考核不称职的教职工,在下一轮岗位聘任中实行低聘""考核结果除作为各单位(部门)领导班子年度及任期考核、干部评优及选用、财务预算及其他资源配置的主要依据之外,学校给予一定奖励"。虽然将绩效评价结果和教师薪酬、院系奖励挂钩,有助于提高院系和教师执行力,对完成目标任务能够起到一定的促进作用,但这种评价结果的使用存在着一定的短视行为。我们知道,包括薪酬、成长机会、专业发展等期望值是随着时间推移而递增的,仅仅依靠单一的物质奖励对高校教师进行管理是远远不够的,物质奖励只能满足教师最基本的生存和安全需要,却无法满足教师个体精神层面上的需要。

2.缺乏对评价结果的分析与反馈

当前部分民办高校存在着重视评价结果的奖惩作用,忽视对评价结果的数据分析和信息反馈现象,这一现象导致被评价的院系和教师过于看重评价排名与奖励的多寡,缺乏对造成结果的原因、付出的成本等深入分析。在被调研的民办高校绩效评价文件中,笔者发现很少有高校提到对评价结果要进行反馈或根据结果来促进院系改进等措施,比较常见的提法是"评价结果由考评工作领导小组评定,公示后报学校领导班子审议,并发文公布"。如果评价结果不能及时地反馈到院系和教师,那么他们就不能很好地了解自身的优势和存在的问题,以及产生这些问题的根源是什么和今后如何改进,绩效评价就没有真正起到提高教师工作业绩与职业能力的目的。部分民办高校的考核者由于没有真正了解和掌握教师群体的思想动态和工作状况,造成他们在工作中不够重视对评价结果的分析与反馈。

我们学校绩效评价实施过程很严谨,但对结果的反馈工作却不重视,没能将绩效评价结果及时反馈给院系和教师。事实上,那些评价结果不好的老师更需要帮助,而不是像现在这样仅仅告诉他们一个结果。我们有时候甚至都不知道评价的结果是什么。这样的评价看似很规范,实则是没有意义的。

(HDU3-1)

评价结果的使用是评价工作的"最后一公里",关系到整个评价工作的成效。但我们学校在评价结果使用上,很少有对院系和教师进行反馈的,更不用提对院系和教师个体发展提供改进与指导意见了。如果还仅仅停留在把评价结果与薪酬挂钩的做法,显然是不够的。

(HDU3-1)

从理论上讲,上述绩效评价的问题本不应该出现在非营利民办高校。但陈放指出,由于分类管理政策的落地和实施需要一个过程,目前举办者面临着"营利与非营利"选择的两难境地,部分民办高校在名义上选择了非营利性办学,不要求合理回报,"但却在公益性外壳下行营利之实"[1],由此导致了绩效评价在实施过程中存在着诸多问题。随着分类管理政策的不断完善,民办高校在绩效评价上存在的一些问题会得到相应的调和与解决。但

---

① 陈放.新政背景下地方民办教育分类管理的困境与突围[J].教育评论,2019(2):55-59.

我们也应看到,这些问题的存在表明绩效评价作为一种治理手段,具有两面性。若指标设置不合理或利益分配不当时,容易造成盲目追求绩效的工具理性取向,给民办高校的教育教学、教师发展带来不利的影响。这是我们应当规避的。

二、我国民办高校内部治理结构的现状及其原因

绩效评价存在的上述这些问题反映了目前我国民办高校"不同程度地存在治理机制混乱和学校内部权力冲突频起的困境"[1],"内部治理结构总体处于一个较低的水平"[2]。投资办学的基本特征导致资本在民办高校占据主导地位,教师虽然是民办高校的关键利益相关者,但作为治理主体其在治理过程中严重缺位。教师队伍的稳定性和教育教学水平决定了民办高校内涵式发展的速度,是现阶段民办高校完善内部治理结构必须正视的重要问题。以往研究民办高校治理的文献,在谈及治理主体时大多将侧重点放在举办者、校长等身上,较少关注教师群体。完善民办高校内部治理结构必须发挥教师的主动性和积极性,否则难以实现真正的"善治",因此本部分以教师群体为研究对象进行分析。评价指标的严重异化,反映出民办高校内部治理规则的制定和执行缺乏必要的分权和制衡,举办者所代表的资本权力在内部治理中处于绝对地位,校长为首的管理团队在行政管理中权力被不同程度地弱化,学术权力则被边缘化。自上而下单向度的绩效评价机制反映了民办高校在校院两级运行机制上集权现象严重,权力主要集中在校级层面,院系缺乏必要的办学自主权。

(一)治理主体方面存在的主要问题及其原因

1.多元治理主体共同参与的局面尚未形成

民办高校绩效评价无论是以经济效益为导向,还是以政府和社会中介组织的排名为导向,都是从可量化、可排名的评价指标入手,体现了"胡萝卜加大棒""重赏之处必有勇夫"的思维导向,忽视或漠视了一些需要长期投

---

① 周海涛,施文妹.完善民办高校法人治理结构的难题与策略[J].江苏高教,2015(4):13-16,95.

② 单大圣."十四五"时期民办教育发展的展望与建议[J].浙江树人大学学报(人文社会科学版),2020(1):1-6,12.

入,短期内不能带来立竿见影效果的指标。这种功利性的评价价值导向,表明了其是一种工具理性主义的"评价",反映了民办高校内部治理目标在确立时,以经济效益为导向,追求资源和利益的最大化,以能否为举办者带来可观的经济效益为学校的治理目标。投资办学的特征使民办高校在一定程度上限制和排斥了其他主体进入内部治理结构,治理主体相对单一、封闭。

教师的主体性作用尚未充分发挥。科学合理的绩效评价,应以学校战略规划为导向,注重"责权利"对等,让教师明确在实现学校办学目标的过程中所担当的角色以及所应担负的职责。从目前民办高校实施的绩效评价来看,教师对绩效评价的认可度低,绩效评价对促进教师职业发展和改进的作用并不大,说明在内部治理过程中,教师的主体性作用没有得到充分发挥,教师参与治理的意识和能力都有待于进一步提高,主要表现在:一是教师参与学校治理的途径不完善。从民办高校董事会运行情况来看,进入董事会的教职工代表人数较少,代表的推选方式不明确。二是教师缺乏有效的利益诉求表达机制,亦得不到应有的尊重,抑制了其参与治理的主动性。三是教师自身参与学校内部治理的自主意识并不强。民办高校教师队伍流动性大、归属感低,很多教师存在着"拿人工资、端人饭碗"的观念,把自己看成是学校的"附属品",缺乏参与内部治理的积极性和主动性。四是"监事会空缺、民主参与缺乏"[①],教代会流于形式,或者是所形成的决议执行困难,少数民办高校甚至没有教代会。

民办高校完善内部治理结构是建立在科学合理的治理目标基础之上的。科学合理的治理目标呼唤多元利益主体的参与,没有多元主体的参与,民办高校就难以从管理走向治理。这也是本研究之所以选择以利益相关者为研究视角对民办高校内部治理结构开展研究的初衷。与传统管理是一种垂直式管制不一样的是,治理是一种协商式管理,没有多元主体的参与,民办高校举办者一权独大的弊端无法祛除,少数人单边治理的结构难以得到有效扭转。多元主体参与治理是基于利益相关者共同体的思维模式,它承认民办高校利益相关者之间存在着共生共荣的关系;多元主体参与治理也是基于利益博弈的思维模式,它承认民办高校利益相关者之间的利益既协同又对立;多元主体参与治理还是一种基于理性人的思维模式,它承认各个

---

① 王一涛,冯淑娟.我国民办高校内部治理的基本类型分析[J].浙江树人大学学报(人文社会科学版),2015(6):1-6,13.

利益相关者都在寻求个人利益最大化。民办高校只有积极发挥多元主体的作用，才能平衡内部各类权力结构、形成以权力制约权力的局面。

2.主要原因分析

办学经费来源的单一导致民办高校内部治理过程中，多元治理主体的共同参与有很大的障碍。由于投资办学的特征，民办高校内部"重使用、轻培养"的现象比较突出，相较于投资教师队伍建设，其更青睐于各类固定资产投资，导致教师在民办高校基本处于一种依附性的生存状态。

一是民办高校教师面临着巨大的外部压力。整体而言，由于社会对民办高校认可度偏低，民办高校自身和民办高校教师都被贴上了"民办"的标签，在竞争中处于劣势地位。首先，"身份差距"是民办高校教师面临的根本性制度瓶颈。我国绝大部分的省份将民办高校视为"民办非企业单位"进行管理，这一制度安排与公办高校的"事业单位法人"之间有着较大的差距。一方面是两者执行的社会保障标准不一样，民办高校教师执行企业职工标准，而公办高校教师执行公务员标准，两者在标准上存在差距；另一方面是国家和学校承担了公办高校教师的社会保障责任，王玲认为"虽然其个人也需要承担一定比例的保险费用，但政府通过提薪、补贴等方式，使公办高校教师的收入水平并没有因社会保障制度改革而降低，反而还有一定程度提高"[①]；而民办高校教师则个人承担了一部分保险费用，且其所享受的保险项目数量也偏少。两者在养老保障、医疗保障等方面存在较大差距，这种"身份差距"使得民办高校在吸引和留住优秀人才方面始终处于劣势。其次，政府部门的部分管理者由于忽视民办高校的公益属性或持"民办教育是公办教育的补充"理念，在管理中区别对待民办高校与公办高校，有意无意地造成民办高校教师在进修培训、各类评优评奖、科研项目评审等方面处于不利地位，这种明显的"偏公"倾向，有时甚至还会产生一种人为的主观判断，导致民办高校教师难以获得与公办高校教师平等的地位和公平的对待，民办高校教师获得的发展机会与资源要远远少于公办高校教师。

二是民办高校教师发展面临着沉重的内部压力。在内部环境方面，随着高等教育发展方式转变，教师与民办高校之间关系越发复杂。一是在生存和发展压力下，民办高校更加重视办学竞争力提升，受经费短缺困扰，绝

---

① 王玲.我国民办高校教师突破身份困境的制度阻碍与解决策略[J].济南大学学报（社会科学版），2019(3):150-156,160.

大多数民办高校相应地减少了对教师的投资,不太愿意在教师进修、培训等方面投入更多经费。二是很多民办高校为了节约人力资本开支,往往实行一人多岗,并且要求教师参与招生等管理工作,导致教师工作强度和压力越来越大,工作幸福感随之降低。三是在生源素质方面,由于民办高校录取的分数段相较公办高校而言要靠后很多,使得民办高校的学生相对"难教",教师在教学上面临着较大挑战。四是部分民办高校参照企业管理办法对教师工作成效实行绩效评价,但评价制度没有全面客观地评价教师的工作投入,科学性和合理性都不够,导致教师实际付出与得到的经济报酬以及其获得的成就感不对等,教师容易产生强烈的失落感和挫败感,进而影响他们在教书育人上的积极性。

作为民办高校内部治理中的关键利益相关者,教师参与内部治理在应然层面是合乎预期和被认可的,但在实然层面上由于身处诸多"不利"的组织环境,民办高校教师对内部事务的决策影响作用十分微弱,不少人自觉放弃了参与治理的权力。虽然目前部分民办高校已开始重视教师队伍建设,注重教师的专业发展需求并给予一定的组织支持,但资本主导的权力运行结构导致民办高校治理呈现出更多的市场逻辑导向,教师对民办高校的归属感不强;教学中本应坚持的一些教育价值观在民办高校不同程度地存在着缺失,师生的利益诉求无法没有得到很好满足,教育质量堪忧。

我们学校的办学经费来源主要有两个渠道,一是学生学费收入,二是举办者的投入。在这种情况下,学校实际上是董事长说了算的。董事长眼中的绩效、校长眼中的绩效和我们老师心目中的绩效有很大差异。为了达到甚至超出学校预定的绩效目标,获得相应的经济利益,学校会压缩办学成本,减少对教师和学生的投入,我想这可能是民办高校在社会上口碑不好的一个重要原因吧。

（HDU3-1）

在我们学院,一方面是很多教师对参与学校治理的意识十分淡薄,另一方面是学校也没有给教师创造一个可以参与学校治理的途径。在这种情况下,教师的主体性作用发挥是很困难的,又由于没有事业编制,学校可以随时辞退教师,因此有的教师非但没有主人翁精神,甚至连职业的安全感都缺乏。

（XBU1-3）

(二)治理规则存在的主要问题及其原因

1.治理规则制定缺乏分权和制衡

绩效指标是民办高校今后想要达成的目标任务,确定什么样的内容作为评价指标,各类指标在整个评价体系中占多大权重,反映了民办高校在今后一段时间内重点想要达到的目标或努力的方向。从前文分析我们可知,部分民办高校绩效评价指标,既没有根据自身发展规划制定,也没有体现其应用型办学定位,指标体系总体上呈现出"重定量轻定性,重结果轻过程"的现象。这些现象反映了民办高校在治理规则设置时内部各类权力在横向配置上缺乏分权与制衡。民办高校内部权力可分为决策权力、行政权力、政治权力、学术权力以及民主监督权,就绩效评价工作而言,主要涉及决策权力、行政权力和学术权力之间的矛盾。权力是实现和维护一定利益的工具,权力背后紧跟着的是利益。权力之间的冲突与纷争,主要根源在利益。目前民办高校内部权力在横向分权上存在的主要问题是举办者所代表的决策权处于绝对地位,资本权力起着主导性的作用,校长为首的管理团队所代表的行政权被不同程度地弱化,学术权力则处于边缘化的地位。

2.主要原因分析

办学动机的逐利性导致民办高校以市场逻辑为导向配置内部权力,举办者所代表的资本权力处于绝对地位,校长为首的管理团队其行政权力不同程度地被弱化,学术权力则处于边缘地位,"逐利性"成为民办高校在权力配置时考虑的重要因素甚至成为主导因素,教育规律未能发挥其应有作用。

一是举办者在民办高校内部决策中占据主导地位。从政府作为管理者的身份来看,管理对象无论是民办高校还是公办高校,其对两者的治理内容、治理原则应该是一致的。民办高校和公办高校虽然因办学经费来源不同而形成了不同的办学体制,但作为高校,日常办学活动并不因公办或民办存在本质上的差异。教育行政部门在治理过程中理应对两类高校采用相同的制度和政策。当前政府以一种"欲放还收"的改革推敲者的形象对民办高校进行管理,出台了一系列关于民办高校办学的法律法规,以示对其重视、鼓励与支持;与此同时,又担心市场化运作的民办高校过分追求营利性而影响了教育的公益属性,相关规章制度总体特点是支持鼓励的内容笼统而又操作性不强,规范管理的指向明确而又严格。由于政策上的不确定,造成了与此相关的民办高校产权归属与法人问题迟迟悬而未决,导致民办高校举办者时刻担心产权的损失,为了确保自己所投入的资产能够保值甚至是增值或者是为了从学校经营中直接获利,举办者及其代表甚至是家族成员成了学校管理层的核心。部分举办者将民办高校视为创收盈利的"企业",重投入回报和经营利润、轻教育的内生性投入和文化建设,把学校办成了标准化的"工厂或车间"。部分民办高校的专业设置一般以经济管理类等投资成本较低的专业为主,如国际经济与贸易、工商管理、财务管理、物流管理等专业,专业设置重复率高且缺乏特色,造成民办高校人才培养不是从适应经济社会发展需要出发,而是以经济利益为导向的。

李文章、王一涛等人的调查表明,"我国民办高校董事会中,举办方代表占比较高,举办方代表在 3～5 人之间的学校占到了 55% 以上,有些高校甚至举办方代表在 6 人以上或全部来自举办者及其代表"[1]。举办者控制了董事会成员的数量就等于掌握了对学校发展的决策权。此外举办者家庭成员或其代表,还在民办高校财务处、人事处、后勤处等关键部门担任负责人。董事会构成中代表举办者利益的比例偏多,举办者掌握了对学校发展的控制权。校长为代表的管理团队、教师等主体缺乏足够有效地参与决策和管理的渠道。同时举办者凭借投资主体的身份优势,在权力运行过程中还存在着权力使用较为随意,缺乏规范等现象。在调研中笔者发现,部分民办高校的董事会是否召开、何时召开、会议议题是什么,完全取决于举办者的意愿。"一元主体"的决策方式造成民办高校治理规则在制定上缺少监督和制衡。

二是民办高校校长作用的发挥受到一定程度限制。民办高校校长由学校董事会聘任,与公办高校校长由政府任命是不同的。校长对外代表学校处理各类事务,对内作为董事会决策的执行者和学校内部事务的决策人,负责处理各项行政与学术事务,对人才培养质量、学科科研建设、后勤服务保障等负有直接责任。在很多民办高校,由于实际掌控者是举办者而非校长,校长往往只是主管教学和普通的行政事务,在人事、财务等关键事项上的决策作用十分有限,部分校长甚至空有其职,有的仅仅是一个"挂名校长"。[2]民办高校董事会和校长之间是一种委托—代理关系,校长的职权除了法律

---

① 李文章,王一涛.民办高校内部治理选择:从私人性走向公共性[J].高等理科教育,2020(1):35-42.

② 申政清,王一涛,徐绪卿.我国民办高校校长群体特征的实证研究[J].高教探索,2017(4):106-112.

规定以外,主要来源于大学章程中的规定和董事会的授权。虽然部分民办高校也采取了所有权和校长行政权分设的做法,但由于民办高校举办者控制了学校发展和决策的话语权,在很大程度上抑制了校长参与治理的渠道和主动性。

从理论上而言,董事长和校长之间职责是清晰的,但由于两者在学校发展中所负有的责任和利益诉求不一致,导致他们在治理中容易产生矛盾。首先,两者在理念上是不同的。民办高校的董事长一般都由举办者兼任,董事长从投资者的角度基于经济逻辑看待问题,与校长从教育逻辑的角度看待问题,两者在理念是存在差异的,由于两大逻辑的不同价值取向,容易引发决策上的冲突。从前文对举办者的分析我们可以看出,部分举办者对分类管理政策的前景持不确定的态度,他们通过各种手段回笼资金,追求资本利益最大化,有的甚至不顾办学实际情况要求校长扩大办学规模,减少教育投入,从而造成教育教学质量的退步;而校长则是从教育规律和办学规律角度出发,希望将教学工作放在学校的中心地位,注重生源质量、教师发展投入以及办学声誉提升,这与举办者的价值取向是有冲突的。其次,在部分民办高校,校长的权力运行机制缺乏相应的保障。校长虽然由董事会聘任,但许多学校的董事长和校长之间缺乏沟通和了解,董事会缺乏对校长必要的信任和尊重,董事长有意或无意地模糊其与校长之间的职责划分并分享了校长的一部分行政执行权,导致校长在实际开展工作中困难重重。

三是学术权力处于边缘化地位。高校与生俱来的"探究高深学问的需要"是学术权力存在的合法性条件。这是因为高校有生产与再生产知识的需要,因此必须为知识生产需要赋予一部分学者在学术场域中制订规则和分配资源的话语权,也就是学术权力。无论是公办高校还是民办高校都应该遵从大学本质,尊重并发挥学术权力。民办高校由于与公办高校办学体制不同,决定了其学术权力有着独特的实践性逻辑。受制于强大的行政权力,学术权力与行政权力在公办高校发展中并不均衡,改革高校与政府之间以及高校内部的"官学体制"是改革的起点。而我国绝大多数民办高校具有投资办学的特征,举办者自主办学、自负盈亏,这一办学模式往往使得他们主动放弃投入多、周期长的学术活动,更多地追求行政权力所能带来的"短平快"的办学效益,由此导致学术基础薄弱、学术组织缺失,举办者权力压倒式地占据着学校所有权力。

但学术权力是高校特有的产物,王务均、龚怡祖等认为,"构建以学术权力为基础的内部治理结构是符合高校本质内涵和高等教育发展规律的"①。民办高等教育依赖规模扩张的发展模式已经成为历史,依赖规模扩张所得红利也将消失殆尽。民办与公办除了办学主体的不同之外,作为高等教育的共同体,都兼具高等教育的属性,即大学是学术组织,学术性是大学的本质属性,学术自由是大学的灵魂。目前学术权力与以举办者管理为主的行政权力失衡是民办高校学术管理的主要矛盾所在。对于民办高校而言,完善学术管理机制的重点在于如何平衡举办者权力与学术权力,明确举办者权力边界有利于学术权力的独立运行。举办者作为学校的创办者,可能同时掌握着学术权力与行政权力,而学术管理活动中同时包括以学术权力为背景的管理和以行政权力为背景的管理,对于同时拥有两种权力的举办者而言,在处理学术事务时极易混淆行政权力与学术权力,使两种权力相互错位或相互替代。因此,明确举办者在学术事务中的治理权就显得尤为重要。

从绩效指标的内容设置上,可以反映出一所高校学术权力在权力结构中所占的地位和作用发挥的程度。如若民办高校绩效指标设置围绕着教师专业发展、学生成长,以人才培养为中心,以提高教育教学质量为核心,则说明学术权力在校内具有一定的发言权。在少数人把控的单边治理结构中,民办高校的校级管理层在学术资源和团队组建上具有明显优势,强势的行政管理权既妨碍了学术自由,也致使学术权力"缺位"。而绝大部分民办高校教师的工作仅局限于教学范围,本应由教授所议决的学术事务往往演变成行政管理人员的"独角戏",学术委员会、教学委员会等学术机构并没有发挥出应有的作用。民办高校内涵式发展需要强化学术权力,践行学术发展思路,如此才能突破低端发展的困境。

虽然在我们学校早些年就已经建立了其诸如教学委员会、学术委员会等学术机构,但这些机构在实践中并未发挥其应有作用。他们有时候就是一个咨询机构,或是学校为解决矛盾和冲突的临时应急机构,更多的时候则是一种摆设或是一种标榜。

(HZU3-1)

由于我们学校长期致力于教学而忽视科研,导致教师学术水平整体较低,具有专业背景和学术水平的教师数量本就不多,其中不担任行政职务的

---

①　王务均,龚怡祖.大学学术权力与行政权力包容机制研究[J].教育发展研究,2013(21):43-44.

学科、专业带头人更是凤毛麟角。在我们学校稍微学术水平突出的教师都被选拔到行政管理岗位上,所以在学术委员的选拔上难以达到国家规定的标准;又比如说学术委员会委员的产生,应当经自下而上的民主推荐、公开公正的遴选等方式,这在民办高校"家族化""单边"管理模式下也仅是纸上谈兵。

(XBU1-3)

(三)治理机制存在的主要问题及其原因

1.治理机制运行效率受制于集权式的管理

自上而下单向度的绩效评价制度设计特征,表明民办高校内部治理机制受制于集权式管理,说明"权力集中于学校层面""纵向分权不够",院系缺乏一定的办学自主权。周光礼认为现阶段高校内部治理结构的主要矛盾已由横向的"组群间的权力冲突"演变为纵向的"学校与院校、基层学术组织的权力冲突"。[①] 这意味着"纵向授权式"改革将成为民办高校完善内部治理结构的重要方向和主要内容。为充分调动院系办学自主性,需要民办高校合理下放权力,让院系获得更多的资源配置权、人事权、财务权等,实现内部权力在纵向上的有效分权。姜华等人的研究表明,"如果学校的权力重心较高,主要集中在行政部门和校级领导层,则院系层的权力就会相对较低,对资源的控制能力较弱,自治性较低"[②]。权力的纵向配置情况,在很大程度上影响到校院两级治理机制的运行效果。

笔者在调研中发现,目前民办高校内部治理的重心普遍过高,权力主要集中在校级领导层面和行政职能部门,院系的权力被严重弱化。最常见的现象是职能部门将烦琐的事权下放给院系,而一些关键性的权力如财权、人权等并没有下放到院系。这种做法除了增加后者事务性工作的工作量之外,没有扩大院系的任何权力,导致院系责任和权力不匹配,难以从根本上解决院系发展的动力问题。院系的责大权小,责权利未能得到相应统一,办学积极性自然受挫。民办高校仅通过行政化手段对院系进行管理,而没有根据院系的学术属性予以重视,这是一种自上而下、单向强制性的管理,而

---

① 周光礼.实现三大转变,推进中国大学治理现代化[J].教育研究,2015(11):40-42.

② 姜华,黄帅,杨玉凤.大学内部权力结构与绩效的关系研究:社会网络分析的视角[J].复旦教育论坛,2017(4):84-91.

非多元参与、互动协商的治理机制。

从前文的分析来看,部分民办高校在绩效评价的使用上存在着仅把评价结果作为对院系和教师的奖惩依据,缺乏对评价结果的数据分析和信息反馈,这一现象表明民办高校在治理过程中普遍缺乏反馈、监督,动态改进的调整机制尚未建立。事实上,在绩效评价结果应用中,除了将评价结果作为关键人力资源管理决策的参考依据以外,更值得关注的是对绩效评价结果的分析以及如何根据结果采取有效的改进措施。高效的治理机制,一定会以制度的形式安排相关部门定期对院系和教师进行绩效辅导,通过辅导促进绩效表现的提升;同时重视绩效评价结果分析和诊断,定期向院系和教师提出发展性的反馈意见,帮助院系和教师提高工作满意度和工作绩效,从而避免考核"空转"。

2.主要原因分析

家族化或者公司化管理体制已成为很多民办高校的现实选择,这种管理模式导致民办高校内部权力配置上往往集中于个人或少数人手中,对院系的放权赋能不足。

一是民办高校在校院两级治理中呈现出明显的企业管理色彩。民办高校在资金来源、招生宣传、专业设置等方面呈现出明显的市场化运作特征,这种市场化运作模式,自然而然地从学校层面延伸到院系层面,使得民办高校及其院系,在机构设置、人员任命、教师招聘以及招生收费等方面均紧紧围绕市场需求展开,院系的专业大多根据市场需求设立,社会效益、人才储备等其他要素则退而求其次。部分民办高校在院系层面大量聘用了公办高校兼职教师或退休人员,虽然此举能减少民办高校的人力资本支出,但从学校教育事业长远发展和教师队伍建设来看,这是一个从经济利益出发的短视行为。民办高校在校院两级治理中呈现出较强的企业管理色彩,市场与经济因素是权力在纵向配置与运行上考虑的重要因素甚至成为主导因素。在民办高校资本权力取代学术权力,违背了高校学术发展的内在逻辑规律,很多本应赋予院系决策的学术事务都在校级层面由资本权力越俎代庖了。另外,个别院系双肩挑的党政领导班子成员,垄断了有限的学术资源与学术权力,利用职务之便将学术权力与行政权力混合在一起,造成了不良影响,这也是一个影响校院两级权力配置的重要因素。

二是民办高校在校院两级治理中权责划分不清。校院两级治理机制是指高校按照一定的目标和原则,对学校教育教学资源进行整合和优化,通过学校分权和重心下移,明确学校和院系之间的职责与权限,形成学校宏观决策、部门协调配合、院系实体办学的运行机制。民办高校的教学、科研、学生管理等工作,需要严密而有效的总体规划和全面统筹。同时民办高校的内外部关系错综复杂,社会关注较高,任何细枝末节的问题都会将学校推上舆论的风口浪尖,需要学校层面具有强有力的行政组织协调能力,以应对临时、紧急公共事件的发生。强调校院两级治理机制,并不否定学校层面的作用。

权力理论认为,权力在配置时应坚持分散与集中相对均衡的原则。达夫特认为,为了防止组织中绝大部分权力集中于某一职位而缺乏制衡,权力在配置过程中应注意适当分散;①但与此同时,权力又应该是相对集中的,如果权力过于分散,则会影响组织决策效率,导致组织在面临风险和机遇时踌躇不前,从而失去机会。"分权制衡"是现代组织完善内部治理结构的基本原则,完善民办高校校院两级治理机制的前提是权力与责任在学校各个层面和院系之间得到合理配置。民办高校限于资源短缺、办学历史不长等原因,从创办初期就奉行集中精力办大事的原则,强调校级层面的统筹与协调,这在当时是一种适合学校发展的做法,但长此以往也导致了院系在办学中自主意识被削弱,唯学校行政部门的指令"马首是瞻",在办学资源获取、人才引进等方面都高度依赖学校。为了取得理想的绩效评价效果,评价指标和任务应伴随着责任和权力一起下放到院系,明确校院两级在治理中的责、权、利边界,形成学校宏观决策、院系实体办学的运行机制。同时因为绩效评价有记录、有调查、有分析、有结果、有反馈,学校可以根据出现的问题促进院系及时整改,才能充分体现"以评促建"的导向。

现代大学治理的核心是解决责权利对等问题,这个问题可以通过绩效评价来实现。首先,学校明确要评什么?然后,为了完成评的内容,学校就要给院系一定的权力,譬如说资源配置权、人事权等。最后,在院系完成任务之后,学校给予院系一定的奖励。但目前在我们学校却不是这样的。院系有的只是干活的权力,至于其他的权力,则全在职能部门和校级领导层面。

(DBU1-2)

---

① 达夫特.组织理论与设计[M].王凤彬,石云鸣,张秀萍,等译.12版.北京:清华大学出版社,2017:12.

绩效评价指标,对院系和教师而言,实际上是责任;在评价过程中,我们还要授权,就是要给院系相应的权力;接下来还有一个利,这个"利"实际上是绩效评价后的一个回报,即结果使用。如果这三点都做到了,那么绩效评价就形成了封闭的圆环,这个圆环对应的就是民办高校内部治理结构的一个循环。从完善治理结构的角度而言,通过合理利用评价结果来提高治理机制的运行效率是必不可少的。

(XBU1-2)

第二节　影响模型的分析与讨论

前文通过扎根理论研究,构建了民办高校绩效评价对内部治理结构的影响模型。本部分在扎根研究的基础之上,对模型的逻辑结构进行分析,从绩效评价的"评价目标""评价指标""评价主体""评价对象""评价标准""评价反馈"等六个维度来讨论绩效评价对内部治理结构的影响,为后续有针对性地提出优化内部治理结构的对策奠定基础。

一、绩效评价对民办高校内部治理结构影响模型的逻辑结构

民办高校在不同的治理目标下会产生不同的治理结构,科学合理的绩效评价通过作用于内部治理结构中的主要要素而达到优化内部治理结构的目的,进而提升内部治理效能。研究发现,绩效评价体系中的"评价目标""评价指标""评价主体""评价对象""评价标准""评价反馈"等维度,影响着治理结构中的治理主体、治理规则和治理机制等要素,这些要素根据受到的影响程度做出相应改变,随着要素的改变治理结构也随之变化,结构的变化最后影响到治理效能的发挥。具体而言:

评价主体和评价对象对民办高校内部治理结构中的治理主体产生影响。评价主体分别代表着各自不同的利益诉求,协调这些主体之间的利益冲突、平衡他们之间的利益诉求,直接影响着民办高校治理主体的作用发挥;教师是评价对象,也是治理结构中重要的治理主体,其职业认同感、职业

发展需求,以及教师个人目标和学校共同目标的协同程度,对民办高校进一步提升教师这一治理主体的治理意识与能力有着直接的关系。

评价指标和评价标准对民办高校内部治理结构中的治理规则产生影响。评价指标表明民办高校在一段时期内绩效评价工作的重点和学校想要达成的目标任务;评价标准是判断院系和教师工作优劣的依据,指标与标准的合理与否为进一步完善民办高校内部治理规则提供了依据。

评价目标和评价反馈对民办高校内部治理结构中的治理机制产生影响。评价目标为民办高校进一步完善内部治理机制,指明了方向;评价结果使用关系到学校对院系和教师的评价、监督、问责与激励,树立科学的评价目标与合理地使用评价结果有助于提升民办高校内部治理机制的运行效率。

民办高校治理效能的整体提升,又会促进内部治理结构进一步完善,结构的不断完善推动治理目标的进一步达成,治理目标的达成又会影响到内部治理结构的完善和绩效评价体系的实施,由此形成了一个良性的循环系统。

二、绩效评价对民办高校内部治理结构影响模型的关系分析

在同等的教育教学资源条件下,高校的办学水平高低很大程度上取决于其内部治理结构的完善程度。而民办高校内部治理结构,并非一成不变的,而是可以通过治理手段的改进实现优化,最终达到"善治"的目标。本部分主要分析绩效评价对民办高校内部治理结构影响模型之间的关系。

(一)绩效评价主体和评价对象对民办高校治理主体的影响

1.绩效评价主体和评价对象的构成范畴

(1)绩效评价主体的构成范畴

评价主体是民办高校的利益相关者,也是直接的治理主体。基于组织理论基础、前人相关研究以及扎根理论研究,本研究认为,民办高校的评价主体包括举办者、以校长为首的管理团队和学生。

举办者。举办者一般担任董事长,在民办高校具有绝对的决策权,决定着内部治理结构其治理重心的高低。由于投资办学的特征,举办者追求一定的合理回报。绩效评价涉及资源分配、人员考核、奖金发放等,这些内容一般都需要经董事会决策通过,举办者虽然不直接参与民办高校绩效评价

的具体工作,但却是决定绩效评价方案能否实行的关键人物。

以校长为首的管理团队。这一管理团队代表着民办高校的行政权,团队中的成员在各自所拥有的职责范围内对院系和教师开展绩效评价,他们对绩效评价的整体认识、所做的决策直接决定着绩效评价工作开展的成效。管理团队通过分权或授权给院系,以扩大院系的办学自主权。

学生。学生也是一个重要的评价主体,学生通过对教师的教学态度、教学技能、教学方法、教学效果等进行评价,不但能够帮助、督促教师提高教学技能,也能为学校评价教师教学工作提供依据。这一过程中也是学生作为治理主体在内部治理过程中发挥作用的体现。

(2)绩效评价对象的构成范畴

教师是绩效评价中的评价对象,又是重要的治理主体。本书认为,身份认同、职业发展需求、价值目标协同等三个方面对民办高校教师会产生影响。

身份认同。绩效评价的初衷是通过衡量教师的知识性、创造性劳动成果,以此指引和规范教师的行为,提升教师的能力。这些都是建立在教师对自我身份的认同基础之上。目前我国大多数民办高校登记为民办非企业单位法人,而不是和公办高校一样登记为"事业单位法人",这使得民办高校教师很难享受到与公办高校教师同等的政策待遇,造成民办高校、公办高校教师之间"体制内"与"体制外"的身份差异,教师对这种聘任制的身份认同度较低。

职业发展。民办高校教师职业发展的需求主要包括职业保障需求、职业成就需求、职业尊重需求。职业保障需求,包括工资待遇、生活工作条件、学习进修机会等,由于大多数民办高校实行聘任制,教师对职业保障的需求往往较为强烈;职业成就需求,包括教书育人的成就、学术研究成就、学历学位状况和职称晋升状况等。教师若能取得上述成就或改善这些状况,即意味着教师在职业发展上有了一定的提升和进步。职业尊重需求,包括受到学生尊重、同行尊重和在精神上得到尊重等。

目标协同。教师作为从事教育教学活动的专业人员,通过创造性的劳动,获得职业发展、赢得社会公众尊重,实现个人目标。所有的组织都是为了一定的目标而存在,目标说明了组织存在的理由以及组织努力想要达到的一种理想状态。组织通过目标向内外部的利益相关者传达组织的合法性,而这些利益相关者则可能因为认同组织目标加入并忠诚于这一组织。作为一个组织,民办高校有学校发展的共同目标,这个共同目标是民办高校决策与教师的行动指南,合适的目标对教师是一种约束,保证教师在学校容许范围内活动;同时也是一种引导,促使教师将个人目标和学校共同目标不断趋同,有助于协调好学校长期发展目标和教师个人短期利益之间的关系。

2.绩效评价主体和评价对象对民办高校治理主体的影响

民办高校治理目标虽然因校而异,有多种衡量标准,但最根本一点,是以关键利益相关者的利益最大化为基准标杆,实现多元共治,依法治校,调动教师积极性,最终促进学生发展,而不是仅仅以举办者的利益最大化为目标。本书认为评价主体之间的有效协调,有助于明确举办者、校级层面、院系层面、职能部门之间的责权利边界。一个结构效率高的绩效评价体系,能促使民办高校一以贯之地处理和协调治理过程中的人、财、物各要素之间的关系以及高校与社会之间多重复杂关系,促进各类权力和谐与制衡。关键利益相关者共同参与的绩效评价体系,契合多元主体的需求和迫切愿望,有助于在最大限度上发挥治理主体作用。

刘振天指出,绩效评价"强调利益相关者在评价中的地位和作用,强调对话与协商,认为不同主体在教育活动中有不同的需要和价值判断"[①]。教师是一个有着权力诉求和利益表达的群体,而非被动接受评价的个体,科学合理的绩效评价,不仅能够让教师的利益需求得到有效表达,并且还可以使这种需求、期望成为绩效评价的内容、指标与目标。民办高校基于协同的视角,构建持续稳定的教师发展体系、建设完善的学术支持制度、保障教师职业发展路径,提高教师归属感、使命感和责任感,不断提高其治理意识和治理能力,可以达到单纯依靠行政权力所不能达到的效果。而教师主体的治理意识和治理能力提升,对民办高校形成有效制衡的决策体系,实现多元共治,提升治理效能有着重要作用。

(二)绩效评价指标和评价标准对民办高校治理规则的影响

1.绩效评价指标和评价标准的构成范畴

(1)绩效评价指标的构成范畴

评价指标表明了民办高校在一段时期内绩效评价的重点和学校想要达成的目标任务,为民办高校完善内部治理规则提供依据。指标是绩效评价体系的核心,关系到评价活动能否有效展开,关系到民办高校办学绩效能否

---

① 刘振天.完善高等教育评价体系提升高等教育治理能力[J].大学教育科学,2020(1):37-42.

得到实质性改进和提高。本研究认为,民办高校评价指标主要是指用来测量办学成果的定量或定性统计指标。

量化指标是指能用具体数据来体现的指标。民办高校绩效评价指标中的量化指标是指能直接用具体数据来衡量院系或教师在一段时间内在教学、科研、社会服务等方面所取得的成绩。如在一些民办高校用研究发表数量或项目级别等来评价教师的工作成效,就是一种常用的量化指标。

质性指标是指不直接采用数据的方式来进行衡量,而是采用专家、领导、同行或学生的评价意见来确定院系和教师工作的优劣情况。如对人文社科类的教师,对其学术评价,采用专家同行评议的方式,通过评价其学术成果对政策和社会的实际影响程度来确定学术水平的高低,就是一种质性指标。

(2)绩效评价标准的构成范畴

绩效评价标准是指一种准则和尺度,用来判断院系和教师工作优劣,是对评价对象质量要求的具体规定。评价标准的确定直接影响评价效果,恰当的评价标准为评价顺利开展提供有力保证,不恰当的评价标准则会严重影响评价活动顺利进行,有时甚至会导致评价活动彻底失败。绩效评价标准为完善民办高校内部治理规则提供依据。本研究认为,民办高校评价标准主要包括评价基准、分类评价和同行评价等三部分。

评价基准是指在评价活动中应用于对象的价值尺度和界限,是评价标准的参照点,根据评价要素的内涵,经分析、概括、抽象出来的最本质的因素,一般用中性的短语表述,其作用在于使评价者更为容易把握评价标准以保证评价结果的客观性和准确性。

分类评价是指根据评价对象的类型进行有区别的评价。民办高校绩效评价的对象是教师,由于高校教师从事的学科领域不同,各自又有不同的专业特长,且学科专业之间的差异性较大,在考核中对教师进行分类评价是一种合理举措。

同行评价是指由一部分专业人员担任评价主体对另一部分相同专业的人员实施评价。由于评价主体与评价对象是同一专业的人员,此类评价专业性较强,评价结果能够较好地揭示客观情况,对提供决策依据,改进工作、促进互相学习和交流具有重要意义。

2.评价指标和评价标准对民办高校治理规则的影响

引导学校往哪里走,这是评价指标设计的逻辑起点。绩效评价的价值取向是什么,往哪个方向发展,对评价对象的哪些方面进行评价,学校潜在的治理规则就往哪个方面完善。一个合理的指标体系,关注的重点在于评价对象与组织目标的相关性。民办高校绩效评价指标为引导教师的工作和学校发展目标相一致,一般都设置了对应三大办学职能方面的量化指标,如科研研究的发表数量、项目获得的级别、专著发表的数量、学评教的分数等;也有质性指标,如专家同行、领导对院系工作成效的评议等。通过这些指标,能够把内部治理过程中存在的问题显性化,从而为民办高校完善治理规则提供具体依据,提供的依据越多,就越有利于其完善内部治理结构。评价标准是用来判断评价对象工作状况的优劣,由于绩效评价标准是基于民办高校在一定发展阶段和办学背景下进行的,任何标准必定是服从于一定的评价目标,因此选择什么样的标准取决于评价的目标。

民办高校的办学活动既要遵循自身发展规律,也受到一定经济社会发展制约。其绩效评价指标不但要与经济社会发展水平相适应,更要以应用型人才综合素质发展以及人才培养目标达成度为目标,这是实施绩效评价的内在要求。同时,民办高校作为一个高校组织,既有学校总体发展目标,也有各个专项目标,还有人才、土地、房产、设备等在内的资源投入,科学合理的绩效评价指标,既能反映学校总体发展目标,也能协调平衡各个专项目标;既能反映学校在资源成本投入和功能产出方面的主要内容,也能反映民办高校在社会责任等方面的无形投入。治理规则是组织运转与发展过程中应遵循的一套规范体系,这套规范体系为组织提供了结构秩序、行为规则与运转模式,保证组织发展的稳定性、规范性,缺失了制度这一中介层,组织目标的实现无法得到保障,也难以产生实际的管理效能。作为一个结构复杂、规模庞大的组织,设计一套科学、运行有序的治理规则是民办高校达成治理目标、实现健康发展的重要保证。

(三)绩效评价目标和评价反馈对民办高校治理机制的影响

1.绩效评价目标和评价反馈的构成范畴

(1)绩效评价目标的构成范畴

组织目标是指以书面方式陈述的关于组织愿景、价值观和信念,以及组织存在原因等的表述。[①] 组织愿景,指组织长期为之奋斗以及力求实现的

① 达夫特.组织理论与设计[M].王凤彬,石云鸣,张秀萍,等译.12版.北京:清华大学出版社,2017:57.

理想图景,是组织努力的方向,对全体组织成员具有强大的凝聚、激励、规范与指导意义。价值观是组织倡导,并为全体成员所共同信奉、遵守的价值观念。组织存在的原因,就是解释组织定位的问题。组织定位解决的是如何令组织和产品与众不同,形成核心竞争力的问题。组织愿景、价值观和组织定位是组织目标最核心的要素。在组织管理活动中,任何一项工作都是以实现组织目标为导向的。绩效评价亦是如此。绩效评价通过将组织目标层层分解落实到不同的年度、部门、岗位,以此将员工的日常行为聚焦到组织目标上来。为了确保绩效评价不偏离组织目标方向,一般而言,组织在绩效评价计划制订、实施、监督检查到总结反馈,都会将组织目标贯穿于评价全过程。本研究认为,民办高校绩效评价目标确定受两方面因素影响,内部主要受办学愿景、办学价值观、办学定位等影响;外部主要受政府和第三方评价影响。

办学愿景是民办高校对未来发展的期许与预设,是其赖以维系与发展的内在动力与精神纽带。明确而清晰的办学愿景能够聚焦民办高校办学行为,激发教师对学校的承诺与奉献。办学愿景是民办高校设计绩效评价目标的基础,不同愿景之下的绩效评价目标是不一样的。

价值观在组织管理中居于核心位置。办学价值观表明了高校在办学过程中对基本问题和矛盾关系的认识及其价值取向,包括高校为何存在?为谁服务?培养什么样的人?如何界定和处理教学与科研的关系?等等。价值观是学校全体成员全部思想和行动的重要准则与依据。民办高校的办学价值观对绩效评价的目标具有定向与引领作用。先有价值,才有评价。

办学定位是指学校根据自身条件、职能、社会需要以及学生需求,参照高等学校类型和层次的划分标准,确定学校在高等教育系统中位置的一种规划性活动。对民办高校而言,办学定位对绩效评价目标影响主要表现在,绩效评价的目标确定既要遵循外部规律,即目标任务要与外部经济社会发展相适应;同时又要遵循内部人才培养规律。

政府评价是指各级教育行政部门通过一定的评价体系,对民办高校的办学绩效进行评价,并根据评价结果给予一定的经费资助或精神奖励。民办高校为了在评价中得到一个比较好的结果,往往会将这些指标任务结合到对院系和教师的绩效评价中去,从而影响到绩效评价目标的确定。

社会中介组织评价是指除了政府以外的其他社会评价机构,对民办高校办学绩效进行评价排名。民办高校为迅速扩大社会影响力,往往会关注外部排行榜中的指标,针对这些可量化、可排名的评价指标,在内部绩效评价中做出要求,最后影响绩效评价目标的确定。

(2)绩效评价反馈的构成范畴

绩效评价的反馈与结果运用,是做好评价诊断、改进和提升工作的重要环节。本研究认为,评价反馈关系到学校对院系和教师的评价、监督、问责与激励,其构成范围包括资源配置、反馈改进、奖励与问责等三个方面。

资源配置。高校是资源依赖型组织,民办高校以投资办学为主体的特征决定了其在资源配置方面比公办高校更加注重效率。作为稀缺资源分配与选择的工具,绩效评价为民办高校有效配置资源提高运行效率提供了行之有效的标准、内容、方法和技术。绩效评价结果决定了民办高校资源的配置取向、配置额度等。民办高校通过绩效评价,客观掌握院系的发展状态、发展速度和发展潜力,分析院校两级运行效率,实现学校对院系资源配置的动态调节和有效预算匹配,有利于提高资源的利用率和使用效益,提升民办高校治理机制的效率。

反馈改进。反馈改进是评价的必要环节,其目的是使院系和教师清楚自己的绩效评价结果和上级管理者对自身工作的看法。对于评价结果为优秀的指标,学校应鼓励院系或教师再接再厉;对于评价结果不理想的指标,应帮助分析失败的原因,制订改进计划,继续努力。反馈也是校院之间或者院系与教师之间双方共同确定下一个评价周期的绩效目标和改进重点的一个重要步骤。通过持续的反馈与改进,在校内形成一种绩效改进文化和纠偏机制,有效促进院系和教师的未来发展。

奖励与问责。评价结果合理使用,还包括奖励与问责。奖励除了包括物质奖励以外,还应包括精神奖励,这是因为绩效评价的最终目的是引导院系和教师对工作绩效的关注,激发他们内生的主动性。所谓问责是指高校按照法律和道德要求,有责任向利益相关者汇报并证明教育资源的使用情况。民办高校的利益主体对其投入了众多资源,自然会对民办高校有着利益诉求并进行问责,民办高校有责任通过绩效表现来回应关键利益相关者的问责。这是民办高校作为社会办学组织体现其价值、责任、意义与使命的地方,也是绩效的内涵所在。

2.绩效评价目标和评价反馈对民办高校治理机制的影响

治理机制是指通过一定的流程和组织,利用合理有效的方式来运行高校内部事务,以促进办学目标实现的一种方式。高效合理的运行机制,有两个基本特征：一是明确参与决策者的范围，即明确利益相关者，使他们在决策中都有发言权；二是明确决策的方式，决策的方式可以分为以正式规章为基础的决策程序、非正式的和议式决策程序。民办高校内部治理机制是其内部多方利益关系协调的机构设置与制度设计和安排，包括内部领导管理制度、组织机构设置、责任范围以及相互之间的关系等。绩效评价是在全体成员共同认可的价值导向下，将价值向度贯穿于评价全过程，通过价值观来统摄校内各种主体的治理行为。实施绩效评价的作用在于，在横向分权层面，能够有效平衡行政权力和学术权力，实现权力制衡和规制；在纵向分权层面，构建以分权为特征的校院两级管理机制，理顺校院两级关系，赋予院系更多办学自主权，让院系在规制范围内公平同台竞技，科学检验院系的自主发展能力和治理水平。

伴随着民办高校规模日益扩大，推进治理重心下移，对院系实行绩效评价是其提高治理机制效率的重要方式。但由于各院系办学规模和基础实力存在着差异，民办高校如何根据院系的学科专业差异，对院系进行科学合理的评价，激发院系活力，规范院系办学行为，是提升治理机制效率的关键。绩效评价和问责相伴相随，是高校向社会和民众证明其存在和发展的合法性的需要，也是其获得公共财政支持的前提。民办高校虽然没有公共财政的资助，但通过绩效评价可以从校级层面对院系和教师行为表现以及职责履行程度进行考量，以问责的形式来约束院系或教师可能的利己主义。由于这种问责是建立在反映院系任务完成情况之下的，确保了问责的有理有据，为学校科学决策、合理配置有限的教育资源提供依据，也为民办高校在对教师奖惩、晋升、培训、薪酬、解聘或续聘等重要人事决策时提供参考。绩效评价的结果运用是整个绩效评价的深化阶段，除了问责之外，还对院系和教师的今后行为提出改进要求，促使被评价对象为完成目标而不断努力，在实现目标的过程中不断完善和提高。绩效评价将办学过程和办学结果有机结合起来，为院系提供绩效结果和绩效改进的信息，纠正院系在绩效目标执行中出现的偏差，将会大大提高校院两级治理机制的运行效率。

三、绩效评价对民办高校内部治理结构影响模型的进一步说明

通过分析，我们得知绩效评价体系中的"评价目标""评价指标""评价主

体""评价对象""评价标准""评价反馈"等六个维度能够对内部治理结构中的治理主体、治理规则和治理机制等要素产生影响,进而影响治理效能的发挥。鉴于绩效评价体系本身涉及民办高校内部治理的方方面面,而民办高校内部治理结构又是一个复杂的概念,因此要素之间的影响作用并不仅仅是简单的线性关系,两两对应。譬如绩效评价目标除了影响治理机制以外,也可以对完善和制定治理规则起到一定的影响作用;绩效评价指标和评价标准除了能够影响内部治理规则以外,对内部治理主体、治理机制会有一定的影响。但本书认为,绩效评价指标和评价标准主要影响的对象是治理规则。需要说明的是,本书以主要影响关系为对象进行讨论,讨论绩效评价体系的维度与内部治理结构要素之间的主要影响关系,并非否定其他的次要影响关系的存在。

民办高校绩效评价对内部治理结构影响模型,是在运用扎根理论的研究方法基础上构建的,但呈现的结果也并非十全十美的。一方面,绩效评价和民办高校内部治理结构之间的关系是非线性的、复杂的关系,难以将其全部进行归类,因而研究所得的分类结构仍不能完全再现研究结果。另一方面,因为扎根理论所形成的理论是此时此地的理论,不同访谈对象有不同的具体表征,举办者、校长、职能部门管理人员、院系负责人和教师等,对绩效评价与内部治理结构有着不同的理解,即使同一人在不同的时间也会有不同的具体表征。在后续章节笔者将结合案例高校的研究,对绩效评价影响内部治理结构的维度进行深入探讨,以期对现有的模型有所补充。

第五章

民办高校典型案例分析

　　本书运用扎根理论研究方法构建了民办高校绩效评价对内部治理结构影响模型,讨论了绩效评价体系的维度与内部治理结构要素之间的主要影响关系,为了更好地呈现和比较模型中所体现的各种相对稳定的逻辑关系,更好地了解民办高校复杂的内部治理现象,准确把握绩效评价改革对内部治理结构的影响变化,发现和解决一些用数据统计分析难以处理的问题,本部分以 10 所调研高校中的其中 3 所民办高校为案例,依据这 3 所民办高校绩效评价产生的动因,将其分为"内生主导型"绩效评价体系和"内驱外引型"绩效评价体系两类,并运用前文构建的影响模型为分析框架进行讨论。

第一节　案例高校校情简介

　　实践表明,民办高校健康发展与其治理结构的变革与创新是紧密相连的。较之于公办高校,民办高校具有更为灵活的办学体制、更加高效的办事程序和更加注重人本的服务意识。我国民办高校的内部治理结构一般表达为"董(理)事会领导下的校长负责制",但由于组织获取资源的渠道与其内部权力配置方式有着很大关联,而民办高校资金获取渠道又是多样化的,这就导致民办高校内部治理结构在实际运行中存在着较大差异。王一涛、冯淑娟根据我国民办高校资金获取方式的不同将其分为个人控制型、企业办学型、国有民办型和共同治理型等 4 类。① 本书认为,目前真正共同治理型民办高校是极少见的,但却代表着未来民办高校努力的方向。本研究选取分别代表个人控制型、企业办学型、国有民办型等不同类型的民办高校进行案例分析。

一、以个人控制型为特征的 A 学院

个人控制型的民办高校内部治理结构,在很大程度上代表了我国民办高校内部治理的整体面貌。目前此类高校大概占到我国民办高校的 60%。学校举办者往往是实际出资者,担任董(理)事长,也有的兼任院长或党委书记。举办者在人、财、物方面拥有重大的权策权,校长在这一类学校中的权力十分有限。该类学校治理结构的优势主要在于,能够避免低效率决策以及各方权力争夺所导致的组织耗损,学校决策效率较高。举办者在相当长的时间内担任学校的实际决策者,有效保障学校战略规划的贯彻实施和改革方向的不动摇,同时举办者全身心地投入学校发展,学校改革动力足,能够持久性地进行教育教学改革与创新。创办于 1995 年的 A 学院是一所典型的个人控制型民办高校,该校于 2005 年晋升为本科院校。A 学院在创办初期以规模扩张为主,在当时的市场环境下,"以学院发展为中心"的办学模式也是最适合的一种发展方式。但随着 A 学院"以学生发展为中心"的办学理念确立,集权式的管理模式很快成为其进一步发展的掣肘。A 学院通过实施绩效评价制度,大部制改革重塑职能部门,授权体制落地再造院系,显著地改善了内部治理结构。

二、以企业办学型为特征的 B 学院

我国约有 30% 的民办高校可以归为企业办学型,投资方主要以民营企业为主,也有少数是国有企业。企业办学型民办高校的特征是大多数民营企业在投资民办高校后,投资方的董事长兼任民办高校董事长,是民办高校名义上最高管理者,但董事长一般不再兼任校长或党委书记,也不参加学校

---

① 王一涛,冯淑娟.我国民办高校内部治理的基本类型分析[J].浙江树人大学学报(人文社会科学版),2015(6):1-6,13.

日常决策。民办高校从外部聘任校长并赋予其包括部分财务权在内的重要权力,此类民办高校最接近于"校长负责制"。B 学院成立于 2001 年,由当地一家知名度极高的国有企业出资创办,并于 2008 年升格为普通本科高校。学院坚持公益性办学,投资方对学院持"无为而治"的理念,实行理事会领导下的校长负责制。投资方这一做法,为学院提供了宽松的发展环境,保证校长能够遵从高等教育规律办学。近年来,B 学院以满足区域中小企业中高端管理、技术岗位人才需求和新产业、新业态发展对紧缺人才的需求为目标,以产教融合为途径,不断提高本科人才培养质量。学院针对事业发展规划中提出的关键绩效指标对院系进行评价,努力实现特色发展、错位发展,在较短时间内跻身于国内发展速度较快的民办高校行列。

三、以国有民办型为特征的 C 学院

国有民办型的民办高校,采取民营机制办学,但其举办者是政府。此类民办高校由于学校全部或部分资产属于国有资产,学校能够获得部分财政资助,办学经费相对较为充足,发展也较为平稳,所有的结余都用于办学,学校具有明显的非营利性特征。学校不存在家族化管理弊端,决策具有较高公开性和透明度,组织稳定性好,办学风险低,社会声誉较好。董事会中部分成员来自政府官员,政府在这些民办高校的重要人事任命中,如董事长、校长和书记等任命中发挥着重要作用。但此类学校受政府干预较多,特别是在经费开支方面,学校所有开支都纳入政府采购范围,无形中增加了运行成本,也降低了运行效率。C 学院是一所典型的国有民办型高校,由省政协举办,主管单位是省教育厅。学院创办于 1984 年,2003 年升格为本科高校,2017 年通过教育部本科教学工作审核评估。C 学院在办学实践中,坚持"教学服务型大学"的办学定位,以建设高水平应用型本科专业、培养高级应用型人才为主线,以人事制度改革为基础、校院两级目标管理和考核为抓手,协同推进教育教学管理制度和科研管理制度改革,优化院系自主发展环境,加快推进学院治理体系和治理能力的现代化建设。

第二节 "内生主导型"绩效评价对内部治理 结构的基本作用

与众多民办高校一样,创办初期的 A 学院以自学考试起家,以相对粗放的办学模式迅速实现了规模扩张。2000 年,A 学院升格为民办专科院校,并在初创阶段成功地抓住了高校扩招的重大机遇,争取到千亩校园和专科招生资格,为后续发展奠定了良好的基础。2005 年,A 学院晋升为普通本科高校,校园基本建设和规模稳定发展。2006 年,A 学院提出了从"以学校发展为本"转变为"以学生发展为本"的核心战略思想。自此以来,学院坚定地践行"以学生为中心"的教育教学理念,努力提升学生的学习质量和校园生活质量。至 2019 年底,A 学院共有在校生 21000 名左右(其中本科生约12500名,专科生 7580 名),设有 11 个院系和 1 个高级培训中心,本科专业 38 个,高职专业 22 个。

经过多年努力,A 学院获得了较好的社会认可和声誉:2011 年,A 学院获得国家教育体制改革试点项目,通过授权体制落地再造院系,大部制改革重塑职能部门,推行以"授权""赋能"为特征的内部治理体系改革,在教学改革、学生发展等方面取得了较大成效,是一所进入常态化发展的民办高校。2015 年被当地市政府授予质量管理奖,是教育行业唯一一个获奖单位。2018 年入选教育部首批教育信息化优秀试点单位,系全国唯一民办高校。2019 年,连续 7 年位列中国校友会网"中国财经类民办大学排行榜"榜首。2020 年 8 月,荣获英国权威商业财经杂志《企业愿景》颁发的"2020 年度中国高等教育经济与管理学科卓越奖",是本年度中国唯一一所入围提名且获此殊荣的大学。近三年,学院的文、理科录取分数线连续在省内同类院校名列第一。在 A 学院发展过程中,其始终在思考如何建立一种自我约束、自我评估、自我提高的机制,并在实践中逐渐形成了一套特色鲜明、符合自身发展实际的绩效评价体系。因此绩效评价体系是在学院主导下实施的一种自我革新式的改变,故本书将其称为"内生主导型"绩效评价体系。

一、绩效评价实施背景

(一)升本后转型发展的需要

2005 年升本后,为了更好地依据办学定位和所处的内外部环境做出合理的发展策略,A 学院进行了 SWOT 分析,对自身的优势、劣势、机会和威胁进行综合评估,进一步明确学院所拥有的优势和缺陷,面临的机会和挑战等。

一是优势分析。经过 10 年的快速发展,学院已成为一所万人高校,具备了一定的办学规模,办学实力不断增强,学院形象和品牌初步凸显。围绕着"提高学生就业能力"目标,已开展了一系列教育教学改革,学生就业层次和就业率有所提高,专业设置和课程质量在满足社会与学生需求方面均有明显改善;引入先进的企业管理理念,管理体制相对灵活高效;此外学院地处省会城市,该城市是我国西部地区重要的中心城市,具有较强的吸引力且高等教育资源丰富。

二是机会分析。随着我国高校扩招政策的实施和社会对人才需求的日益多样化,A 学院面临的发展契机有:一是外部环境变得可控,郭建如认为,这个时候学院"降低了对高度竞争且剧烈变动的计划外生源市场的依赖"[①],招生市场变得可控起来。二是校园基本建设已初步完成,学院需要处理的与当地政府、银行、居民等复杂的外部关系已大大减少。三是《民办教育促进法》的实施,明确了民办教育的法律地位,民办高等教育顺应国家高等教育发展潮流,政府支持力度不断加大。

三是劣势分析。学院升格为本科院校后,以应用型为办学定位,但如何真正为学生提供高质量的应用型本科教育,对学院而言是一个重大的考验。学生毕业后能否顺利就业,学院能否为学生发展提供更多的机会,在客观上对学院教育教学质量提出了新的要求。但学院专职教师队伍建立时间不长,35～55 岁的教师数量不足且队伍流动性大,现有专职教师多以本科学历为主,这些教师面临着学历达标等系列问题,这是提高教师队伍水平必须克服的劣势。

---

① 郭建如.陕西民办高校的组织转型:以四所民办本科高校为例[J].高等教育研究,2007(9):58-65.

四是威胁分析。资源理论认为,重要资源的不确定性使得组织的生存和发展具有更大的不确定性,只有当组织所需的资源在环境中变得更加稳定和更为丰富时,才能看到组织生存的连续性。学生是民办高校主要的经费收入来源,稳定的生源是学院发展最重要的资源。因此潜在的生源危机是 A 学院面临的主要威胁。A 学院对我国高等教育适龄人口做了一次推演测算,结果发现,高等教育适龄人口最高点在 2008 年,达到 1.2 亿;此后逐年递减,最低点在 2018 年,将骤降至 6000 多万。未来如果无法在本地区提供一流的本科教育,招收不到足够数量的学生,学院将会陷入办学困境。

A 学院意识到初创时期"以市场逻辑为导向"的经营模式必须加快转变为"以学生发展为中心"的办学模式。传统的集权管控模式虽然有利于学院提高管理效率,集中力量办大事,但在进入常态化发展阶段之后,原有的内部治理结构与管理方式需要及时做出变革。激发院系办学活力和教师主动性是改革的重点,否则就难以调和"以学生发展为中心"的办学模式与传统治理结构之间的矛盾。

(二)实施"四四二"战略规划的需要

围绕"以学生发展为中心"目标,A 学院提出了"四四二"发展规划。发展规划最大的变化是从关注内外环境转变为关注学校自身定位与目标,即从办学初期主要考虑生存问题、关注生源和收入、满足社会需要,转为既观察社会需要也考虑自身偏好。从时间上来看,该规划分为三个阶段性目标。第一阶段,经过 4 年努力,部分重点专业达到本地区应用型本科院校中上教学水平(2009—2012 年);第二阶段,再经过 4 年努力,整体达到本地区应用型本科院校先进教学水平(2013—2016 年);第三阶段,成为中国一流的应用型本科院校(2017—2018 年)。"四四二"发展规划的实施,促使 A 学院从以学校发展为本转变为以学生发展为本;同时 2011 年,A 学院以承担教育部"民办高校内部管理体制改革试点项目"为契机,实施绩效评价体系,调整以人事、财务、事权为核心的授权管控模式,全方位实行组织结构改造。

二、绩效评价实施内容

(一)对院系的绩效评价内容

1.以平衡计分卡为主试点实施绩效评价

A 学院于 2008 年引入绩效评价工具,2008 年至 2009 年为 1.0 阶段,这一阶段主要是在院内推广平衡计分卡。学院围绕着战略目标,从财务、客户、内部运营、学习与成长等四个维度对试点院系进行绩效评价(如图 5-1 所示),初步构建起以战略为导向的绩效评价体系。在财务维度,考虑到民办高校主营业务收入以学生学费收入为主的现实情况,A 学院把院系的招生情况纳入财务维度,考察其对整个学院可持续发展的贡献度,同时也注重考察院系教学经费使用的合理性,以保证财务运行稳健。在客户方面,A 学院用"学生和利益相关者"代替"客户"维度,主要从学生学习成果、学生满意度以及学生报考分数等方面进行评价。为满足学生和利益相关者的需求,A 学院在内部经营流程中要求院系关注新课程开发、学生活动以及各类评估通过率等指标。保持创新能力和提高自身学习能力是民办高校持续发展的推动力,科学研究成果、师资力量以及对教师能力的培训等,均直接体现了一个组织的学习与成长能力,A 学院在对院系评价中设有"员工满意度""员工稳定性""培训效果""员工能力提升"等指标,通过提高教师能力来保障学院战略目标的实现。但由于学院使命、愿景和价值观等理念传播并内化为全体教师的行为需要一个较长的过程,如何将战略转化为可衡量的目标,并有机地落实到每一位教师身上,促使教师个人目标与学院整体发展目标保持协调一致,推进治理重心下移,成为下一阶段亟须突破的难点。

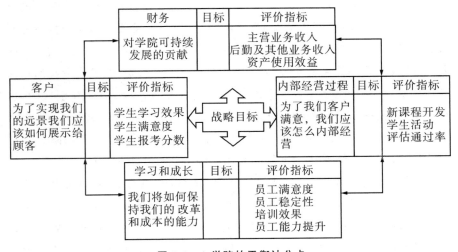

图 5-1　A 学院的平衡计分卡

2.以战略为导向实施绩效评价

战略管理对高校发展和质量提升起着引领作用，但其发挥作用的前提是能够得到有效的贯彻和执行。"四四二"发展规划确定了"三大战略、两大支撑"的战略管理体系。"质量、经营和声望"是三大战略主题。围绕质量战略主题，A学院提出"国际化、应用型、新体验"三大发展方向。其中，国际化是指学院办学具有国际化视野，与国际标杆学校合作，建立课程的国际化标准；应用型是指着眼于学生职业发展，将产学合作贯穿于教学全过程，大力引进和培养具有国际留学背景和行业工作背景的师资；新体验是指，着力为学生提供优良的教学环境体验、信息服务体验和学习与考核体验。经营战略主题是指学院实行精细化运营，不断增强自身造血能力，扩大收入来源。声望战略主题是指在入学选拔、各类评估和学科竞赛、科研评价、学生就业层次等方面持续提升学院声望及影响力，着力打造"商科教育领航者"品牌定位。"组织建设和管理体制改革、信息化建设"是A学院的两大战略支撑。组织建设和管理体系改革是指A学院承担的教育部"民办高校内部管理体制改革试点项目"，调整以人事、财务、事权为核心的授权管控模式，全方位实行组织结构改造。信息化建设是指全面推进数字化校园建设，尤其是持续强化教学信息化的渗透广度和深度，逐渐形成了支持"泛在学习"的全新学习体验。

从2010年至2016年为2.0阶段，为确保整个战略管理体系在推进过程中不走样、不变形，解决学院战略目标和教师个人发展目标联结度不够紧密的问题，A学院在绩效评价体系的内容上进行了完善，将"三大战略、两大支撑"战略管理体系的年度目标分为质量、经营、声望、组织建设及信息化等5个维度，每个维度设若干个测量指标及观测点，这些指标有定性的，也有定量的，根据指标和观测点在战略体系中的重要性不同，赋予不同权重。学院将年度重点工作拆解为具体可衡量的绩效评价指标，分解到院系和职能部门，教师个人绩效指标则从院系年度绩效指标中抽取。

实施"三大战略、两大支撑"战略管理体系，是A学院主动谋求变革的重要手段，也是提高办学质量的现实诉求，更是其落实办学定位、实现"以学生发展为中心"的办学模式的重要载体。在这一过程中，A学院坚持了以下5条原则。第一是以学生为本，学校把工作重心放到提高学生的学习质量和校园生活质量上来。学校与美国杜肯大学合作，共建卓越教学中心。从教学方法做起，拉开了教学改革的序幕，这些年围绕"国际化、应用型、新体验"的教学改革始终没有止步,成果初见端倪。第二通过差异化战略,稳定办学规模,培养学校核心竞争力,确定了学校在全国同类民办高校中的领先地位,走出了一条不同于公办高校,也有别于一般民办高校的差异化发展道路。第三以提高学生就业能力为目标,进行教育教学改革,尽可能地提高学生的就业层次和就业率。第四以质量和效益为中心,不断提高学校整体管理水平和教师工作满意程度及收入水平。第五通过研究,改进工作方式方法,把学院变革成为不断自我研究、自我学习、自我完善的学习型组织。

3."校—院—专业—教师"四位一体的绩效评价综合体系

从 2017 年开始至今为 3.0 阶段,在第二阶段基础上,A 学院的绩效评价进一步完善成为"校—院—专业—教师"四位一体绩效评价综合体系(如图 5-2 所示)。同时为减少手工操作量,2017 年绩效评价信息系统全面上线,实现定期数据采集、实时数据汇报的信息化运行阶段。

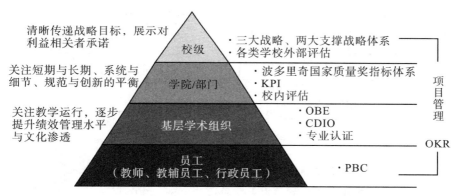

图 5-2　A 学院"校-院-专业-教师"四位一体绩效评价综合体系

该体系在校级层面以"三大战略、两大支撑"战略管理体系为主,结合各类学校外部评估,向全体教师清晰地传递学院的战略目标,向内外部利益相关者做出承诺。学院对院系的绩效评价以波多里奇国家质量奖指标体系(Performance Excellence Model)为主,突出面向未来和长远的提升教学质量的战略意图,人事、财务、品牌宣传等重要职能部门由过去只重视量化指标改为加入重要的定性指标,加大对院系改革的支持作用。该评价指标分为领导力,战略规划,利益相关者与市场,测量、分析与知识管理,以教师为中心,过程管理以及结果等 7 个维度(如图 5-3 所示);根据高校办学特征,还设置了底线指标,如学生就业与发展、大学英语四级通过率等。院系对基层学术组织的评价,注重教学运行的质量,逐步提升绩效管理水平与文化渗透,采取专业经理人制度,要求各专业根据建设要求,在人才培养过程中体现成果导向教育(Outcome Based Education,简称 OBE),注重学生能力培养;倡导在专业学习中开展 CDIO(Conceive-Design-Implement-Operate,即构思-设计-实施-运作)工程教育模式,要求相关专业积极参与国际或国内专业认证等。对教师而言,主要是根据自身发展目标和院系、基层学术组织分解的指标任务,采取自主选择和分院协调相结合的原则,确定绩效任务。关于教师的绩效评价内容,将在下文作具体分析。"校—院—专业—教师"四位一体的绩效评价综合体系,对进一步激活院系办学积极性,实现数据支持决策,促使资源合理匹配起到了重要作用。

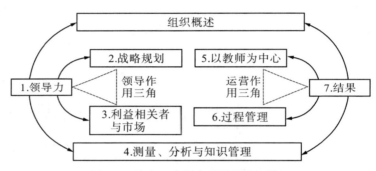

图 5-3　波多里奇国家质量奖指标体系

(二)对教师的绩效评价内容

1.以"德能勤绩"评价为主的考核阶段(1995—2007 年)

在学院初创阶段,A 学院的教师评价以"德能勤绩"为主要内容,重点关注教师的工作态度。这一评价方法参照了公办院校的普遍做法,虽然在一定程度上规范了用人标准,但在指标设计上存在着量化指标不足、教师业绩目标不明确等缺点,与学院提出的"以学生发展为中心"办学模式明显地不相适应。

2.教师绩效评价 1.0 阶段(2008—2014 年)

根据全面推行以授权为基本特征的内部管理体制改革要求,特别是随着人事权的下放,A 学院的教师绩效评价改革提上了议事日程。这一阶段的教师绩效评价指标包括教学改革、教学效果、教师的工作与管理、教师的学习与成长等 4 个维度,每一个维度下设若干个指标,并赋予一定分值。虽然这一评价体系对教师工作进行了基本规范,短期内解决了教师评价量化指标不足、业绩目标不明确等问题,但却存在着教师个人发展指标与院系绩效目标、学院战略目标之间脱节的现象。

3.教师绩效评价 2.0 阶段(2014—2018 年)

这一阶段的教师绩效评价体系,结合学院战略目标和年度重点工作,以及学院对院系的指标,采取教师自愿选择和院系调控相结合的原则,将教师分为教学服务型和科研应用型两大类,每一类教师都可以根据自身发展需求,在完成一轮评价后申请转型。以 A 学院的信息工程学院为例,2014 年该学院对教师绩效评价体系进行了重新修订,除教学、科研、服务三大任务以外,还设置了一个单独计分的加减分项(如表 5-1 所示)。每个维度都包括必选项和可选项。全院教师自主选择绩效评价指标,并根据绩效任务制订个人发展规划。但这一阶段考核存在着考核指标过多、重点事项不够突出、考核结果的导向性不明确等问题。

表 5-1　A 学院信息工程学院的教师绩效评价指标

一级指标	指标类型	二级指标
教学	必选	教学任务
		教学质量
	可选	专业建设
		课程建设
		承担新课程
		教学专业成长
		教学相关贡献
科研	必选	公开发表的论文、展演成果
		国际学术交流、文艺作品
		专著、编著、译著、公开出版的教材
	可选	科研项目
		科研经费的取得
		通过验收、鉴定的成果
服务	必选	对教学的服务
	可选	对学生服务
		其他服务

续表

一级指标	指标类型	二级指标
加分项		国内国际访问
		国家发明、实用新型等专利
		各级各类研究成果奖项
减分项		教学事故

4.教师绩效评价 3.0 阶段（2018 年至今）

此阶段教师绩效评价的一个显著特征是基于教师个人的发展导向展开评价。为更好地突出教师个人的专业特长和优势，尊重和支持教师个性化、多元化发展，同时也为了更好地促使教师将个人发展与学院战略发展目标、院系发展目标紧密结合，A 学院采取了以结果为导向的评价方式。具体而言，教师绩效评价工作由原来学院层面将教学、研究、服务指标直接分配到院系的做法，改变为院系年度工作目标自上而下分解和教师依据个人发展方向自下而上对接有机结合的方式，院系与老师共同商定任务指标，制订个性化的评价方案。

三、绩效评价对内部治理结构的影响分析

高校内部治理改革的本质是权力的重新配置与制衡，关键是要建立完善校院两级分权的管理模式，具体分为纵向、横向两方面，纵向上的核心是权力的配置，包括校与院的权力分配、管理重心的设置等；横向上的核心是学术权力和行政权力的配置。A 学院进行内部管理体制改革，纵向上推进管理重心下移，向二级分院院长和教师赋权，使教育者在财政、人事和课程等方面获得更多权力，从而增强院系办学活力，建立"以学生为中心"的人才培养模式，提高教学质量；横向上则是建立以教学、学术事务为主导，行政事务支持、服务于教学、学术事务的内部治理模式，增强行政权与教育权、学术权的协调统一。

（一）各治理主体的作用获得质的显现和提升

A 学院认为坚持"以学生发展为中心"的办学模式，实现多元共治的治理目标，与按照公办高校科层制建立起来的治理结构之间必然存在着难以调和的矛盾，原有的内部治理结构需要及时做出变革，变革的重点在于让更

多的治理主体参与到决策中来，最大限度地激发院系的办学活力和教师主动性。

1.扁平化的院级绩效委员会是治理的中坚力量

A学院按照完善法人治理结构的要求及学院管理决策现状，在董事会下设战略规划委员会、财务与预算委员会、绩效考核委员会等8个横跨职能部门的委员会，依照决策科学化、民主化原则，注重调查研究、专家咨询、听证等重要环节；进行决策和管理体系优化工作，以制度形式强化了董事会与校长办公会的分级目标管理职能，规范了董事会领导下的校长负责制的决策程序。绩效考核委员会由相关职能部门、院系负责人以及教师代表组成，主任由校级领导担任；委员会设秘书处，根据工作需要由一名职能部门负责人担任秘书，秘书是委员会决议的执行者，并非权力的拥有者。绩效委员会作为院级层面的委员会之一，强调院级领导、行政职能部门、院系、教师等多元主体共同参与，在充分讨论基础上对绩效评价的重大事项共同进行决策，这种扁平化的结构弱化了行政职能部门的强势地位，有助于保证A学院的绩效评价体系的科学性和民主性，为院系、教师参与治理提供了渠道和机会。

民办高校要有自己独立思考。也就是说，民办高校要有自己的定力，不要受各种排行榜影响，盲目地和公办高校攀比，否则会把自己的特色丢掉。我们根据自身情况，以"四四二"发展规划为依据制定绩效评价，这是一件特别有意义的事。绩效评价把上到董事长、下到普通老师紧密地联系在一起，委员会制的设置意味着普通教师代表也能参与学院的重要决策，有机会了解学院到底在做什么。

（XBU1-1）

绩效委员会是学院现有的八个委员会之一，委员会的构成有主要院级领导，核心职能部门的中层干部，与绩效相关的教学部门领导以及普通教师。委员会有两个作用，一是审议院系的绩效方案是否符合其自身的发展要求和学院整体的发展规划；二是为院系提供一个表达利益诉求的平台。

（XBU1-1）

2.院系成为独立有效的治理主体

A学院的"校—院—专业—教师"四位一体绩效评价综合体系，强调发挥院系主体作用。2011年，A学院以承担国家教育体制改革试点项目为契机，推行以"授权""赋能"为核心的内部治理结构改革，通过授权体制落地再造院系,将人事权、财务权等关键权力下放至院系,建立以院系为实体的办学模式。A学院每年以绩效合同的形式确立院系的财务预算,这一财务预算在通过学院预算委员会的审核之后,院系便可全权处理内部的各项事务。院系地位明显得到了提升,意味着院系从过去学院下属的二级教学单位,转变为直接面向市场办学,自主经营,自负盈亏的实体单位。另外从院系对绩效评价指标分解的情况我们可以看出,院系的自主性在逐渐增强,具体而言,2016年和2017年来自学院层面的指标分解量分别为39项和36项,上述两个年度院系100%的指标都来自学院分解下来的任务;2018年开始,随着院系办学自主性的不断增强,院系开始更多地关注自身学科专业特色,来自学院层面的指标分解量从36项下降到27项,占院系所有指标数量的60%,其余40%则为院系自定指标;而到了2019年,来自学院层面的指标分解量仅占到院系全部指标数量的40%,60%指标由分院自定。

人事权、财务权等权力原来都集中在学院层面,院系在这些方面没有太多的话语权。后来学院进行了改革,逐渐将人事权和财务权等下放至院系。现在院系已经有了较大的自主权,可以按照我们自己的意愿和学科专业基础,确定体现自身特色的绩效评价指标。

(XBU1-2)

过去院系招个秘书、买块白板都需要学校的人事处和财务处批准,现在招人、薪资确定及调整、绩效考核、裁员、业务开展等,都由院系自己说了算,学校只负责在年终的时候考察院系绩效合同的履行情况。

(XBU1-3)

3.基层学术组织的作用不断凸显

A学院建立了"专业经理人"制度和课程中心组等基层学术组织,确保基层学术组织能够自主开展业务、自主支配经费;同时学院还根据基层学术组织的成熟度逐步扩大授权范围,相应地增加他们的经费使用权限。专业经理人根据课程建设、学生就业需要、教师发展、教师培训等需求自行制定预算,院系根据专业建设需要把经费下拨至专业,由专业经理人自主分配。这一做法极大地调动了专业经理人的工作积极性,使其在课程体系优化、教学组织、校企合作等方面具有更大自主性,专业在人才培养过程中的主体地位大大凸显。同时基层学术组织还通过民主协商的方式对管理范围内事项制定相应管理方法,避免了各种人为、人治因素对基层学术组织系统侵蚀,确保其在自由自主、公开公平、共享共治的环境中走向规范发展。这一过程中强调了学术权力的主导地位,确保 A 学院能够将办学理念系统地落实到人才培养全过程。A 学院通过制度重构和组织变革为教师参与学术事务治理提供了渠道和平台,保障了教师参与治理的权利。

　　我记得有一位著名的教育家曾经说过,许多由上层宣布的改革过早地夭折,其原因之一在于内部组织未能有效地动员起来,因而改革缺乏应有的支持。高校是头轻脚重的系统,在这个系统基层学术组织是推动政策和改革的主要力量。

(XBU1-1)

　　4.教师参与治理的意识与能力得到充分释放

　　A 学院教师绩效评价指标中,不仅有学院和所在院系规定的必选项目,而且教师还可以根据所在院系和自身发展的阶段性需求,通过与院系协商沟通自选考核任务,使评价逐步实现从"分类考核"向"自选考核"转变。这一做法充分体现了教师的主体作用,最显著的特征是教师从评价的承受者转为评价的执行者,教师在绩效评价中有了一定的表达和选择权力。

　　第一,提高了教师对绩效评价的认同度。对教师个人而言,由于这一绩效评价任务是其自主选择并付诸行动的,在执行过程中教师会经常主动地检查工作进度,并依据进展情况采取必要的补救措施,有困难或需要资源协助时,会主动与分院或人事处沟通。院系领导从考核者的角色,转变为评价标准的制定者,并为教师提供资源支持、授权、辅导、帮助,给予教师工作上的支持;人事处则更多地负责解答教师和院系提出的关于绩效评价的政策疑问等,给予教师必要的人文关怀,从管理者、执行者转变为服务者。

　　第二,促进了教师学习与成长。A 学院进行绩效评价改革的最终目的是调动一线教师的积极性,激发改革创新的动力,提高教学质量,因此促进教师学习与成长也同样是重要内容。在提高院系自主权的同时,A 学院参考美国学习心理学研究、麦克利兰胜任力模型及麦肯锡技能表,设计了新的教师能力模型,该模型具体包括教学、研究和服务三个维度,每个维度的内容都不同于传统的大学教师行为模式。为实施该教师能力模型,学院引进美国杜肯大学现代教育技术中心的教师卓越教学培训项目,在学院建立"卓越教学中心",对教师进行培养和培训。

　　第三,建立了教师参与治理的机制。别敦荣认为,"不愿意给予教师地位、尊严、荣誉等对教师的任职至关重要的东西的那些学院,没有一所能够长久繁荣的";相反"在那些最繁荣的学院,教学和专业事务则毫无例外地都委托给了教师"。① A 学院在设计教师绩效评价体系时,随着学院所处的发展阶段不同,其评价体系中教学、科研和社会服务工作之间的指标权重呈现出一种动态的变化。由于学院把这种改变权交到教师手中,使得教师在基层学术组织中有充分的参与权、自主权和决策权,教师参与治理机制逐步建立并得到完善。正如我们在调研中其中一位院系的执行院长所言:

我认为,绩效评价的有效实施需要得到管理人员、教师和学生等利益相关者的认可,特别是要得到教师的认同。只有大家都认可了,才能达成共识。事实上,我们也是一直这么做的。这种共识可以让我们凝聚力量,达到单纯依靠行政力量所不能达到的效果。

(XBU1-2)

教师不是被"管"出来的,而是要尊重他们的劳动,尊重他们的专业,尊重他们的选择。要让教师做他们自己想做的事情,让他们自主地去执行评价,而不是把评价任务强加给老师。只有这样才能真正地唤醒他们内心的良知和对教育的激情。这样的效果远比所谓的科学规范的管理要强得多。

(XBU1-3)

(二)治理规则随着绩效评价的推进而不断完善

A 学院对院系的绩效指标设置不仅有量化指标,还包括定性指标;同时在评价标准上,对教师实施分类评价,具有较大的灵活性和自主性,这些变化促使 A 学院的内部治理规则不断地走向完善,主要表现在两个方面。

1.产学研一体化制度制订及实施更趋科学

首先重新思考院系的组建标准。A 学院结合学院建设应用型大学的办学定位,以产业而非学科的标准重构院系,将原金融与贸易学院拆分为物流贸易学院和金融学院,原工商管理学院拆分为休闲管理学院和会计学院,建筑工程学院被重组为人居环境学院等。这样做的目的是打破学科壁垒,更好地保证院系的人才培养规格与产业紧密对接,提高人才培养和区域经济发展需求的契合度。

其次出台了一系列新的产学研一体化的规章制度。A 学院制定了《××学院产学研合作平台认定与考核办法》《××学院产业(副)教授选聘与管理办法》等,创新性地开辟出各类产学研合作平台,以项目制的形式吸引教师和企业员工共同加入到解决企业真实问题的过程中,促使教师将项目研

---

① 别敦荣.美国大学治理理念、结构和功能[J].高等教育研究,2019(6):93-101.

究成果转化为教学案例、科研成果或学术研究,高效地实现产学研一体化运营。除了设立联合实验室和联合研究中心之外,学院还为每个专业都配置了企业顾问团队和学术顾问团队,顾问团队不仅为专业发展提供建设性的建议,也为专业建设投入资源。

从某种意义上来说,联合实验室或联合研究中心可以视为是企业计划外的部门,老师可以是企业的员工,企业的员工也可以是学院的老师,两者之间的角色完全可以灵活互换,学院与产业就此实现了自由旋转。

(XBU1-4)

2.教师分类评价制度更加合理有效

学院以培养高素质应用型人才为逻辑起点,制定和完善了《××学院教师参加社会、企业实践管理办法》《××学院兼职教师管理办法》等;此外还创新人事管理制度,根据产学研一体化的要求,结合教师的兴趣和能力特征,将教师分为产学型、教学型和科研型三个类别,并出台相应的教师资格认定和考核办法。三种类别的教师既可以根据自己的专长分类发展,又紧密配合、协同成长。教学型教师主要是指从事专业课程教学的教师;科研型教师主要是指把解决地方经济发展需求的应用研究和技术推广作为主要研究内容的教师;产学型教师主要是指以技术实践为主,从事实践(实验)教学工作的教师。在现实中,虽然许多民办高校将学校定位为应用型高校,但在教师评价内容上却没有体现出应用型高校应有的要求,因此在很多高校不同程度地存在着评价对促进教师队伍转型作用不大的窘境。A 学院根据产学研一体化要求,对教师实行分类评价制度,有效地调动了广大教师加入到产学型教师队伍中的积极性和主动性,有力地促进了教师队伍转型发展。

学院实行动态认定制度,给予认定通过的教师相应的资格补贴。每年教师可以根据自己的工作和生活安排重新选择产学型、教学型或科研型三个类别。经过几年努力,在学院考核与激励并举的政策环境下,我们金融学院在校内构建了特色鲜明的教师发展体系,倒逼学院人事制度改革,教师职称评聘要求有了较大调整。

(XBU1-3)

(三)治理机制在运行中凸显授权赋能的特征

在 A 学院,绩效评价作为一种治理手段逐渐地从以刚性为主的特征转变为刚柔相济的特征,显示了校院两级治理机制从集权走向分权、院系办学自主权不断扩大的趋势。绩效评价促使 A 学院建立责权利对等运行机制,

153

以充分调动院系的工作积极性。为此,A学院在纵向层面学院向二级分院授权,二级分院向基层学术组织授权,凸显院系的实体办学地位;在横向层面上,建立以教学、学术事务为主导,行政事务支持、服务于教学和学术事务的运行模式,切实提升院系的领导力,形成绩效改进文化等多项措施。

1.强化行政部门为教学和学术事务服务的理念

在多元共治的治理目标引导下,A学院建立了以教学、学术事务为主导,行政事务支持,服务于教学、学术事务的运行模式,进行职能部门的大部制调整,为院系的授权提供保障。学院重新定义了职能部门的组织功能,将其从管理、控制和监督定义为规划、支持和协同,并树立起行政部门为教学、学术事务服务的理念。职能部门的调整目标是在保证组织结构相对稳定的前提下,兼顾现有部门的职能划分实际情况和着眼于服务对象的长远发展,逐步向院系授权。学院将原24个职能部门缩减至12个,职能部门调整后,行政支出减少了700万,学院将700万全部用于教学投入。调整了核心教学管理部门教务处的组织结构,即把职能割裂的教务科、教材科、学籍科、考试科、计划科等7个科室整合为教研发展中心、教与学中心、教学运行中心和注册考试中心,使组织机构面向服务对象和工作流程来设置,教务处的功能更多地体现了规划、支持和服务。对学生工作处机构进行了调整,同样是把职能割裂的处室调整为学生事务研究发展、学生事务服务、学生社团活动和学生咨询辅导等四个中心,突出以咨询、服务、活动三大职能为框架的学生工作组织体系,进一步落实和体现"以学生为中心"的理念。对二级分院设置及分院内部组织结构也进行了优化和调整,新成立会计学院和物流贸易学院,原有的工商管理学院、金融与贸易学院进行更名,调整后分院内部设立市场规划部、教务部、学生发展部三个部门。这一系列的组织机构调整,为学院实施以授权为特征的内部管理体制改革,向二级院系下放人事、财务等权力奠定了坚实的组织基础。本书认为部门撤并和机构数量的减少只是其外在的表现形式,组织结构的重新构架与职能转变,管理体制的调整和创新才是A学院大部制改革的本质所在。

2.突出院系领导力和组织能力提升

A学院认为提升院系领导力和组织能力是内部治理机制有效运行的成功保障,也是授权的前提。按照向院系赋权的要求,明确了向院系转移的职能有:绩效分解与管理、教师选聘与激励、校友活动、学术与文化品牌推广、专业说明招生推广等职能;院系新增职能:发展规划、市场研究与专业

（产品）规划、人力资源、业务驱动式预算管理、国际项目运作与管理、产学研究与合作等。为有效实施上述新职能，选派强有力的中高层管理人员充实到院系，开始推行以执行领导团队为核心的分院院长负责制，为扩大分院职能和自主权，逐步实现二级分院权责利对等的内部管理体制模式完成了机构和人员准备。

绩效评价促进学院更加重视发挥院系、基层学术组织的作用，但是作用的发挥是建立在院系具备足够强的领导力和组织能力基础之上。A学院对院系实行的美国波多里奇国家质量奖指标体系中，有一个很重要的指标是对院系领导力的考核。为了构建以授权赋能为核心的校院两级治理机制，A学院从人员结构优化和领导力培训两方面入手。在提升学术领导力方面，组建了由国际名师、高校专家、行业专家组成的学术委员会和专家委员会；同时在提升行政领导力方面，则根据院系管理团队以年轻干部为主的特点，全院进行统筹安排，组织开展全员培训，进行基于岗位胜任素质模型的领导力提升培训，注重提高院系负责人的行政领导力，与能够和基于权力下放的管控模式调整相对接。如此一来，在院系层面，形成以专家委员会为核心的学术领导力及以执行领导团队为核心的行政领导力互相配合、协调运行的院系运行机制。

以我多年的管理经验来看，治理的本质就是学校内部管理层之间权力、责任、利益等资源的重新配置与制衡。在纵向层面就是学院要向院系授权分配，院系要向师生授权。在横向层面就是要妥善处理学术权力和行政权力的合理配置与关系处置，提升分院领导力及组织能力，只有这样我们才能建立一个治理重心相对较低、运行效率相对高效的治理机制。

（XBU1-1）

我们学院使用波多里奇卓越绩效体系对院系进行评价。其中一个评价维度是领导力，主要考核分院负责人的学术领导力和行政领导力。院系刚刚成立之时，重点考核行政领导力；在院系发展到比较成熟的阶段之后，学院层面就用学术领导力来考核院系负责人，这时候学术领导力的考核分值就会占到比较大的比例。

（XBU1-2）

3.努力形成组织的绩效改进文化

A学院建立了规范科学的绩效评价流程，从前期、中期到后期，形成了一个从计划、执行、检查到改进的管理循环。同时还匹配完整的运营会议系统对绩效执行情况进行评价,这些会议包括例行定期会议和非定期会议。作为检查和跟踪战略执行的主要途径,定期会议系统包括每周工作例会、每月度的校长办公会以及各委员会的会议与各业务专题会、每季度的委员会战略主题报告会及预算执行反馈、每半年的战略回顾会、每年度的规划及预算审批会等。非定期会议是定期例会的有效补充,主要以务虚会、研讨会的形式召开。在绩效评价运行中,有三大会议对促进绩效改进和提高校院两级治理机制的运行效率具有重要作用。

首先,在年初审议会上,院系负责人围绕波多里奇国家质量奖指标体系向绩效委员会成员阐述年度重点工作、关键绩效指标以及预算匹配等;在此基础上,学院和院系之间进行深入沟通,双方明确评价的目标和任务要求,结合院系的发展规划、学院战略重点以及利益相关方的期望或要求,对目标值等规范要素进行审核。在年初审议会上除绩效预算委员会成员在场外,还有学校领导和若干外部专家,整个答辩过程向全校教职工开放。其次,在中期反馈与调整会议上,基于国家政策发生变化、学院战略目标年度工作要点调整等情况,允许院系根据实际情况对调整的绩效指标进行说明;但对工作周期为半年或实际工作成果已明确的指标,原则上不允许再调整;会议除了允许调整绩效指标以外,还强调校领导和外部专家的反馈与辅导,以推动各部门绩效改进和年度目标达成,旨在校内形成绩效纠偏文化。最后,在年终认定评价会议上,院系负责人汇报年度绩效完成情况并提交绩效总结及支撑材料,绩效委员会最终审定评价结果,院系根据评价结果制定下一年度的改进计划。A学院通过完整的运营会议系统努力在全院范围内形成绩效改进文化。在这种绩效改进文化的影响下,院系不但能够及时知晓评价结果,还能在学校领导、校外专家的反馈和辅导下制订完善的改进方案。通过绩效改进,院系的治理能力和治理水平得到了极大提高,校院两级治理机制的运行更加高效。

A学院勇于改革、勇于创新,初步走出了一条适合自身特色的创新发展之路。在内部治理中体现了"以教师为中心",充分授权赋能,在院系权力运行机制中,平衡学术权力与行政权力,在治理过程中建立了上下联动机制,体现了教师与学校管理者间的平等关系、组织结构扁平化等做法。这些做法对推动学院传递和传播"为学生提供高质量的教育服务"的办学使命,让全体教师在充分达成共识的基础上,为实现"成为中国最受尊重的私立大学"愿景而努力具有积极作用。学院在短短20多年里所取得的成绩是令人鼓舞的。至 2018 年，A 学院已连续第 6 年蝉联中国校友会网"中国财经类民办大学排行榜"榜首，招生成绩综合保持全省同类院校第一，获得教育部首批教育信息化试点优秀单位、省级示范性就业创业服务机构、省级绿色文明创建示范单位、省级教育事业统计先进集体等 20 余项国家和省级荣誉，成为欧洲管理发展基金会（EFMD）会员，其下属的艾德艺术设计学院已成为国际艺术设计与媒体院校联盟成员。这些成绩的取得都得益于 A 学院在内部治理结构方面的不断探索。

第三节 "内驱外引型"绩效评价对民办高校内部治理结构的基本作用

在我国，除了 A 学院这类个人投资办学的民办高校以外，还有企业办学型和国有民办型的民办高校。根据笔者调研，发现企业办学型的 B 学院和国有民办型的 C 学院，其绩效评价的形成呈现出如下特征：一方面以学院发展为导向，在绩效评价中较好地体现了来自学院内部的自我驱动；另一方面绩效评价在形成过程中较多地体现了政府部门的意志。这种绩效评价形成的动因，与 A 学院以自我革新为主的"内生主导型"绩效评价有着较大的区别，故本书将其称为"内驱外引型"绩效评价体系。本部分以 B 学院和 C 学院为例，分析两所高校绩效评价实施背景、内容以及绩效评价对内部治理结构的影响。

一、绩效评价实施背景

（一）B 学院绩效评价实施背景

B 学院坐落于华东地区一所现代化的国际港口城市，是一所由企业投资举办，以经济、管理学科为主，经、管、工、文、艺等多学科协调发展的全日制民办普通高校。学院设有 42 个本科专业，5 个专科专业，在校全日制本专科生近 2 万人，拥有教职工千余人。在办学过程中，B 学院逐步确立了"立足地方、融入地方、服务地方，主动为区域经济社会发展服务"的办学宗旨和"成为中小企业发展的首选大学"的办学理想，明确"为中小企业培养中高端技术、管理岗位应用型人才"的人才培养目标,不断挖掘和发挥民办机制优势,坚持开放办学,积极融入企业资源,主动探索应用型人才培养模式改革,致力于提高应用型本科教育的质量与水平。但由于发展速度较快,本科办学时间短、经验不足等多种原因,学校在教育教学工作中还存在着许多问题与不足,人才培养质量与地方经济社会发展的需求尚有一定距离,学院发展面临着来自内外部环境的巨大挑战。

1.提升应用型本科教育质量带来的新挑战

一是进一步落实面向中小企业的应用型人才培养定位面临的挑战。部分教师对面向中小企业的应用型人才培养定位认识不够坚定。学院根据区域经济发展特征、人才市场需求以及毕业生就业去向调研结果,提出了为中小企业中高端技术、管理岗位培养高素质应用型人才的目标定位。部分教师虽不否认定位依据的真实性,但由于思想上还是局限于传统学术型本科教育的思维,对学院人才培养定位存在疑问,担心这一人才培养定位不被社会尤其是学生家长所认同,进而降低对学生及家长的吸引力,影响学院招生质量。因此在工作中表现出对人才培养定位的认识不够坚定,贯彻落实人才培养目标和要求不到位,在具体教学过程中,包括在新生始业教育、毕业指导等环节中,未能很好起到对学生进行正确导向的应有作用,直接影响了学校人才培养目标的实现,影响了学生正确职业观、就业观的形成。尽管学校层面组织开展了本科教育思想大讨论、应用型本科人才培养大讨论和学校发展规划与办学定位大讨论,但分院层面在面向专业、教研室和教师组织开展的学习研讨不够深入、到位,没有深入研究分析学校自身的现状、问题及发展道路,没有深刻认识到应用型地方本科院校融入地方经济社会发展的重要性,没有深刻理解面向中小企业的应用型人才培养定位的内涵与要求。

二是专业建设整体水平提升面临的挑战。学院整体的本科课程体系应用型特征不突出。大部分专业的课程设置还是依据知识逻辑体系进行安排,应用型知识能力体现不明显;对本专业能力培养要求不清晰,支撑职业核心能力培养的课程设置依据不充分,或设置不够科学合理;实践性教学环节安排缺乏与能力目标对应的系统性,部分专业提出了行业从业资格和职业能力标准培养要求,但还没有较好解决职业资格考证内容与课程体系的有机融合问题。课程建设与人才培养目标要求有较大差距。教学方式方法改革力度与深度不够,课堂教学质量需要进一步提高。尽管学院出台了推进应用型课程体系建设的相关政策与举措,但由于本科办学历史短,大多数专业缺少应用型课程体系的积淀,各个专业在建设与实施应用型课程体系方面的进程与成效也不平衡。同时,来自传统本科高校的教师向应用型本科教育的观念、思维、知识能力结构的转变尚需要一个过程,对应用型课程体系的研究不够深入,建设与实施应用型课程体系的经验不足、能力跟不上,推进力度不够大。

三是师资队伍建设对应用型人才培养的支撑面临的挑战。B学院的教师总量与学院建设目标、发展速度相比还有距离。专业教师结构局部不平衡,一些新建的本科专业教师数量不够充足,而一些传统专业,如人文类的外国语专业等专业教师处于饱和状态。高水平的学科带头人、专业负责人数量不足,学科专业分布不均衡。总体上讲学校各学科、专业都有学科带头人、专业负责人和数量相当的教学、科研骨干教师,基本能适应当前学校学科发展和专业建设需要。但高学历、高职称尤其是高水平的学科带头人、专业负责人数量相对不足,且在各个学科专业上的分布不均衡,尤其是一些新建本科专业,高层次教师数量更显不足,部分专业的专业负责人仍由副高职称教师担任,影响专业建设成效。教师实践应用能力不强,来自行业企业、具有工程背景教师发展渠道不畅。教师队伍整体实践应用能力,包括应用教学、应用研究和社会服务能力还不能完全适应学校应用型人才培养和服务地方经济以及中小企业发展的需要。来自行业企业具有工程背景的教师发展渠道不畅,存在制度瓶颈,尤其是学术导向的教师评价体系,影响这类教师的专业发展积极性。受高等教育体系内长期形成的学术性评价导向的影响,教师向应用型方向转型的动力不足,导致教师队伍的整体实践应用能力还不能完全适应学院应用型人才培养和服务地方经济以及中小企业发展的需求,理论与实践脱节、研究与教学脱节现象仍然存在。

2.来自政府部门的考核评价压力

一是省教育厅组织的"普通本科高校分类评价"工作。为了促进高校在不同层次、不同领域办出特色、办出水平,教育厅对省内高校提出了"普通本科高校分类评价管理办法"。B学院是民办高校,参加省里的分类评价考核,虽然获取不到政府的财政经费,但因为考核评价的排名情况涉及学院的办学声誉,也涉及学院在省内同类院校中的办学影响力,需要学院全力以赴地做好此项工作。

二是学院面临着当地教育局组织的高校办学绩效评价。为切实发挥绩效评价对高校的激励作用,促进高交优化内部治理结构,激发高校内在办学动力和发展活力,当地教育局每年实施对高校办学绩效的评价。根据文件精神,民办高校和公办高校一样,可以获得政府财政补助。和国内其他民办高校一样,B学院办学运行经费也是以学生学费收入为主,因此能否争取到额外的办学经费,对B学院而言意义重大。在市教育局发布的《××市高校办学绩效评价办法(试行)》(X教高〔2016〕41号)文件中指出,"评价结合学校定位和规划,重点考察在同类高校中的办学成效、排名及进位情况",为了获得经费支持,B学院需要充分研究评价指标,争取有较好表现。

三是学院面临着省级应用型建设试点示范学校评价工作。2015年底学院入围省级首批十所应用型建设试点示范学校,建设周期为五年,教育厅实行中期评估动态调整机制。为了顺利通过中期评估,需要B学院在工作中根据《××省应用型本科院校建设指导性评价指标体系》中的要求,将指标分解好、落实好。

在清晰地认识到发展过程中所面临的内外部挑战之后,对B学院而言,如何利用有限的资源和时间,实现更好、更快的发展,关键是要找准学校与环境之间的最佳契合点。B学院发现,学院"十三五"事业发展规划的编制与实施正是协调学院与内外部环境之间的最佳策略。基于上述考虑,结合高水平应用型大学建设目标,B学院以"十三五"事业发展规划中提出的关键指标为评价内容对院系开展了评价。

学校绩效目标的制定,一方面要依据自身的实际办学水平,另一方面也要研究政府部门的要求。我们在制定指标时,就是综合考虑了以上两个因素,然后把这些指标解读好、落实好,只有这样办学才有竞争力。

(HDU1-1)

对事业发展规划进行评价,有助于我们进一步明确办学导向,以此引领并带动学院在治校理政方面达到更高的水平。目前,我们在内部治理上还存在着一定问题,但通过制定出适合学校发展的、高水平的绩效评价制度,对规范和完善内部治理结构是有帮助的。

(HDU1-2)

(二)C学院绩效评价实施背景

C学院坐落于华东地区的一个省会城市,是一所涵盖医学、文学、经济学、管理学、理学、法学、工学、艺术学等8大学科门类,多学科协调发展的民办普通高校。至2019年年底,学院设有12个院系,47个本科专业,8个专科专业,现有教职工 1200 余人,在校生 1.7 万余人。学院通过校政企协同,产科教融合,共建行业学院来提高学生的学习能力、应用能力和发展能力。C 学院在我国各类民办本科院校竞争力排行榜中连续多年名列前茅。2014 年 11 月 8 日,C 学院迎来了三十周年校庆。如何以校庆为契机,"发现新机遇、确立新标杆、激发新动力、重塑新优势",创建高水平的民办高校是 C 学院发展面临的问题。

1.深化落实教学服务型大学的办学定位对 C 学院提出了新的挑战

2011 年开始,C 学院确立了"教学服务型大学"的办学定位,这是在遵循高等教育规律和规范基础上,以现代服务理念配置办学资源和运行、管理的现代大学的办学定位。这一定位突破了传统意义上的大学定位框架,突出服务理念对大学组织制度设计的引领与驱动。但在办学实践中,C 学院深刻地认识到,如何更好地秉承服务理念,以服务统领学院全面工作,将服务贯穿于整个人才培养、学科科研、行政管理的过程,不断提高办学质量是一件任重道远的事情。学院要成为地方经济社会发展的"引擎",关键的前提是构建起与办学定位相适应的教学服务型特色体系。但在几乎所有高校都亦步亦趋地朝着学术型道路上前进之时,坚守"教学服务型大学"办学定位,C 学院需要具有一定的勇气和定力。

为了让"教学服务型大学"的办学定位更加深入人心,C 学院需要进行成体系的改革。首先,C 学院在院级层面,进一步增强职能部门的服务意识,实施精细化管理。其次,为了做到服务对路,精准地提供地方经济社会发展所需的服务内容,C 学院不断拓展职能,合理设置组织机构,提高服务质量。再次,按照重心下移、责权统一的原则,C 学院进一步理顺校院两级的责权利关系,在学院内营造一个既公平竞争,又能扩大院系办学自主权、激发院系服务地方经济发展的良好氛围。最后,为了提高教师服务社会的意识和能力,C 学院加大教师职称评聘制度等改革力度,以评价标准的改变推动教师转型发展。

2.外部环境的挑战

第一,面临着国内同类高校的竞争。随着国家对民办高等教育发展的宏观政策环境持续改善,一些民办高校依靠自身积累在外延式发展过程中形成了一定的办学特色和社会影响力,这些高校开始转入内涵式发展阶段。在这种情况下,C 学院的外部发展环境发生了极大改变。2011 年,教育部通过了"服务国家特殊需求人才培养项目——学士学位授予单位开展培养硕士专业学位研究生试点工作单位名单",全国52所高校获准试点招收硕士专业学位研究生,吉林华侨外国语学院等5所民办高校位列其中。尽管只有5所民办高校获批,但却意味着整个高等教育发展方式和管理方式上的一个重大变革,极大地增强了这些民办高校对社会和学生的吸引力。这一举措对包括C学院等在内的国内部分优质民办高校,既是机遇又是挑战。此外C学院地处省会城市,虽然在地域上具有一定的招生优势,但省会城市同时也是高校云集的地方;在省会城市坐落了一批与C学院办学定位相似的公办高校,这些公办高校近些年获得了政府财政的大力支持,办学环境得到了极大改善,人才培养质量持续提高,又因为学费相对低廉,对学生的吸引力日益增强,他们已成为C学院加强内涵式建设的外部强大压力。对C学院而言,只有着力建设教学服务型大学,强化服务理念、发挥服务功能和改进服务流程,增强教育与区域经济社会发展的适应性和契合度,才能在与经济社会的有机联动中发现并找准自身的发展空间与机遇。

第二,政府部门的考核评价。与B学院一样,C学院也面临着省教育厅组织的普通本科高校分类评价工作;同时作为硕士专业学位授权立项建设单位,C学院还面临着如何集聚优质资源,进一步提高学科建设水平的压力,使5个左右的学科能率先达到硕士学位点申报的条件,尽早开展专业硕士研究生教育。此外建设应用型学科专业、培养高素质应用型人才,以较好的成绩通过省一流学科和专业建设的任务要求,都需要C学院做好积极应对。

二、绩效评价实施内容

(一)B学院绩效评价实施内容

1.对院系的绩效评价内容

B学院在绩效评价中引入了关键绩效指标(Key Performance Indicators,简称KPI)概念。杨鹤清认为,所谓的关键绩效指标,是指对实现学院整体发展目标有较大影响的重点工作。[①] B学院在兼顾内部自身发展需求和外部教育行政部门的要求基础之上,结合学院"十三五"事业发展规划,确定了一批关键绩效指标,并将其转化为对院系的目标任务。B学院

---

① 杨鹤清.KPI在高校绩效考核中的应用分析[J].当代经济,2016(5):108-110.

的《"2016—2020年"事业发展规划关键绩效指标考核试行办法》中,对院系的评价内容包括两个部分,定量指标和定性指标,其中,定量指标占比70％,定性指标占比30％。定量指标结合学院事业发展规划、各类专项规划中规定的关键绩效指标和省市教育行政部门提出的要求,主要从教学、学科建设与科学研究、服务地方、大学生科技创新实践与教育国际化等方面进行评价,具体定量指标见表5-2。

表 5-2　B学院对院系评价的关键绩效指标（定量部分）

一级指标	二级指标	单位
专业建设 （40％）	省市优势、特色专业	个
	省级及以上教学资源	个
	市级教学建设项目	个
	省级教学成果	个
	市级教学成果	个
	国家级A类及国际竞赛	项
	省级A类竞赛	项
	省级B类竞赛	项
学科建设与科学研究 （30％）	科研经费	万元
	国家级项目	项
	省部级及以上项目	项
	市厅级以上科研奖励	项
	核心研究	篇
	学术著作	部
	知识产权	个
	服务地方大项目	项
	产学研合作科技平台	个
教育国际化 （10％）	外国留学生占在校生比例	百分比
	交换生、交流生占在校生比例	百分比
	全外语和双语授课课程比例	百分比
	主办或承办国际学术会议/论坛	场
	外国文教专家/教师	百分比

续表

一级指标	二级指标	单位
应用型建设 （10%）	应用型课程及应用型教学团队	个
	实施课堂改革课程	门
	应用技术人才培养基地	个
	产学研合作项目	个
大学生科技创新实践 （10%）	学生科技学术研究	篇
	学生专利	项
	学生创新创业成果转化	项

除了定量指标以外，为引导院系注重特色发展，B学院在绩效评价体系中，还设置了定性指标。定性指标是指院系在学院重大特色项目建设过程中，形成的能充分体现改革创新示范价值和民办高校体制机制优势的特色创新项目。笔者在调研中发现，B学院的特色创新项目，主要是指校企合作共建产业学院培养应用型紧缺人才的内容。定性指标的设置对鼓励院系发挥民办教育的体制机制优势，不断改革创新，注重特色发展和差异化发展具有一定的引导作用；同时这一做法也能有效避免院系因过度关注一些量化的教学科研指标，而忽略或舍弃一些隐性质性评价内容的做法。该指标每年由院系根据项目的进展情况自行提出。

学院面向区域新经济、新业态的发展需求培养应用型紧缺人才，这是特色发展、错位发展的一种思路。产教融合，校企合作，与企业合作共建产业学院培养应用型紧缺人才已成为学院内涵式发展的创新点与增长点。因此在对院系的绩效评价中，我们设置了30%的定性指标，鼓励院系积极创新，办出特色。

（HDU1-1）

定性指标的设置，对调动院系特色发展，产教融合培养应用型人才起到了积极的推进作用。至今，我们以"项目制""股份制""产学研一体化""产权和资金为纽带"等为主要合作形式，设立了包括家族财富管理研究院、3D打印学院等在内的7个产业学院，为区域经济发展输送了大量家族财富管理、大宗商品交易、创业管理、互联网营销等紧缺人才。

（HDU1-2）

2.对教师的绩效评价内容

（1）对教师的教学业绩评价

B 学院对教师的绩效评价，从制度层面上而言，只实施教学工作评价，对教师的科研成果则以奖励为主，不做硬性要求，其科研业绩在教师职称晋升和岗位聘任之时使用。这一制度设计，充分体现了 B 学院突出教师教学工作质量、强化教学中心地位的导向。B 学院的教师教学工作，评价指标包含教学工作量、教学效果、教学研究与改革等三部分。其中，教学工作量是指承担由院系安排的各专业人才培养计划内的各类教学任务的工作量以及院系规定的可折算为教学工作量的其他项目；教学效果指对教师所承担教学工作的效果评价以及教师在指导学生获奖、教书育人方面的奖惩情况；教学研究与改革主要包括教师承担的教学建设与研究项目、教学改革与研究研究论著（教材）、教学或研究成果的奖励等。教师教学工作评价实行等级制，评价结论分为优秀、良好、合格和不合格四个等级，并有一定的比例控制。对连续获得教学考核优秀的教师、授予重要教学荣誉的教师、承担重要教学岗位的教师，可实行年度教学工作免考核。

学院为鼓励教师安心从事教学工作，每年只对教学工作实施考核，科研工作采取"只奖不考"的办法。我们设计这一制度的出发点是，教学工作是学院的安身立命之本，教学质量如果得不到保障，其他一切都是免谈。这一做法符合新建本科院校的特点，也符合民办高校的特点。

（HDU1-3）

教师教学工作考核实行学院统一领导下的院系负责制，各院系依据学院的指导性原则，制订具体的评价方案。以 B 学院的国际经济与贸易学院教师绩效评价为例（如表 5-3 所示），该二级学院在学院规定的教学工作量、教学效果、教学研究与改革等三个一级指标的基础上，又增设了"质量控制"指标，表明了该二级学院对教师教学工作质量的重视。另外，为鼓励教师积极从事教学改革，该学院单独设立了"翻转课堂教学实施"二级指标。

表 5-3　B 学院国际经济与贸易学院教师绩效评价表

一级指标	二级指标	指标内涵
教学工作量 （15%）	学年考核工作量	完成所在岗位应承担的教学工作量

续表

一级指标	二级指标	指标内涵
教学效果 （60%）	学生评教	学生评教结果
	督导评教	督导评教结果
	部门评教	部门评教结果
	领导评教	领导评教结果
	教学事故	发生教学事故情况
	翻转课堂教学实施	实施翻转课堂教学课程改革并获得翻转 课堂教学改革奖或优质奖
	指导学生	指导学生参加各类大学生科技竞赛或 学生科研项目和科研研究
	教书育人	在"教书育人"方面获得的奖励
质量控制 （10%）	课堂教学效果、试卷、 毕业研究、教学资料 上交情况等	教学资料的完成质量
教学研究与改革 （15%）	教学研究与改革	教师完成教学研究与改革工作情况

（2）应用型教师的评价

B学院立足于应用型的办学定位，以培养高素质应用型人才为逻辑起点，出台了《××学院应用型教师资格认定、考核、激励办法》，提出由了应用教学型、应用技术型和应用研究型三个类型，准入、初级、中级和高级四个层级构成的"三类型四层次"教师考核评价体系，其中三个类型的划分如表5-4所示。应用型教师认定的准入和专业标准如表5-5所示，这是考核评价体系的核心，既是认定应用型教师的依据，更是引领应用型教师发展的导向。学院根据教师完成的专业标准条数，分别确定三个类型中的四个不同层级。"三类型四层次"教师考核评价体系实行动态认定，B学院给予考核通过的教师相应资格补贴，营造应用型教师梯次发展、考核与激励并举的政策环境，有效地调动了广大教师加入应用型教师队伍的积极性和主动性。

表 5-4 B学院应用型教师的三个类型划分表

类型	岗位特征
应用教学型	应用教学为主，具备应用型教师的基本标准，且当前和未来从事专业 课和专业基础课教学工作的教研岗教师，来源渠道：校本转型。

续表

类型	岗位特征
应用技术型	技术实践为主,具有应用型教师的基本标准,且当前和未来从事实践教学工作和社会服务为主的教辅岗教师,来源渠道:合作转型渠道为主。
应用研究型	应用研究为主,具备应用型教师的基本标准,且当前和未来从事应用研究、社会服务为主的科研岗位教师。来源渠道:学校现有教师转型为主,企业兼职教师为辅。

表 5-5　B 学院应用型教师认定的准入和专业标准

标准	具体条件
准入标准	1.具有行业企业实践经历至少连续 1 年及以上或累计 2 年及以上。
	2.具有工程师、经济师、会计师或国家人社部门认可的中级及以上职业技术资格。
	3.担任过大中型企业管理、技术主管等中层及以上工作经历。
专业标准	1.近三年主持与本专业相关的解决技术难题和技术攻关项目已完成或结题,获得较好的经济或社会效益。
	2.近三年主持并完成应用性项目、横向课题,单笔合同到款金额:理工类不少于 5 万元、人文类不少于 2 万元;或总到款金额:理工类不少于 10 万元、人文类不少于 6 万元,或由政府部门出具证明,获得良好的社会效益或运用成效。
	3.近三年完成应用性项目或横向课题的过程中有学生参与,并使学生的实践应用能力得到了提高。
	4.近三年将应用性项目、横向课题、发明专利中部分或全部成果作为实践教学环节中的教学任务(内容),纳入到应用性课程讲授。
	5.近三年指导学生参加应用性学科竞赛(排名第一位)或本人参加实践应用技能大赛,且获得市级及以上奖励。
	6.近三年,取得发明专利,并经证明已转让。
	7.近三年,开发校外实训实习基地,经教务等部门验收,取得实际成效。
	8.近三年,非职务行为推荐并成功引进 2 名具备高级应用型教师资格的专兼职教师,并经用人单位确认。

(二)C 学院绩效评价实施内容

1.对院系的绩效评价内容

C 学院将院系的教学和科研业绩作为评价标准,积极推行目标管理,设置学院年度目标,根据目标定位、发展阶段、学科门类特征、功能承载等差异,以目标管理和自主理财为抓手,引导院系分类发展,各展所长。学院在内外兼顾的原则下,根据《××学院校院两级管理实施办法》提出的"目标管理,分类考核"文件精神,制订了《××学院校院两级目标管理考评办法》,将对院系的绩效评价分成综合评价和绩效评优两部分。其中,综合评价的内容,由学院在年初拟定,分为过程评价和水平评价两个部分。过程评价主要是对院系的工作落实情况进行评价,以"十三五"规划确定的年度目标任务和日常性工作要求确定评价内容,过程评价不合格的院系,原则上不能参与水平评价。过程评价的维度包括教学工作、学科建设和科研工作、师资队伍建设以及学生工作等四方面,如表5-6所示。

表5-6 C学院对院系综合评价之过程评价指标(教学与学科科研部分)

	评价指标	备注
教学工作	优秀课堂	
	毕业研究(设计)	专业学院
	试卷	
	任务完成	
	教学项目	
	课程思政	
	"互联网＋"教学	
	实践基地	专业学院
	千人业师	专业学院
	行业学院(虚拟班/人才培养联盟)	专业学院
	大学生体质健康测试	
	大学英语通过率	基础学院
	经费使用	
学科建设和科研工作	高层次人员科研	
	学科建设	
	学术活动	
	科研团队建设	
	科研经费	

　　C学院的水平评价指标,突出绩效导向,是对院系的实际工作成果进行认定的一种评价,参照《××省普通本科高校分类评价管理指标体系》《××学院"十三五"事业发展规划》和《新增硕士学位授予单位申请基本条件》中

的有关要求,确定年度水平评价指标;院系可以根据发展情况和自身能力申请自设项目,经确认并定级后列入院系年度任务。C 学院对院系的水平评价指标分为四个等级,特一类为最高级,三类为最低级,对不同等级分别赋予不同的权重(如表 5-7 所示)。

表 5-7　C 学院对院系综合评价之水平评价指标(部分)

指标类别	具体项目	备注
特一类	国家优势/特色/一流专业(建设项目)、国家实验教学示范中心(建设项目)、国家精品在线开放课程、学校特需专业获批	待机申报/依据高水平本科高校建设方案
	省级及以上教学、科研成果一等奖	依据"十三五"规划
	省级科研/教学平台/产学研合作平台	依据"十三五"规划
	国家级重大/重点科研项目	依据"十三五"规划
	省部级及以上人才	硕士点建设单位
	在省一流学科阶段性绩效评估中平均得分在前 30%的为 A 等	依据教育厅分类考核要求
一类	本科毕业生读研	依据"十三五"规划
	省级精品在线开放课程	依据高水平本科高校建设方案
	省部级及以上科研、教学成果二等奖	依据"十三五"规划
	国家级科研项目	依据"十三五"规划
	高水平研究与著作总量(篇、部)、教师发明专利	依据"十三五"规划
	省部级科研项目	依据"十三五"规划
二类	实际到账科研经费总量(万元)	依据教育厅分类考核要求
	"双师双能型"教师人数	依据教育厅分类考核要求
三类	行业学院建设:联合企业排名前 2 出版适用于行业的教材;开设了满足行业需要的课程;获得了行业委托或校企联合攻关的项目(到校经费 30 万及以上);排名前 3 取得了标志性成果(校外市厅级及以上发明专利、行业标准、科技成果奖、教学成果奖、示范性产教融合基地或大学生校外实践教学基地 1 项);	依据"十三五"规划

除了综合评价以外,C 学院对院系的评价,还有绩效评优部分。绩效评优设四个单项奖,根据当年度院系的业绩情况,评选四个"绩效优秀奖"以表

彰单项绩效最高的院系;评选四个"绩效优良奖"以表彰单项绩效较好的院系,分别给予一定金额奖励。

2.对教师的绩效评价内容

C学院根据全院教学、科研与育人任务,探索建立教师核编核岗制度,逐步推进以岗位核定数为基础的院系经费划拨制度改革;并根据学科特点和人才成长规律,完善教师分类管理的岗聘机制;以绩效为导向,兼顾公平与效率,构建以岗位为基础,以水平、业绩和贡献为要素的薪酬体系。C学院对教师的教学业绩考核和B学院一样,包括了教学工作、教学效果、教学研究与改革等三个部分(如表5-8所示),但这三个部分在两个学院所占的比例有较大区别。在C学院,教学工作、教学效果、教学研究与改革分别占到40%、40%和20%;但在B学院,这三个部分的比例分别为15%、60%和25%。这反映了C学院比较重视教师承担教学工作的任务量,而B学院则强调教师在教学工作中所取得的效果。

表5-8 C学院管理学院教师业绩评价表(教学部分)

一级指标	二级指标	
1.教学工作量:800分封顶	1.1 课堂教学	
	1.2 实验、实习、毕业设计	
	1.3 观摩教学课(由校院统一组织)	
	1.4 其他	
2.教学效果:800分封顶	2.1 课堂教学质量评价	
	2.2 教学工作奖惩	校级以上部门授予的优秀教师、教学名师等荣誉称号
		校级以上部门组织的教学技能竞赛获奖
		其他院级评优评奖
		重大教学事故
		一般教学事故
	2.3 指导学生获奖	指导学生竞赛
		指导学生科研研究
	2.4 其他	

续表

一级指标	二级指标	
3.教学改革与研究:400分封顶	3.1 教学建设	专业建设
		课程建设
		教材建设(已出版、本科)
		教学实验室(实习基地)建设
		其他
	3.2 教学改革	教改项目
	3.3 教改奖项	教材奖;教学成果奖

三、绩效评价对内部治理结构的影响分析

(一)绩效评价对不同治理主体的影响力

治理理论认为,治理主体应根据自己在组织中的地位和作用享有相应的治理权,并承担与之对应的责任;同时多元治理主体之间的协商对话是建立在平等民主基础之上的,强调自上而下的法定权力运作的同时更加注重自下而上的权益保障。好的治理结构是利益相关者共同参与的结果,能够较好地平衡他们之间的利益诉求。通过上文分析我们可知,两所学院的绩效评价体系和上级主管部门的考核评价工作有机结合,充分考虑了政府的意志,教育行政部门虽然没有直接参与到学院绩效评价的具体过程中,但政府的政策导向却较为充分地转化成为两个学院的绩效评价指标,政府作为最重要的外部利益相关者间接地参与到两所学院的内部治理中。但研究也发现,"内驱外引型"绩效评价体系对民办高校内部各治理主体的影响程度并不一样,以校长为首的管理团队其治理主体的地位得到了强化,院系通过绩效评价重要性得到了一定的体现,教师的主体地位没有太大的变化。本部分以政府、校长为首的管理团队、院系为例进行分析。

1.政府通过绩效评价间接地成为治理主体之一

政府通过实施绩效评价间接地成为治理主体。B学院绩效评价指标在确定时,主要结合了《××省普通本科高校分类评价管理改革办法》《××市"十三五"教育事业发展规划》以及××省应用型建设试点示范学校等工作的要求;C学院主要结合了《××省普通本科高校分类评价管理指标体系》

《新增硕士学位授予单位申请基本条件》《××学院加快建设高水平本科教育实施方案》以及××省应用型建设试点示范学校等要求。政府虽然没有直接参与两所学院的内部治理,但通过评价手段,引导高校的办学活动始终围绕着教育行政部门的要求展开,通过这种方式政府间接地成为民办高校的治理主体。

B学院和C学院所在地的教育行政部门对本科高校的办学绩效评价体系中,都有提到对高级别科研项目和高层次人才的指标要求,因此这两所高校在对院系的评价指标中都具体转化为"国家级科研项目""省部级科研项目""省级科研平台""省部级及以上人才"等要求。另外这两所学院所在省份的应用型建设指导性评价体系中都有"办学定位与办学机制"这一指标,提到"学校领导重视应用型人才培养,实行校企合作、产教融合的开放办学体制,建有与行业企业深度合作的机制",根据这一指标要求,两所学院积极开展产教融合,并将其作为一个重要的指标对院系进行评价。政府拥有重要的社会资源,通过评价发挥着经济杠杆的作用,同时还促进民办高校重视提高教育教学质量,引导其紧密对接区域经济发展需求,主动创新办学机制,加快应用型人才培养。在这一过程中,政府不仅能够获得一定的教育利益和政治利益,还能提升政府执政的满意度与公信力。与传统行政性的、直接介入内部管理的手段相比,政府采用评价性的管理手段介入民办高校内部治理更具隐蔽性和柔性化。

2.以校长为首的管理团队地位得到了显著提升

科学、合理、有效的绩效评价体系是对高校办学水平及办学努力程度的一种判断手段,也是高校管理者进行人、财、物等办学资源分配的基本依据,还是规范高校办学活动、提高办学质量的重要方式。B学院和C学院的评价方案都是在以校长为首的管理团队主导下制定的,并成为学校内部开展工作的依据,以校长为首的管理团队其治理主体的地位通过绩效评价得到了显著强化。首先,两个学院都成立了由校长任组长、全体校领导为成员的绩效考评领导小组,领导小组的办公室设在发展规划处,在组织架构上给予了充分保障。其次,由于绩效评价指标是今后学院一段时间内工作的重点和努力方向,对各个利益相关者的自身利益均会产生一定影响。以校长为首的管理团队必然要对评价体系的模式选择、指标制定、权重分配、评价实施机制等方面进行干预,期望其朝着有利于自身利益实现的方向运行。管理团队的这种期望是在追求更多自身利益的过程中形成的,同时也是在维护教师、学生等利益主体的利益过程中形成。为了获得预期利益,管理团队必然会建立完善的工作制度来提高内部管理效率,提高学校人才培养、学科科研建设、教师专业发展等核心工作的水平,在这一过程中管理团队的治理主体作用得到了强化。再次,在评价结果使用上,两个学院均将其作为院系领导班子年度和任期考核、干部评优及选用、财务拨款和其他资源配置的主要依据,这一使用原则进一步强化了校长在治校理政方面的权威。最后,因为绩效评价在很大程度上体现了政府意志,两个学院在教育行政部门组织的评价活动中均有不俗的表现,学院在评价中的良好成绩在一定程度上提升了管理团队在董事会和全体教职员工心目中的地位。

3.院系的重要性通过绩效评价得到了一定体现

无论是 B 学院的关键绩效指标考核,还是 C 学院的目标管理与考核体系,都有利于学院治理工作的重心下移,进一步优化院系的发展环境。首先,从两所学院实施的绩效评价内容我们可知,学院和院系在协商沟通的基础上,确定院系应完成的年度目标任务,院系具有一定的选择空间。其次,绩效评价增强了院系自我谋划能力和追求产出质量的动力,院系在内部治理中的作用在一定程度上得到了体现。以 C 学院为例,在教师岗位绩效的评价方面,学院设置了教学型教师、教学科研并重型教师的教学、科研业绩底线标准;在此基础上,院系可以结合学院下达的任务自行上浮设定教学、科研工作量标准,并可视情况调整教学科研型教师岗位年度业绩考核的教学、科研、育人工作的比例关系;在学院核定的教师年度教学业绩等级比例下,院系可自主制定教师年度教学业绩评价办法。教师超院系设定的教学工作量酬金标准和外聘教师的课时酬金标准,院系可视情况予以打破,可以自主制订岗位绩效分配方案的程序。同时,C 学院还规定,院系应成立岗位绩效分配方案制订领导(工作)小组,成员应包括院系领导、分工会主席、纪检委员、教职工代表等;方案制订过程中需充分听取教职员工的意见和建议,落实民主决策的要求,并将经过二级教代会审议通过的院系岗位绩效分配方案报学院的人事组织处备案。

过程评价有利于促进院系更好地落实学院提出的各项目标任务并使其工作不断地规范化;而水平评价则对提高院系的绩效产出、鼓励院系个性化发展具有一定的推动作用。由于学院加大了对院系目标任务与资源配置的关联度,院系在学院治理中的作用比以前有了一定程度的提高。

(HDU4-1)

作为一所新建民办本科高校,我们要利用有限的资源和时间去实现更好、更快的发展,就必须在治校理政方面努力迈步,切实提高大家的治校理政意识、能力和水平。只有大家都参与进来了,内部治理结构才是合理的。绩效评价给了大家参与内部治理的机会。虽然大家都知道,院系在学院发展中的作用十分重要,但我们还缺乏让他们充分发挥作用的渠道和机会,这是我们今后要努力改变的。

(HDU1-1)

(二)绩效评价为完善内部治理规则提供了明确依据

B学院和C学院的绩效指标分别根据各自建设需要和教育行政部门的导向,以量化指标为主,适当辅以质性指标。绩效指标除了涵盖作为本科高校在人才培养、学科科研、社会服务等方面所应达到的基本要求以外,同时还为学院在应用型高校建设过程中的特色发展、教师转型发展等提供了明确导向,相应地学院在这些方面的治理规则也日趋完善。

1.以特色发展为目标引领制度改革

产教融合、校企合作是地方高校培养应用型人才的主要路径,但在推进的过程中却面临着一系列困难。一是由于办学主体单一,社会、企业等资源进入高校的渠道并不通畅、校企共同主导的宏观管理体制、相关制度法规等尚不健全,地方高校的校企合作推进较为乏力。二是由于企业在校企合作中的身份、利益等模糊不清,导致其在合作过程中参与的积极性不高、稳定性差。三是地方高校一般按照学科体系设立二级学院,由于这类学院设置的学科跨度较小,人才培养缺乏多学科性和专业复合性,培养出来的人才已无法较好地满足区域产业转型发展带来的人才质量上的强劲需求。校企如何携手改革,突破产教融合、校企合作瓶颈,把产教融合渗透到人才培养的全过程,切实提高应用型人才培养质量,是地方高校亟须解决的困境。民办高校作为地方高校的一员,同样面临着上述问题。

B学院和C学院都认识到产教融合、校企合作在培养应用型人才中的重要性,两所学院都成立了产业学院或行业学院。B学院将产业学院定义为:面向区域重点产业或新兴产业,依托专业学院,与行业企业深度合作,融合相关学科专业,以特色专业或专业群为载体,开展应用型紧缺人才培养的一种新型二级学院。① C 学院将这种面向产业,与行业企业合作的二级学院称为行业学院。本书认为,虽然两所学院在叫法上有所区别,但无论是产业学院还是行业学院其实质都是产教融合、校企合作培养应用型人才的一种有效途径,故本研究对两者不再做进一步的细分。为了引导院系更好地建设产业学院,两所学院都将其作为对院系绩效评价的一个重要指标。B 学院 30% 定性指标主要是针对产业学院建设,C 学院也专门在水平评价指标中,设置了"行业学院"建设指标并规定了一些具体的评价标准。两个学院通过绩效评价指标的设置,引导院系特色发展,注重应用型人才培养,产业学院有效地推动了两所学院从单一的学校教育转向学校教育与企业实践相结合,人才培养从传统的偏重学生知识传授向注重应用实践能力转变。

自 2011 年开始,B 学院立足区域经济建设和产业发展需要,以办学体制机制创新为突破口,与企业深度合作相继成立了 7 个产业学院。为了推动产业学院建设,B 学院出台了《产业学院推进新业态紧缺人才培养工作的实施意见》《关于加快推进产业学院建设工程指导意见》《关于深化落实产业学院建设工程的若干意见》等系列文件,在人才培养目标、组织架构、合作形式、资源配置等方面采取与传统学院分类管理的做法,给予产业学院更多的办学自主权。在制度保障下,B 学院下属的多个院系与企业共建共管产业学院,双方合作成立理事会,实行理事会领导下的院长负责制,引入社会资本和社会师资,产业学院成为支撑学院学科专业特色方向建设,对接新产业、新业态发展,提升学院服务区域经济建设和产业发展的重要平台。

工商管理学院与深圳××信息技术有限公司合作成立了创业学院,双方建立校企深度合作机制,企业承担 60% 左右的课程教学任务,创业学院按一定的比例将学费支付给企业。由于学院在顶层设计和制度上有较好的系统设计,明确了学院、二级分院、企业三方在合作中的责权利关系,因此创业学院运行机制顺畅、运行效率也较高。

(HDU1-2)

C 学院围绕所在省份的新兴产业与主干产业,主动寻求并对接地方核心产业、特色产业发展需求,根据学科专业基础,先后与地方行(企)业共同建立了树兰国际护理学院、养老与家政产业学院等 11 个行业学院。围绕八

---

① 宣葵葵,王洪才.高校产业学院核心竞争力的基本要素与提升路径[J].江苏高教,2018(9):21-25.

大万亿级产业,在行业学院创建过程中对学科专业资源进行调整,初步实现了学院与行(企)业、行业学院与传统学院、学科专业群与行业产业等三个层面有机对接的协同机制。学院先后出台了《行业学院设置与管理办法》《行业学院专业人才培养方案管理办法》《行业学院实践教学基地设置与管理办法》等,这些制度的出台,一方面完善了行业学院体制机制建设,明确了在行业学院中,行(企)业作为重要的治理方,在学院发展中的地位、作用与职责;另一个方面是推进院系引入行业标准,改造课程体系,深入推进人才培养模式改革。完善的制度为学院特色发展提供了良好保障。至今行业学院已为 C 学院吸引了外来资金 1500 余万元,近 3000 名学生进入行业学院学习。行业学院拓宽了社会资源进入高校的渠道、创新了校企合作的机制,对 C 学院培养高素质应用型人才发挥了重要作用。

"校方一头热、企业不主动"是高校校企合作中常见的现象,这是因为校企合作双方还没有真正形成"利益共同体",缺乏一个科学合理的紧密型组织。而行业学院对校企合作的制度化、组织化以及对"利益共同体"组织固化能够起到积极的作用。行业学院在我们学院的建设经验表明,学院评价的重点往往是制度创新的地方。

(HDU4-2)

2.实施分类评价推进教师转型发展

教师是民办高校办学的实践主体,是否具有一支与办学定位相适应、有效支撑应用型人才培养的教师队伍是衡量民办高校办学水平高低的重要参照系。为此 B 学院和 C 学院都通过构建与应用型高校办学定位相吻合的教师分类评价制度,充分发挥评价的导向作用,引导教师全身心地投入应用型人才培养中,不仅关注现实需要与社会实践,也关注教书育人与成果转化。B 学院除建立了与学术型教师评价体系并行发展的应用型教师评价体系以外,还通过其他制度保障教师转型发展的积极性,如学院规定在同等条件下,"取得初级及以上应用型教师资格,经年度检查合格的优先聘任专业技术职务"。应用型教师受聘后,除参加学院组织的应用能力提升培训外,每年还有机会继续参加行业企业实践或挂职锻炼活动。在治理规则引导下,经过改革实践,B 学院教师队伍整体的应用实践能力、师资队伍结构都有了明显改善,全院应用型教师占任课教师的比例从 2013 年的 20%,提高至 2019 年的 60% 以上。

C 学院以分类考核为基础的教师评聘制度对师资队伍建设提出了新要

求,推动教师管理制度不断完善。首先,C学院将高端人才资源配置和学科建设、专业建设、人才培养、团队建设等发展战略紧密结合,出台了《××学院高层次人才引进实施办法》,完善引进高端领军人才的"双聘"制度。其次,围绕学院发展战略重点领域及现有学科专业团队建设领域,出台《××学院学科专业团队建设管理办法》,积极引进高层次人才,加强内外部联动,谋划人才在团队中的培养与成长。再次,制定了《××学院加强"双师双能型"师资队伍建设的若干意见》,持续开展"百业培师""千人业师"计划,通过政策引导,鼓励青年教师下企业参与生产实践,鼓励青年教师从事应用型科研和技术开发,鼓励业界人士与学院专任教师形成优势互补的教学、科研团队,提升教师应用能力和综合素质,更好地为培养应用型人才提供支撑。最后,重视对青年教师的培养,健全校院两级教师发展制度,完善新教师入职培训制度,修订"以老带新"、"二级导师制"等助教培养制度;实施青年教师学历提高计划、青年教师科研能力提升计划等,设立"青年教师科研项目资助基金";修订《××学院中青年骨干教师海外培养计划实施办法》,每年遴选8~10名中青年骨干教师到境外访学等。

　　学院一直将教师视为最大的资产和财富,始终把教师成长和发展作为学院工作的重中之重。我们认为,以制度创新,发挥民办体制机制的灵活性,是实现学院目标和教师发展目标协同的一个重要举措。

(HDU4-3)

(三)绩效评价提高了校院两级治理机制的运行效率

　　绩效评价对推动两所高校在校院两级纵向上的分权上具有较大影响,促使学院层面不断地放权赋能,进一步理顺校院两级权责利关系,推动治理重心从院级层面不断向院系下移。

　　B学院和C学院对院系的考核涵盖了人才培养质量、学科建设成效与科研水平、人事管理、财务管理以及党建和日常管理等方面,划定了校级职能部门与院系之间的职责与管理权限。以C学院为例,该学院实行以绩效为导向的拨款方式,通过实施《关于深化二级管理、推进学院资助理财的若干意见》《××学院校院两级目标管理考评办法》等措施,将关键的财权、人权、事权下放至院系,确保校院两级权、责、利和人、财、物平衡协调,保证学院拥有经费使用、收入分配和激励方面的控制权,提高了校院两级治理机制的运行效率。

　　在经费使用方面,C学院将院系的收入分为学院核拨的经费、二级考核绩效奖励经费、院系创收经费等。在收入分配方面,鼓励院系根据学院总体框架,在院系收入水平内自主确定教师的年度工作量考核要求、超课时奖励金额标准、兼职教师和外聘教师课酬金标准等经费分配制度,在核定的绩效额度内进行院内分配,分配制度经院系教代会通过后并报学校备案,这一做法促进院系建立健全内部分配制度,合理配置内部资源,适当拉开收入差距,实现奖优罚劣,充分发挥各级各类教师的潜能,对推进院系人才培养、科学研究和社会服务等整体工作绩效具有积极的意义。C学院明确,学院只负责三年一轮的教师岗位业绩考核,院系负责教师的年度岗位业绩考核。在经费分配与发放上,学院负责院系教职工的固定工资及社会保障费(五险一金)部分的经费发放,负责院系岗位绩效和年终绩效奖励的经费核拨;而院系则负责本单位教职工(除院系党政主要负责人)岗位绩效工资和年终绩效奖励的自主分配,制定学院的岗位绩效工资和年终绩效奖励的分配方法,确定具体分配方案。学院和院系在人员考核、薪酬发放等方面责权关系明确,运行机制也相对高效。

实践表明,"内驱外引型"绩效评价体系对促进两所高校的内部治理水平提升具有明显的作用。B学院积极探索应用型人才培养模式创新,学院获评为"全国民办高校创新创业教育示范学校""××省普通高校示范性创业学院";学院以提升应用型人才培养成效为中心,以推进产教融合协同育人为依托,系统开展应用型内涵建设,在应用型教师队伍建设机制的构建、创新创业教育改革和翻转课堂教学改革推进与突破方面取得了一定成效,初具创新示范价值。近五年,在校生获国家级各类竞赛奖项1000余项;近五届毕业生创业率在全省本科院校排名前列。C学院形成了基础扎实、多学科协调发展的学科专业体系,近年来学校引进与培养了全国优秀教师、省教学名师、省"万人计划"青年拔尖人才、省中青年学科带头人等高层次人才共70余人。通过校政企协同,产科教融合,大力提高人才培养质量,"双师双能型"教师和其他具有行业背景、实践经历教师的总数占到专业教师的70.00%,建成了一支规模稳定、类型多元、专兼结合、行业企业经历丰富且实践应用能力突出的教师队伍。

第四节　两类绩效评价体系对民办高校内部治理结构影响的动因及异同点分析

绩效评价不仅决定着资源配置的价值取向和资源使用效益,而且其制度设计的合理与否,在很大程度上体现了一所高校的治理结构完善程度和治理水平的高低。这也是绩效评价作为一种基于绩效、注重绩效、追求绩效的管理工具,在内部治理中发挥着越来越重要的作用,日益受到高等教育界青睐的原因。正因为如此,我国不少民办高校从自身独特的内外部发展环境和办学定位出发采取不同的绩效评价体系,并将其作为一种完善内部治理结构的手段加以运用。本章的前两个小节组织了描述性的材料,根据案例高校绩效评价产生的动因将其分为"内生主导型"和"内驱外引型"两类,并对绩效评价实施背景、实施内容以及绩效评价对内部治理结构的影响进行了较为细致的描述与分析。从这些高校实施绩效评价的动因来看,都是为了突破原有的治理瓶颈,寻求更大、更好的发展而采取的一种理性选择,但在实施过程中又呈现出各自不同的特征。

一、两类绩效评价体系产生的动因对比

在我国每一所民办高校的成长壮大都是一部复杂的组织发展史,案例描述为我们提供了一个走近民办高校"艰难办学之路",观察其"成功基因"的有效路径。三所案例高校在创办初期敢作敢为,闯出了一条发展之路,在完成原始积累后,跻身于平稳的常态化发展之列,这意味着学院开始进入内涵式发展阶段。内涵式发展,对民办高校而言,一个关键的前提是提升治理的科学化、规范化和法制化水平,不断优化内部治理结构,但不同高校基于不同的资金来源和发展阶段,其绩效评价产生的动因有所不同。

(一)自主创新是"内生主导型"绩效评价体系产生的根本动因

作为一所由个人投资创办的学院,A学院在二十年多的发展历程中,举办者在资源紧缺的情况下,主动变革以适应内外部环境变化,运用企业化的运作模式,不断自主创新,实现了跨越式发展。为实现"成为中国最受尊

重的私立大学"的办学愿景,A 学院采取了系列治理手段和措施,其中绩效评价就是一个有效的手段。正如 A 学院的举办者所言,"在生源充足的前提下,不存在生存压力,主要压力是质量。如果没有战略转型,依然靠规模拉动,那么质量压力就会转变为生存压力。因为现在未饱和市场很少了,成本提高了,所以只有比别人做得更好,才可以生存"。在没有政府财政资金支持的情况下,在高等教育优胜劣汰和大洗牌进程中,A 学院深刻地认识到自主创新的重要性,认为只有自主创新学校才能生存和发展。

A 学院的办学成功与举办者具有强烈的企业家创新精神是分不开的,早在 10 年以前,A 学院的举办者就敏锐地察觉到,民办本科高校若无法办出自己特色,未来必将面临巨大的生存压力。因此 A 学院并没有盲目仿照公立高校的发展路径,而是出于危机意识和生存意识,另辟蹊径,通过自主创新在极为恶劣的环境下生存了下来。A 学院在 2008 年底推出了"以学生发展为中心"的办学模式,这一办学模式逐渐取代了"以学院发展为中心"的传统办学模式。学院制订了十年期的"四四二"发展规划,确定了"三大战略、两大支撑"的战略管理体系,由此以"国际化、应用型、新体验"为全新教育理念的教学改革正式拉开了序幕。随后学院在内部实施绩效评价,并在实践中不断创新完善,以适应发展要求,这种绩效评价主要是由内部力量驱动,尽管这一过程与外部的国家政策保障、教育行政部门的引导也是不可分的,但起主导作用的是内部力量。

(二)内外兼顾是"内驱外引型"绩效评价体系产生的根本动因

从创办伊始,由企业投资创办的 B 学院,以院长为首的管理团队就牢牢地抓住民办高校的体制机制优势,利用国有企业投资方对学院持"无为而治"的态度,遵从教育规律,大胆改革,及时抓住各类机遇,二十年的发展过程其实就是学院不断改革创新的过程。如今学院在产业学院创建、翻转课堂与混合式教学改革、创新创业教育等应用型人才培养方面已形成了鲜明的特色,在较短时间内跻身于我国发展实力最强、发展潜力最大的民办高校队伍。在调研中,B 学院的院长谈到,"除了要集中力量抓建设、促发展之外,还要深入思考如何提升治校理政的能力;治校理政,需要增强战略意识,创新工作方法。我们不但要埋头苦干,还要眼睛朝外,看到政府的需求"。因此 B 学院的绩效评价体系,其关键绩效指标不仅体现了学院特色发展的需求,还体现了政府部门的意志。

C 学院把"教学服务型大学"作为办学定位,在三十多年的办学历程中,注重人才培养模式改革,做强做实高素质应用型人才培养,积极开展学科建设和科学研究,加强师资队伍建设,提高教师教学水平和服务社会能力,在全国新建本科院校和民办高校中确立了自身地位,也向人们见证了民办教育对高校人才培养所发挥的巨大作用。在调研中,C学院的院长谈到:对民办高校而言,只有努力发挥体制机制优势,走特色发展之路才能取得办学成功。但民办高等教育又是高等教育系统的一部分,我们可以追求自己的特色,在很多时候还是要尊重办学规律,办政府需要的民办高校。基于以上认识,B学院和C学院的绩效评价体系,都兼顾了内部的办学实际需求和外部的教育行政部门意志。

作为个人投资办学型的A学院其生存和发展道路,较之企业投资办学型的B学院和国有民办型的C学院来得更为不易和艰辛。为了能够在竞争激烈的环境下生存下来,A学院意识到应尽快进入到"自我约束"阶段,其改革的内在需求更为强烈,改革的内在推动力量也更为强大;同时,A学院相比于B学院和C学院,所受的制度约束也相对较少,这也是其能够按照自己的发展需求,有效支撑改革高效落地的一个主要原因,因此A学院的绩效评价体系呈现出"内生主导型"的特征。B学院因所投资的企业是一家大型国有企业,母体企业的性质决定了其内部治理结构不可能完全和个人投资型的民办高校一样;C学院是一所国有民办型的民办高校,学校能够获得部分财政资助,教育行政部门在其董事长、校长和书记等重要人事任命中发挥着重要作用。教育行政部门的意志在这两所高校均是得到不同程度的体现。在调研中,笔者还发现,B学院和C学院所在的省份,政府给予学院教师事业编制的待遇,事业编制一方面解除了学院发展的后顾之忧,另一方面学院的内部机构设置、人员编制和领导职数等工作接受当地市级编制委员会办公室的管理。在这种情况下,B学院和C学院的绩效评价体系因兼顾了内外部的要求而呈现出"内驱外引型"的特征。

在发展初期,由于民办高等教育刚刚兴起,缺乏可供借鉴的办学模式,而在我国特有的国情和教育管理体制下,国外私立大学的办学模式又无法适用,民办高校的发展模式和内部治理结构都处于一种摸索状态。但随着民办高校对高等教育规律认识的不断深入,高校开始注重人才培养质量提升和人才培养模式改革,并逐步形成了自己的办学特色。民办高校内涵式发展,必然需要完善的内部治理结构作支撑,否则就会影响甚至制约学院发展。为此,3所案例高校不约而同地采取了绩效评价这一治理手段,通过在校内实施绩效评价,提高资源配置效率和管理效率,以治理手段的变革来推动治理结构优化,但因为学校的投资方式和发展历程不同,致使其采用的绩效评价呈现出不同特征。

二、两类绩效评价体系对内部治理结构影响的异同点

完善高校内部治理结构的关键不仅要健全校级层面的治理结构,更要从高校的组织属性及其发展的阶段性视角,深化高校院系组织的治理变革和制度创新。这是因为高校是"底部沉重"的组织,院系和基层学科组织的学术创新力是其核心竞争力的源泉。民办高校要完善内部治理结构,必须遵照高校组织规模和学科发展的阶段性特征,推进管理重心下移,将权力及资源等管理要素配置到最合适的管理部位。这也是我国高等教育治理现代化建设的重要方向。科学合理的绩效评价制度,对保证民办高校内部协调有序发展,破除单边治理结构,增强决策的科学性,提升利益相关者对民办高校认同度及忠诚度,具有积极意义。通过对比,本书发现"内生主导型"绩效评价体系和"内驱外引型"绩效评价体系对内部治理结构的影响,既有共同点,也有不同之处。

(一)两类绩效评价体系通过引导院系特色发展促进治理规则不断完善

在对院系的评价方面,两类绩效评价体系在指标设计上虽然叫法各异,如 A 学院对院系的评价指标包括美国波多里奇国家质量奖指标体系和若干底线指标;B 学院对院系的评价指标称为关键绩效指标,分为定量指标和定性(特色)指标;C 学院对院系的评价指标包括综合评价和绩效评优指标等。通过对 3 所高校绩效评价实施方案的文本分析和实地调研,本书发现它们对院系的评价都体现了一个理念,即"底线＋特色"思维。一方面表明作为一所民办高校,必须根据高等教育规律办学;另一方面也体现了民办高校具有强烈的错位意识,都希望在办学特色方面所有突破。同时这一理念从评价指标的权重确定上也可以得到体现。A 学院对院系的评价指标中,40％的指标是由学院确定,60％的指标由院系自主设置;B 学院对院系的评价指标中,70％的定量指标由学院下达至院系,而 30％的定性指标由院系自行提出;C 学院对院系的评价指标中,虽然院系 100％执行学院规定的过程评价指标,但对水平评价指标,则规定在认领学院下达的指标基础上,院系可以申请自设指标。案例高校对院系自设指标的比例规定虽然不一致,但都体现了学院在设计制度时,注重调动院系的工作积极性,引导院系分类发展、特色发展的评价思想。

在对教师评价方面,A 学院对教师实行分类评价,在指标选择上引导教师个人目标和学院战略规划相结合,采取院系年度工作任务自上而下分解和教师依据个人发展方向自下而上对接相结合的方式,体现了 A 学院对教师评价强调自我管理和内部驱动。B 学院作为一所新建的民办本科高校,深知"教学立校"的重要性,为突出教学的核心地位,引导教师加大对教学工作的投入,因此对教师评价只实施年度教学工作业绩考核,而不实施科研业绩评价。C 学院则允许院系在学院的制度框架下,根据师资队伍实际情况对工作量的标准等可做适当的浮动变化。

在此基础上,3 所学院都根据应用型的办学定位,为建设一支有力支撑应用型人才培养的教师队伍,通过评价制度的改革促进教师队伍转型发展。如 A 学院将教师分为产学型、教学型和科研型三个类别,出台相应的教师资格认定和考核办法;B 学院将教师分为应用教学型、应用技术型和应用研究型三个类型,建立了与学术型教师并行发展的应用型教师评价体系;C 学院加强"双师双能型"师资队伍建设,开展"百业培师""千人业师"计划,通过政策保障,评价引导,更好地突出服务与应用。案例高校实施的绩效评价内容比较如表 5-9 所示。

表 5-9　案例高校绩效评价主要内容比较

项目	"内生主导型"	"内驱外引型"	
	A 学院	B 学院	C 学院
实施时间	2008—2009 年:实施平衡计分卡为主;2010—2016 年:战略导向实施绩效评价;2017 年至今:"校—院—专业—教师"四位一体绩效评价阶段	2016 年开始实施	2013 年开始实施
对院系的评价内容	实施美国波多里奇国家质量奖指标体系;另加底线指标(如学生就业与发展、大学英语四级通过率等)	分为定量和定性指标。定量指标是针对学院事业发展规划中提出的关键绩效指标进行评价;定性指标是指院系的特色创新项目(校企合作共建产业学院的情况)	分为综合评价和绩效评优。综合评价分为过程评价和水平评价,过程评价是考评院系工作落实情况,水平评价是考评院系教学科研绩效;绩效评优是对单项表现突出的院系进行奖励

续表

项目	"内生主导型"	"内驱外引型"	
	A 学院	B 学院	C 学院
对院系评价的指标权重	40%的指标来自学院层面,60%的指标由院系自主设置。	70%的定量指标由学院确定;30%的定性指标由院系自行提出。	院系 100%执行过程评价指标;在认领学院下达的水平评价指标基础上,院系可以申请自设指标。
对教师的评价内容	将教师分为教学服务型和科研应用型两类实行分类评价;采取教师自愿选择和院系调控相结合的原则认领指标。	对教师实行年度教学工作业绩评价;年度科研业绩只发放奖励,不做考核。	在学院设置的不同类型教师的教学、科研业绩底线标准之上,院系可以自行上浮设定教学、科研工作量标准。
绩效奖励的发放形式	根据评价结果,考核奖励全额拨入院系,由院系自主支配。	不纳入常规的薪酬体系,专门用来奖励院系领导和院系教学(科研)骨干。	采用以绩效为导向的拨款制度,考核奖励全额拨入院系,由院系自主支配。

在整个绩效评价体系中评价指标是核心,决定着民办高校发展的方向,同时评价指标设计的合理与否决定着其能否准确反映高校的实际办学水平。不管是"内生主导型"的绩效评价体系还是"内驱外引型"的绩效评价体系,虽然在具体评价指标内容、指标权重确定上存在着不同程度的差异,但在完善内部治理规则上的作用都是一致的。可以说,学院的指标重心设置在哪里,治理规则的完善重点就在哪里。绩效评价指标倒逼学院的内部治理规则不断完善,倒逼内部制度创新。

(二)两类绩效评价体系对内部治理结构影响的不同点

1.对治理主体的影响力差异

首先,在"内生主导型"绩效评价体系中,A 学院在院级层面上建立了横跨职能部门的八个委员会,在治理结构设计上更加扁平化,为多元主体参与治理提供了更多的渠道和机会。其次,由于学院推行"分权赋能"的校院两级治理机制,院系成为一个独立的办学实体直接面向市场,办学自主性大大增强,其主体作用的改变最为明显。再次,A 学院强调自我管理和内部驱动,赋予教师在绩效评价中充分的表达和选择权力,教师参与治理的意识与能力得到进一步提升。最后,A 学院实行职能部门大部制改革,职能部门的功能更多地从管理、控制和监督转向规划、支持和协同,其在治理中的行政权力相对弱化。

而在"内驱外引型"绩效评价体系中,一是政府通过对两所高校实施评价,间接地成为民办高校重要的治理主体,与传统的、行政性的、直接介入内部管理的手段相比,政府通过评价性的管理手段成为治理主体的方式更具隐蔽性和柔性化。二是两个学院的评价方案是在以校长为首的管理团队主导下制定的,并且成为职能部门和院系开展工作的依据,让学校的工作都聚焦到人才培养、学科科研建设、教师专业发展等核心工作,以校长为首的管理团队其治理主体的地位得到了强化。三是院系通过绩效评价其在内部治理中的重要性得到一定体现,而教师的主体地位在内部治理没有太大的变化。

2.对治理机制的影响力差异

案例高校的实践表明,当以集权为特征的内部治理结构与内涵式发展相冲突时,向院系授权,提高院系的积极性和主动性,是民办高校必然的选择。研究发现,两类绩效评价体系对治理机制的影响力上存在着差异,"内生主导型"绩效评价体系治理机制的运行重心更低一些,重心更多地落在院系,在内部授权上更彻底些。A学院通过内部权力重新配置,改造组织架构、重新定义治理主体的地位,将人事、财务等关键事权下放至院系,赋予院系充分的办学自主权,极大地激活了院系办学的主动性和积极性;并在实践中加大对院系领导的胜任力培训。由于学术工作的专业性和复杂性,院系希望拥有更多的资源支配权和执行自主权,这就迫使A学院响应院系的组织变革要求,更大程度地激发院系管理者的积极性和教师投入,如此A学院内部管理渐成"分权治理"和"院系自治"管理方式,治理重心就得到了下移。尤其在学术执行领域,基层学术组织逐渐掌握相关学术资源的实际支配权,成为学术治理的重点部位。

在"内驱外引型"的绩效评价体系中,以校长为首的管理团队的作用更加明显,导致此类高校的校院两级治理机制运行的重心相对较高。随着B学院和C学院组织规模迅速扩大,学科异质性增强,决策信息成本上升,增强院系的办学自主性和灵活性已成为重要改革目标。从这一角度上看,B学院和C学院对院系的绩效评价实质是以校长为首的管理团队主动在校、院之间分割和转让内部控制权,从而实现管理重心下移。绩效指标任务可以看成是学校一次性发包给院系的工作目标和任务,并通过相应的控制权分配、经费包干和目标考核等措施,增加了校院管理活力与行为互动,使院系在绩效考核划定的范围,对承包事项和相关资源拥有事实上的决策权。B学院在院级层面虽然加大了对院系的授权,推动院系和行业企业合作,提高院系的办学水平,但由于关键的人权、财权等下放还不彻底,因此其治理重心是落在校级层面的;而C学院虽然通过实施校院两级目标管理评价,赋予院系一定的财权、人权等事权,以增强院系自主理财的能力,但总体而言其治理重心也是落在校级层面。

虽然"内生主导型"绩效评价体系和"内驱外引型"绩效评价体系对民办高校内部治理结构的影响具有共性作用,但两者之间也存在着明显差异。民办高校应根据投资方式不同以及自身所面临的内外部发展环境,采取不同的绩效评价体系。作为个人投资办学型的民办高校宜采用"内生主导型"绩效评价体系,此类高校可以利用自身灵活的办学体制机制,有效支撑校内绩效评价改革能够高效落地。而"内驱外引型"绩效评价体系,比较适合企业投资办学型和国有民办型的民办高校,因为这些民办高校有的直接接受母体企业管理,有的长期获得部分政府财政资助,在实施绩效评价时宜同时兼顾高校自我发展需求和企业(政府)等部门的意志。

第六章

完善民办高校内部治理结构的对策

内部治理结构伴随着组织规模扩张和外部环境变化,由简单向复杂演变,我们不能指望只要建立合理的治理结构就能够自动发挥作用。如何形成科学合理的责权利分配体系,从根本上推进民办高校内部治理结构变革,建设形神兼备、具有中国特色的高水平民办高校,是当下民办高校内部治理的重大命题。正如王洪才所指出的那样,"今天提出教育治理体系与治理能力现代化命题,说明目前教育治理远未达到理想水平。也许这个理想目标仅仅是一种价值追求,无法具体量化,因为人们永远无法达到完全理想的状态"①。为了让绩效评价这一治理手段在民办高校内部治理中真正地、持久地发挥作用,一方面需要从外部入手,充分发挥教育行政部门作用,加强政府统筹和管理,规范社会中介组织建设,"推进评价制度和质量保障体系改革,建立现代高等教育治理体系"②;另一方面则要理解和把握好绩效评价的内在精神逻辑,发挥多元主体在内部治理中的作用,以制度创新推动内部治理规则不断完善,发挥院系的"轴心"作用提高治理机制的运行效率,通过绩效评价手段改革促进内部治理结构优化。

---

① 王洪才.教育治理体系与治理能力现代化论略[J].复旦教育论坛,2020(1):12-18.

② 刘振天.完善高等教育评价体系提升高等教育治理能力[J].大学教育科学,2020(1):37-42.

第一节　完善民办高校内部治理结构的
外部保障策略

民办高校内部治理结构的完善是一个涉及政策、理论和实践等多方面的复杂问题。这是一个渐进的过程,也是一个任重而道远的过程,不仅需要民办高校自身不懈努力,更有赖于国家对民办高等教育治理体系的完善。民办高校发展离不开政府和社会支持。教育行政部门应加快转变理念,针对民办高校存在的突出问题和矛盾,推出更加灵活、更加适切的政策举措,为民办高校提供有效的制度供给,实现分类管理下民办高校教育的政府职能重塑;同时积极培育第三方市场,发挥社会中介组织的作用。

一、分类管理背景下民办高等教育的政府职能重塑

依法推进分类管理是民办高等教育改革发展的历史选择。至今,中央已出台了十几项配套法规政策推进民办高校分类管理,各省也以政府文件形式印发了实施意见,改革主体框架基本确立。实施分类管理,政府应转变对民办高等教育的职能,重视民办高等教育作用,回应多方主体的利益诉求,对举办者、教师、学生等社会各方利益诉求给予充分关注,创新民办高等教育管理机制,建立差别化的民办教育扶持政策,致力于促进民办高等教育高质量发展的新局面。

(一)维护教育的公益性是政府履行职能的首要目标

教育的公益性是由教育作为公共服务的基本属性所决定的,教育通过培养人提供社会公共服务,属于公共产品或准公共产品的范畴,全体社会公众都应该无差别地享有,具有非排他性、非竞争性。民办教育的公益性是政府介入其中并通过立法来确立权利义务关系的基础,这是政府规制民办教育的首要职能。从世界范围的高等教育发展来看,对民办(私立)学校按营利性与非营利性两个大类实施不同的行政规制,是国际的通行做法。各国通过体系化的法律制度设计,对民办(私立)高等教育准入领域、办学条件等加以明确,对民办(私立)高校的运作进行监督与管理,同时对营利性高校和

非营利性高校在财政、税收、用地等方面采取区别化的措施，以达到规范与扶持的双重规制目标。

国际社会和我国现行的《民间非营利组织会计制度》等法规，对于非营利组织的界定有明确的标准，均强调该组织不以营利为目的。然而我国民办高校走的是投资办学之路，与西方捐资办学道路不同，举办者既希望从事公益事业，又希望取得一定经济回报。因此在较长一段时间内，处理好民办高等教育"利己"与"利他"关系一直是我国政府面临的一个重要问题，在市场这只"看不见的手"的作用下，举办者主观上是从自己个人利益出发进行办学，但客观上也是一种利他行为，既满足了广大青年学生接受高等教育的愿望，也在很大程度上减轻了政府举办高等教育的财政压力。从"合理回报"到"分类管理"的转变，意味着国家在法律和政策层面上在处理民办高等教育"利己"与"利他"的关系上发展到一个新的阶段，即更加倡导公益办学行为。因此政府履行职能应以教育公益性的实现为核心目标，既要促进民办高等教育社会功能的发挥，也要防范民办高校在运作过程中可能产生的妨害公共利益的行为。

（二）进一步丰富法律法规内容是政府的重要职责

民办教育领域政府的职能主要体现在鼓励、规范、引导、扶持、服务等方面。在调研访谈中，我们发现，在民办高等教育领域普遍存在着一种说法，即"民办教育的政策性特别强"。这实质上在某种程度上反映了政府在对民办高校治理过程中严重依赖政策性文件，我国民办高等教育尚处于制度供给不足的困境。

首先，政府在宏观层面上要加强政策的顶层设计。虽然国家层面关于民办高等教育的政策法规逐步完善，但分类管理政策实施后，各省亟须健全协调机制，加快现有民办高校分类登记，切实做到分类规范，差别化扶持。民办高校分类管理政策能否有效落地，在很大程度上与多个政府部门之间的配合程度以及既有规则能否及时做出调整有关。政府需要进一步加强部门协同，打破壁垒，解决制约民办高校发展的深层次制度障碍。同时还要积极鼓励地方政府的政策创新。虽然31个省（区、市）政府层面均已根据国家规定制定了实施文件，然而大多数省份的政策原则性过强、操作性偏弱，一些举办者高度关注的土地差价、税收优惠、补偿奖励标准等规定相对模糊。本书认为，应发挥省级政府的教育统筹权，鼓励有条件的省（区、市）大胆先行先试，逐步推广先行先试省份好的经验，细化民办高等教育领域配套政策。例如温州市把民办学校资产划分为原始出资(含追加投资)、财政拨款、社会捐赠和办学积累四类,并规定原始出资(含学校存续期间追加投资)归举办者所有,清偿后剩余资产结余按不低于20%的比例给予奖励,明确了补缴的土地出让金计算方式。

其次,政府要在明确民办高校法人属性的基础上确立不同财产权的界定原则,明确不同性质资产的所有权,完善民办高校资产管理制度,以更好地推动后续改革。从我国民办教育发展历程,尤其是当前民办高等教育分类改革推进的现实困难中可以看出,民办高校的法人属性不清是根源性问题,直接导致了民办高校内外两个治理维度中多元主体间权责、利益配置与调节的无力和混乱,虽然目前我国民办高校法人属性已渐成体系,但在政策逻辑上仍显得零散,无法形成治理效力。为了给民办高校一个摸得着的算盘和可以观瞻的前景,教育行政部门应进一步落实法人属性,以促进民办高校持续健康发展。

再次,推进民办高校章程建设。政府应该引导民办高校做好现代大学制度建设,通过推进现代大学制度来引导民办高校做好内部治理工作。现代大学制度建设是大学治理现代化的重要组成部分,而现代大学制度的核心是在国家的宏观调控政策指导下,大学面向社会依法自主办学,实行科学管理。教育行政部门应统一核准并公开民办高校的办学章程,推进民办高校现代大学制度建设。作为连接外部环境与内部制度的纽带与桥梁,章程是民办高校成为法人组织的必备条件,对民办高校实现依法办学、自主管理、民主监督等尤为重要。一是教育行政部门要进一步加强民办高校章程建设的外部有效制度供给,及时修订完善关于民办高等教育的各类法律法规,避免无据可依,重点解决由于法律法规之间相互矛盾而长期得不到贯彻落实的制度;二是在宏观上加强对民办高校章程制定的指导、督促、检查,避免对民办高校在专业设置、招生收费等方面过严过细的要求,激发民办高校建设现代大学制度的内生动力,推动民办高校的内部治理结构从内部人单边治理向利益相关者共同治理的方向发展。

最后,推动民办高校建立信息公开与披露制度。建设现代大学制度的一个重要前提条件是办学信息公开与披露,这也是高校办学社会诚信的一种体现。建立民办高校信息公开平台,可由省级教育行政部门负责监督管理,通过官方平台向社会发布学校的办学许可证、法人变更、诚信办学和评估结果等重要信息,让社会、家长、学生等利益相关者了解学校的基本办学情况。按照民办高校办学章程，也可以委托社会中介组织，统一向社会公布学校的办学条件、人才培养质量、学科科研发展水平、收费标准、就业质量等常规性信息，定期向社会公布年度办学质量报告，帮助学校树立良好社会形象，让社会知晓学校的办学实际，以吸引更多的考生选择到学校求学深造。

（三）在理念上实现从高等教育管理转变为高等教育治理

对政府而言，对民办高校实行事无巨细的规范和监管，显然是不现实的。张应强等指出，高等教育治理理念主张多中心治理、多主体参与并分享权利和义务、多元平等主体协商治理，这就要求政府从集"掌舵者"和"划桨人"于一身转变为"掌舵者"，从绝对权威转变为"平等中的首席"，从"全能政府"转变为"有限政府"，从权力型政府转变为服务型政府。[①] 政府应更多地扮演服务者角色，制定各种适宜的规范，维护规范的正常效力，以有效制度的供给者出现，而不是作为高高在上的权力拥有者出现。教育行政部门的观念要从高等教育管理转变为高等教育治理，而实现这一转变的前提是正确理解"放管服"。

所谓"放"就是简政放权，但在放权过程中存在一个复杂的利益纠葛关系，政府部门到底该放哪些权给民办高校、怎么放、怎么监督是一个问题。本书认为，在"放"的过程中，关键是要做到权、责、利相统一。"管"是指要管住、管好，在"放管服"的背景下，"管"要创新管理模式，长期以来在民办高校领域，由于政府规制监管民办高校的制度未明确监管重点，以至于在实际工作中监管抓手不够，因此教育行政部门对民办高校要管到实处，管到有效。"服"是服务的意思，这是治理的重点，也是治理改革的根本方向和指导思想，问题是如何做好服务，如何适应角色转变。对民办高校，政府部门要改变照搬公办院校的管理经验、执行公办院校考核标准的做法，根据民办高校办学特征和发展中遇到的困难，提供精准服务，创新服务模式。在分类管理背景下，民办高校面临的情况更加复杂，政府部门在制定政策文件时应更加精细化，避免出现所谓的"制度内耗"，"把该放的权力放下去，把该管的事情管好，做好市场监管，提供优质的制度供应"[②]，在思想观念和行为方式上率

---

① 张应强，张洁正.从类市场化治理到准市场化治理：我国高等教育治理变革的方向[J].高等教育研究，2018(6)：3-19.

② 王洪才.教育治理体系与治理能力现代化论略[J].复旦教育论坛，2020(1)：12-18.

先做出转变,才能适应民办高校发展的新形势变化。

(四)加大对民办高校发展的政策支持

政府对民办高校给予政策和资金上的扶持是责无旁贷的,然而现实情况却是民办高校发展全凭"自然法则"生存。在很多情况下,教育行政部门不是把民办高校作为公办高校的一种补充,就是认为其是一种"以非营利之名"行"营利之实"的投机企业,忽视了民办高校的公益属性,在政策上"疏于照看",导致民办高校难以享受到国家的相关政策。以各类项目申报为例,虽然各级教育行政部门,在政策指导和实施过程中并没有把民办高校排除在外,但由于对其采用的项目申报与评审标准和公办高校相同,这一做法对没有国家财政投入的民办高校而言是极为不利的。尤其是自从国家做出建设世界一流大学与一流学科的重大战略决策以来,对民办高校而言,更是雪上加霜。在调研中,B学院和C学院的院领导都谈到从表面上看,政策没有歧视,但实质上隐藏着不公平,民办高校被游离在建设高等教育强国的"强校工程"之外。

本书认为,目前亟须加大对民办高等教育的支持力度。在民办高等教育领域制定出台"高水平民办高校建设方案",促进民办高校质量提升。具体来说,中央及地方政府应当进一步加大民办高校投入,积极推进"高水平民办高校"建设工程,引导民办高校可归育人初心。一是打造高水平民办高校。在全国范围遴选建设一批在党建、管理、教学、科研、服务等方面成绩显著的民办高校进行重点培育,发挥示范效应。二是建设高水平专业。遴选一批紧密对接地方产业、产教融合特色鲜明、人才培养成效显著的优势专业,树立标杆,引领发展。对于高水平民办高校和高水平专业,国家可以授为立项建设单位,在财政上给予一定资助。三是培育高水平教师。将民办高校教师纳入各类培养培训专项计划,鼓励中青年教师到国内外著名高校访学、深造,支持引进海内外高层次人才;加强"双师型"队伍建设,选聘产业教授;在全国新建一批民办高校教师培训基地。四是设立民办教育发展专项资金。专门用来扶持民办高校的各类教学工程以尽快提高民办高校的人才培养质量,也可以用来扶持贫困学生的学费减免、励志学生的奖学金等;依法落实民办高校教师与公办高校教师平等法律地位,打通政策障碍,给予民办高校教师事业编制待遇,通过购买补充养老保险、职业年金等,提升教师退休后待遇,让教师安心于民办教育事业。

（五）实施契合民办高校发展实际的评价体系

目前政府部门对高校主要采取"项目治教"的方式，其表现形式是中央政府发包、地方政府分包、大学抓包，通过技术化、理性化的目标管理和过程控制，试图达到既能实现中央政府统一管控又有能调动地方政府和高校参与项目积极性的理想目标。[①] 这种制度安排，由于兼具行政配置和自由竞争的双重属性，高校一般较为乐意接受。民办高校出于争取政府拨款和追求社会声誉的考虑，往往被动或主动地接受这一制度安排，并将这种来自政府和社会的问责压力传导到内部的院系和教师，对院系和教师提出明确的工作任务目标，并建立绩效评价体系对院系和教师进行考核评价。由此绩效评价就成为教育行政部门对高等教育治理的一种重要手段。但一个无法回避的问题是，高等教育质量并没有随着绩效评价体系的完善而得到提高，反而增强了高校的机会主义和投机行为——应付评估和应对评估。这说明评估和考核指标体系已经偏离了提高质量的目的。[②] 这也是为什么民办高校面临着越来越多的绩效评价，但教育质量却没有同步提升的原因。

为改变这一现状，首先是政府部门应充分发挥评价的正向作用，建立科学合理的评价标准衡量民办高校的"投入"和"产出"，鼓励和倡导民办高校特色发展，只有每所高校都在发展中找到合适自己的办学定位，才能构建高等教育良好的生态系统。其次是评价标准制定应坚持差异化原则，根据民办高校特有的办学情况，实行与公办高校差异化的评价指标，促使两者在各自的领域内办出一流水平。最后是评价体系要根据民办高校发展水平、国家政策动向、教育消费者需求变化等及时做出调整，避免民办高校为应付教育行政部门的绩效评价而产生功利性行为。在一种合作共赢的环境下，让民办高校主动参与教育行政部门组织的评价活动。

在这方面，宁波市教育局的做法值得学习和借鉴。宁波市教育局构建了战略导向的高校绩效评价体系，该评价体系以高校自己制定的战略定位和战略目标为依据，分为"办学影响力""办学能力""关键举措""组织变革"等四个一级指标以及若干二级、三级指标。这样设计指标的原因在于，高校

---

① 张应强,张浩正.从类市场化治理到准市场化治理:我国高等教育治理变革的方向[J].高等教育研究,2018(6):3-19.

② 张应强,张浩正.从类市场化治理到准市场化治理:我国高等教育治理变革的方向[J].高等教育研究,2018(6):3-19.

办学绩效必然体现为一定的"办学影响力",而办学影响力则需要高校"办学能力"来支撑;办学能力则需要"关键举措"来落实,而关键举措的有效实施又需要规则、制度等"组织变革"的因素来实现。由此教育行政部门通过考察高校自己的战略举措选择以及战略目标的实现程度,衡量高校办学水平。这一做法强化了宁波地区各高校的战略意识,在以绩效评价促进战略实施、以战略实施进一步凸显办学绩效的同时,形成了政府、社会和高校之间的合作互动关系,在一种相互信任合作环境下,高校实现了高水平、多样化、个性化的发展。

二、培育第三方市场,发挥社会中介组织的作用

完善民办高校内部治理结构是一个多元主体协作共治、开放的过程,应充分发挥社会组织作用,引入第三方力量,成立专业的社会中介机构对大学进行评价,"为社会力量参与内部治理留有足够的机会和空间,而不仅仅是一种名义或荣誉"①。社会中介组织在我国民办高校发展过程中曾起到了积极的推动作用,但同时我们也应该看到,社会中介组织等其他社会力量在民办高校的决策、监督管理等方面的作用还十分有限,需要我们引起重视。本书认为积极培育第三方市场,充分发挥社会中介组织在民办高校内部治理结构中的作用,对改变当前民办高校少数人把控为特征的单边治理结构具有积极作用。

(一)社会中介组织参与民办高校治理面临的困境及其原因

现代治理理论认为,政府的治理活动不仅仅是政府单独行使权力的过程,而是政府、社会中介组织和公民之间权力的相互依赖与互动过程。高等教育治理应是一种多元主体的合作治理,参与高等教育治理的主体不只是政府部门,还应包括各种社会组织,只有这样才能对高校实施有效的多边治理。

1.社会中介组织发展过程中自身存在的问题

在经济领域,中介组织一般被认为是介于政府与企业之间、商品生产与经营之间、单位与个人之间,为市场主体提供经纪、培训、评估、检验、仲裁、信息咨询等多种服务的组织或机构。在民办高等教育领域,社会中介组织

---

① 王洪才.大学治理:理想·现实·未来[J].高等教育研究,2016(9):1-7.

是指按照相关法律法规建立起来的社会组织的法人实体,按照独立、公开、公平、公正原则,在政府、社会和民办高校之间分别发挥信息传递和沟通、咨询监督和评价、教育质量评估等功能,是民办高校与社会、政府之间联系的桥梁和纽带。《民办教育促进法》(2018)第四十四条规定,"国家支持和鼓励社会中介组织为民办学校提供服务"。但张杰认为,目前我国民办高等教育领域的社会中介组织,由于独立性不强、权威性不够、影响力不大,往往成为"政府机构的附属物、教育管理的局外人、学校发展的旁观者、社会参与的游离方"[①],其发展过程中自身面临的困境主要有以下几个方面。

第一,社会中介组织的独立性不足。保持独立性是第三方评估组织区别于政府主导型评估组织的重要特征。目前从组织机构上看,对民办高校实施评估的社会中介机构主要有两类,一是隶属于各省市教育行政部门的评估中介机构,二是市场型评估机构。

据不完全统计,到 2018 年年底,全国省级教育评估中介机构已经发展至 14 家,这些机构绝大多数在组织性质上都是教育行政部门直属的事业单位,具有鲜明的准政府组织特征,是我国目前承接民办高校第三方评估的主要力量。虽然随着我国政府机构改革和职能转变,这些组织逐渐实现了脱钩改制,成为名义上的独立法人,但在实际运行中依然与政府保持着上下级关系,其运行过程也明显地受到政府的影响,从评估项目、评估经费、评估标准、评估过程、评估结果甚至包括人事聘用权等都掌握在政府手中,自治、自主评估行为几乎没有,独立性极其孱弱。由于其通常代表政府部门开展评估活动,行政权威性往往大于专业权威性。

市场型评估机构就组织性质而言,主要有包括两种类型:一是在工商行政管理部门登记注册的从事教育评估业务的民营企业,如麦可思公司、零点调查公司等。这些机构最大的特点是向教育行政部门或民办高校提供教育数据、咨询或评估等付费式服务。二是在各省市民政厅或民政部门注册成立的民办非企业单位或社会组织,主要从事教育评估研究与服务的学术机构。市场型评估机构虽然没有官方背景,但在评估实践中其独立性也不是很强。这是因为当前我国政府对市场型评估机构主要实施双重管理体制,评估机构既要接受登记管理机关的领导,同时又要接受上级业务主管单位

---

① 张杰.教育治理视域下教育中介组织的角色定位[J].教育理论与实践,2015(34):21-24.

的指导,登记管理机关和业务主管部门,尤其是业务主管部门对市场型评估机构存在着不同程度的过度行政化管理。受到官方或者半官方性质教育评估中介机构的挤压,力量式微的市场型评估机构为了能够从政府评估业务中获得一定份额,不得不寻求政府支持,与政府形成事实上的依附关系。

第二,社会中介组织的权威性不够。从业务方面来看,目前许多社会中介组织的业务主要是针对民办高校的办学业绩开展专题调研,从实际情况来看成效并不是很好。相反,民办高校急需的教育教学质量评价、人才培养与社会需求契合度评价等活动却开展得很少,尚未形成成熟的民办高校教育质量评估能力,因此权威性不够。我国民办高校虽然在人才培养目标上和公办高校是一致的,都是为党育人,为国育才,为建设人力资源大国培养各级各类高级专门人才,但由于投资办学的特征,以举办者为代表的资本权力在决策中占据重要地位,导致其与公办高校在内部治理结构上存在较大差异,因此与公办高校相比,对民办高校的社会评价有着其特殊性。这就需要社会中介组织根据民办高校特殊性,构建一套适合民办高校办学实际的评价体系。我们都知道,民办高校大多以应用型为办学定位,应用型人才培养不仅包含以知识逻辑为基础的理论课程,更为重要的还在于学生应具备解决职业岗位实际问题的实践能力,因此应用型高校的教育教学不仅具有教育的一般属性,又具有产教融合的特殊性,这对从事民办高校评估的从业人员提出了更高的能力要求。评估人员不仅需要熟练掌握教育测量与评价、计算机软件与应用技术、数理统计等一般性的教育评估技术与方法,更要关注应用型教育对评估技术与方法的特殊性要求。而从目前情况来看,由于缺乏行业、企业人员参与,很多承接应用型教育质量评估的社会中介组织,其评估导向、评价技术与方法等还是沿用传统的普通教育评估。即使是专业的教育评估机构,目前也尚无能力形成一套比较成熟的应用型人才质量评估体系,构建一套具体可行的评估指标体系和操作程序与技术方法,从而导致评价的权威性不够。

第三,社会中介组织的影响力不大。近年来在许多省市发展起来的民办高等教育行业协会,对推动民办高校发展做出了积极贡献,但整体来看,社会中介组织的专职人员不多,专家稀少,工作能力和水平难以满足政府部门、民办高校和社会的期望,还不能很好地胜任目前民办高等教育发展的需要。无论是从应用型教育质量生成的理论逻辑上来讲,还是从应用型人才培养的实践需求来看,行业、企业人员理应在民办高校教育质量评估中发挥重要作用,然而当前承接民办高校评价的社会中介组织的人员构成,主要是来自高校行政管理者或校领导,较少来自行业企业一线人员以及行业、企业的评估专家;且评估专家以兼职居多,即使有专职岗位的也大多由教育行政单位的离退休人员担任,这就造成了社会中介组织的影响力不大。

2.影响社会中介组织有效参与民办高校治理的原因

作为教育治理的重要主体,社会中介组织将成为教育领域愈来愈活跃的一股力量。为了有效改变民办高校目前少数人把控的单边治理结构,既要充分发挥政府的主导作用,也要重视社会中介组织的参与,努力形成多元主体有序参与的共治格局,进而推进民办高等教育治理体系与治理能力的现代化。现阶段,我国社会中介组织难以有效承担或参与民办高校教育治理的原因主要有以下三个方面。

一是法规政策体系不健全。虽然国家对发展教育领域的社会中介组织较为重视,如2010年国务院颁发《国家中长期教育改革和发展规划纲要(2010—2020年)》,指出"培育专业教育服务机构;积极发挥行业协会、专业学会、基金会等各类社会组织在教育公共治理中的作用";2013年十八届三中全会通过的《中共中央关于全面深化改革若干重大问题的决定》,指出要"强化国家教育督导,委托社会组织开展教育评估监测";《民办教育促进法》(2016)、"国务院30条"等法规政策均有涉及鼓励和发展教育中介组织的条款,但这些零散的条款缺乏系统性、针对性和配套性,对社会中介组织的法人地位、类型、运作活动、内部组织、财产关系、权利与义务等相关细则缺乏明确的规定,无法满足中介组织多元化发展的需要。社会中介组织常常因合法性不足而陷入"名不正、言不顺"的尴尬境地,亟须政府出台专门的法律法规。政府政策类文件的内容具有高度的概括性,仅仅表明政府对某种事务的原则性态度,所涉及内容若要落实,则必须依靠系统的甚至是强制性的规制设计。但目前来看,无论从国家层面还是地方层面,并未在此类政策文件的基础上制定出具体的、实体性的以及程序性的规制设计来保障其落地实行。这就使得社会中介组织接受政府授权或委托行使评估权力只是一种可能性,而不具有现实性。

二是政府部门对社会中介组织的管理和扶持时常存在着"干预失范"的现象。一方面是政府相关部门对民办教育社会中介组织具体事务干预过多,习惯传统的"一元化"教育治理模式,不愿把部分管理权力让渡给民办教育社会中介组织;而是把一些无利可图、棘手又费力的事情转移给社会中介组织,使其业务范围狭窄,业务绩效受限,无法真正发挥其在民办高等教育规范化管理及协调政校关系当中的作用。而社会中介组织功能的缺位又给政府职能转变带来障碍,一方面是致使政府承担了许多无力承担但却不得不完成的专业性较强的工作,如财务审计、评估等;另一方面,政府对社会中介组织在授权与委托、类型拓展、财税支持等方面扶持不足,造成社会中介组织类型单一、业务狭窄和经费困难。如我国省市级教育评估中介机构尚未理顺其与政府之间的关系,两者之间的职能相互混淆,界限不清,当前这些机构挂靠于教育行政部门,以附属机构的形式,更多地传输与表达政府的意志与需要,在独立面向社会、面对市场提供符合民办高校需求的教育质量评估服务的自主性空间十分有限。

三是社会中介组织的内部监管薄弱。当前我国社会中介组织大都是松散耦合的,组织功能尚未有效发挥,内部的监管工作还十分薄弱。一方面是内部管理不完善,尚未建立起有效的内部监管机制,缺乏明确、统一的行为规范,内部管理上存在诸多漏洞。对社会中介组织而言,无论其是在工商行政管理部门登记注册的从事教育评估业务的民营企业,还是由各省市民政厅或民政部门批准设置的社会组织或者民办非企业单位,根据现行社会中介组织登记办法,在申请组织成立登记时,必须向登记机关提交组织章程,但社会中介组织在多数情况下仅仅将章程视为申报的必备材料,并没有发挥章程应有的作用。另一方面是社会中介组织的信息公开化程度较低,保障组织信息公开的制度缺失。通过查阅部分社会中介组织网站发现,有些组织的信息公开工作还不健全,已公开的内容具有选择,多以评估结果与政策居多。评估信息的透明化程度不高,就不能在阳光下接受监督,这就给社会中介组织的权力寻租留下机会,评估公正性和真实性受到质疑,难以保持中立立场,导致社会中介组织的"失灵"。

(二)社会中介组织参与民办高校治理的意义

在民办高校完善内部治理结构过程中,社会参与是不可或缺的组成部分,也是民办高校现代大学制度成熟、完善的重要标志。鉴于社会中介组织本身所具有的优势,其广泛参与民办高校治理,对有效协调多方合作关系,平衡各方利益诉求,构建现代大学制度,防范公益信任危机,减少信息不对称,促进民办高校良性发展具有重要意义。

1.重构治理主体间的关系

近年来,《关于深入推进教育管办评分离,促进政府职能转变的若干意见》《关于深化高等教育领域简政放权放管结合优化服务改革的若干意见》等改革文件陆续出台,为政府职能转换,构建新型政府、学校和社会多元共治的高校治理结构提供了政策支持。社会中介组织参与民办高校治理,将中介组织、政府、民办高校置身于第三方评估的场域,在规则体系框架下,发挥行政力量与社会力量的合力,通过共同参与、积极对话、相互协商等形式统筹多元主体间的合作,使其各尽其能、融合共生。社会中介组织的介入,能有效地重构治理主体之间的关系,对达成政府、民办高校和社会中介组织在第三方评估活动中的协作,实现政府的"管"、学校的"办"与社会中介组织的"评"在各自权责范围内的彼此协作与功能发挥意义深远。在西方国家,社会中介组织以直接或间接的形式,按照一定要求参与高等教育治理,它们被形象地称为"减压阀""缓冲器"。这些组织,介于政府与学校、学校与市场、学校与学校之间,为客观准确地评价高校办学活动提供制度保障,其出现的最初目的是缓和政府、市场、高校之间的冲突。目前西方国家有许多专业性的教育中介组织,如评估机构、教育经费审议机构、信息管理机构、决策咨询机构等。许多国家的成功经验证明,此类社会中介组织在评估高校教育教学质量和办学效益、维护高校合法权益、为政府提供教育决策咨询、调解高校之间的矛盾等方面发挥着重要作用。

2.推进民办高校不断完善现代大学制度

所谓现代大学制度,是指高校在政府宏观调控下,面向社会依法自主办学、民主管理,明确高校管理者,举办者和办学者之间的权利和义务,全面把握和落实高校作为法人实体和办学主体权责利的管理制度。现代大学制度的核心是多元治理,通过协调和规范高校内外部治理主体的关系,实现高校办学的公益属性,促进政府、高校和社会间良性互动。《民办教育促进法》提出"依法落实高校办学自主权,完善中国特色现代大学制度",为现代民办大学制度建设提供了法律指引。目前,我国民办高校普遍尚未建立起现代大学制度,存在政府监管越位、社会参与意识不强、举办者对董事会过度控制、内部监督主体缺位等众多治理问题,制约了学校的健康发展。民办高校构建现代大学制度,在发挥政府主导作用的前提下,还要充分调动社会中介组织在行业自律、质量评估、信息沟通、关系协调和教育咨询等方面的作用,形成社会积极参与、权责明确、运行规范的治理机制,才能实现长远发展。

3.有利于提升民办高校教育质量

目前,社会中介组织对民办高校办学质量的关注逐渐增强,逐渐成为社会力量参与民办高校办学质量监测评估的主要方式。GDI智库、软科、校友会等教育评估机构定期或不定期地对全国民办高校按不同评估指标发布排名,公布其在人才培养、师资规模结构、学术水平和教学质量等方面的信息,为学生家长择校提供参考。社会中介组织参与民办高校办学水平和人才培养质量的评价,有利于民办高校主动公开办学信息,通过市场竞争的优胜劣汰机制,形成对办学者的有效激励和约束。在美国存在着数量较多的评估认证机构,这些机构通过制定认证标准,以接收会员的形式实现对院校的质量标准监督,具有"独立性、公正性、权威性"等特点。独立性是指其作为一种非政府的民间组织,独立于政府、高校和社会。公正性是指在评估过程中,评估机构一般不受政府等外界因素的干扰与压力,保证评估结果的准确性。权威性是指以同行专家评估为主要形式,从而保证评估中介机构具有不可替代性。独立性是评估认证机构公正性和权威性存在的前提,公正性是其社会价值之所在,而权威性则是其发挥作用的力量源泉。[①] 美国评估认证机构坚持"以质量保证和质量改进为基本出发点,注重院校(专业)多样性与个性化相结合"[②]的评价原则,通过实施独立、专业、科学、严格的院校和专业质量认证,有效规范院校及其专业设置基准,保证高等教育质量。这些评估认证机构在将政府要求传达给高校的同时,也作为高校代言人代替高校向政府提出要求,通过这种形式在高校和政府之间发挥桥梁作用,有效协调了会员高校与政府、社会的关系,从而影响、参与高校内部治理。

(三)促进社会中介组织参与民办高校治理的路径选择

进一步发挥社会中介组织的作用,实现社会对教育的参与是现代教育治理发展的一大趋势。建立社会中介组织有序参与民办高校内部治理的外部机制,优化社会参与路径,利用社会资源实现高校治理能力现代化,是民办高校在新形势下面临的重要课题。

1.为社会中介组织参与民办高校治理提供有效的制度保障

良法是善治的前提,社会中介组织的生存和发展必须建立在坚实的法

---

① 宣葵葵.美国高等教育评估中介机构发展新趋势及启示[J].中国高教研究,2012(3):29-32.

② Standards for Accreditation. Burlington:New England Association of Schools and Colleges Commission on Institutions of Higher Education[EB/OL].(2011-10-15)[2019-12-25].http://cihe.neasc.org/standards_policies/standards/standards_html_version/.

律保障之上。当前我国尚未有专门的法律法规对社会中介组织的法人地位、权利与义务、职业规范、行为方式、治理结构、收费制度、税收制度等内容做出明确规定。政府部门应尽快出台制定民办教育社会中介组织实施办法，从法律上明晰其性质、地位、职能等，同时还要明确社会中介组织内部运作机制，厘清其与政府、民办高校之间的关系，划清各自职责范围，协调和平衡各治理主体间的利益冲突，规范社会中介组织的行为，为其规范化、制度化和常态化地参与民办高等教育治理提供保障。现阶段民办高校发展面临着许多新问题、新现象，对现有的教育管理体制提出了极大挑战，社会中介组织的行为和活动也将越来越复杂，因此构建科学有效的制度体系，进一步加强社会中介组织的制度和法规建设，规范第三方市场，以法律条文的形式为社会中介组织参与民办高校内部治理提供依据，使其设置合法化、活动规范化、活动结果使用合理化。政府应重视民办高校在我国高等教育体系中的地位，将民办教育纳入"教育强国"建设的战略规划中。加快政府职能转型，推动高校教育领域"管办评""放管服"等改革进一步深入，明确社会参与高校治理的界限及途径内容。

2.为社会中介组织提供更好的生存和发展空间

社会中介组织扮演着裁判员的角色，承担着客观公正的职能，虽然其核心业务是评价，但同时还涉及教育信息的交流与服务、教育问题的调查与报告等方面的业务，对提高民办高校办学水平具有积极意义，对打破民办高校目前由少数人把控的单边治理结构，构建多元、开放的内部治理结构具有深远影响。为此，政府应从观念到行动，从职能定位到制度供给，全方位进行变革，为各类中介组织的生存与发展提供更好、更大的空间。首先，在"放管服"的背景下，政府应该向社会中介组织让渡部分评估权利，委托社会中介组织对民办高校开展专项评估，使其能够在政府与市场之间发挥好桥梁纽带作用，通过公正、高效的专业化服务间接促成政府治理公平与效率目标的实现，引导民办高校从追求数量与规模扩张向重视办学质量与内涵发展转变。其次，政府应对各类社会中介组织的评价资质、评价标准和评价程序等做出明确规定，保证评价结果具有较好的社会公信力。再者，政府还应充分调动社会中介组织的管理协调作用。由于民办高校治理是一项系统性强、复杂性高的工作，涉及的主体多元、事务繁多，管理过程维艰，政府与民办高校会因各自的利益诉求不同而产生种种矛盾与冲突。对一些关乎民办高校生存与发展的重大决策，仅仅依靠教育行政部门的力量和智慧会显得势单力薄,此时政府应发挥社会中介组织的桥梁作用,让其在为政府的教育决策提供多领域、多视角、多渠道建议的同时,也能够为民办高校在处理与政府关系时提供决策咨询、组织协调等作用。

3.加强社会中介组织建设提高服务质量

社会中介组织要找准和抓住政府、民办高校和中介组织工作的结合点,形成工作联动、互相促进的运行机制。一个好的中介组织,必须具有一支一流的专家队伍,才能胜任经营服务工作的任务,取得社会信任。社会中介组织在民办高等教育领域能否站稳脚跟,其作用发挥如何,很大程度上取决于有没有一支精通业务、善于服务的专家队伍。借鉴民办高校的办学经验,可以聘请有经验的专家加入中介组织的工作,本着"不求所有、只求所用、资源共享"的原则,充分发挥专家的作用;同时积极培养年轻的专家队伍,逐步拓宽服务面,承担更多的业务。此外,社会中介组织还要明确经营项目和方向,着力在服务上做文章。譬如针对当前国家关于民办教育分类管理的法律、法规、政策进行宣讲,维护民办高校及其举办者、投资人、办学人和师生的合法权益等;也可以开展民办高等教育基础理论与政策研究,为政府制定关于民办高等教育发展的政策提供理论性、政策性和技术性服务;还可以开展政府委托的民办高校前期论证、质量评估、政策咨询等中介服务;或者是为民办高校提供顶层设计和战略发展规划指导、人才培养方案修订等,提高民办高校的办学质量和水平。总之,通过社会中介组织的评价活动,帮助民办高校诊断在办学过程中存在的主要问题,及时调整人才培养方案、专业设置等,发挥评价的监测和预警功能,以更好地发挥社会中介组织的功能作用,规范民办高校办学行为,促进教育质量提升。

第二节　以绩效评价为内源动力完善民办高校内部治理结构

对民办高校而言,完善内部治理结构,外因和内因都不可或缺,但起根本性作用的还是内因。除加强外部保障以外,以绩效评价改革为手段促进多元主体共同参与,强化利益相关者之间的权力制衡,按照高等教育规律和高校管理规律进行办学,不断完善内部治理结构是一个理性的选择。理想的内部治理结构应该能够平衡并满足关键利益相关者的利益诉求,以学校治理能力和办学水平的全面提升来获得政府、举办者、管理者、教师以及学生等关键利益相关者的信任与支持。基于绩效评价的视角完善内部治理结构,应积极发挥多元治理主体作用,尤其是发挥教师参与内部治理的意识和能力,激发其内在动力,实现内部治理结构从少数人把控向关键利益相关者共同治理转变;在治理规则方面,应根据学院特色发展需要,利用民办教育机制优势,不断实现制度创新;在治理机制运行方面,以评价目标为引导,打破集权式的权力运行方式,推进治理重心由校级层面下移到院系,合理有效运用评价的反馈机制以提高运行效率。

一、发挥多元主体在民办高校内部治理中的作用

民办高校作为一个典型的社会组织,它不是举办者的个人机构,而是涉及包括校长、师生、政府等在内的众多利益相关者的社会组织,举办者、以校长为首的管理团队、教师、学生等都是民办高校重要的治理主体,多元主体的共同参与是民办高校完善内部治理结构应有的价值取向。董圣足指出,民办高校应形成"利益相关者多元参与的治理局面,实现良善治理,才能维系稳健运行"①。

(一)多元共治是民办高校完善内部治理结构的根本要求

治理之所以在实践中得到广泛应用,其中一个很重要的原因在于,治理反映了民主、科学、协商、合作等现代精神或价值追求,反映了管理过程中现代性因素的增长,在民办高等教育领域则体现为治理的工具性价值在于坚持多元共治,依法治校,民主管理。作为一个利益相关者组织,任何个人或组织都没有权力独立控制民办高校,而只能由利益相关者共同管理。

1.多元共治是民办高校"良治"的基础

虽然由于投资办学的特征造成举办者在民办高校普遍处于绝对的主导作用和决策地位,但民办高校同时又是一个学术型组织,承担着教书育人的任务,培养人才应成为其办学的根本宗旨。正如眭依凡所指出的那样,"大学既不是行政机构或其附庸,也不能是商业组织以经济利益最大化为目的,

① 董圣足.我国民办教育治理制度:变革与创新[J].华东师范大学学报(教育科学版),2017(6):18-26,152-153.

而是一个教育组织以知识追求和人力资源开发为使命"①。高校并不为某个特殊阶层、特殊群体或特殊个人服务,而是代表着社会公平和多数社会公众的利益,这也是高校比企业等其他组织在社会上有着更好的地位和形象的原因。民办高校应该通过完善内部治理结构,构建一个制衡性的权力运行框架,即董事会作为决策机构,发挥最高决策职能;校长是最高行政长官,通过组建管理团队处理教学和行政事务;党委组织发挥政治核心作用,参与重大事项的决策、监督和执行;教师和其他利益主体通过基层民主机构参与学校决策,形成管理者、教师等其他利益相关者共同参与治理的良好运行机制。作为一个利益相关者组织,董事长和校长的决策能否得到其他利益相关者的认可,关键看这一决策是否兼顾了大多数的利益。只有某一主体参与治理才能形成兼顾其利益的决策,所以参与治理是民办高校利益主体分享学校发展利益的关键,多元共治是民办高校良治的基础。

绩效评价将整个高校的办学活动置于利益相关者关注之下,让利益相关者都享有对人才培养、科学研究、社会服务等方面的信息知情权和监督权,此时评价可以被视为"不同主体利益表达和利益诉求的机制,不同主体共同参与、监督并分享高等教育质量的平台"②。当任何一个治理主体没有适当地履行或者没有履行必要的职责与义务时,就会引起其他利益相关者对其问责,如此就实现了多元共治的目标。在欧美国家高校发展历程中,高校与政府、市场和社会之间,或者是高校内部学术组织与行政组织之间,较多地呈现出"多元共治"或"共同治理"的色彩,可以说,"多元共治"是欧美国家高校治理结构的重要价值指向。这种基于利益相关者共同治理的价值取向,较好地维护和保障了欧美国家高校多元治理主体的权益和价值诉求,协调和平衡了高校内外部关键利益相关者之间的关系。

2.多元共治是民办高校建设现代大学制度的重要内容

世界上没有标准的大学制度模板,也没有一成不变的大学制度模式,不同国家、不同时期、不同大学结合自身的办学理念和发展环境,探索形成了不同的制度安排。对民办高校而言,现代大学制度也经历了一个不断探索完善的过程。从我国民办高校发展历程来看,部分民办高校的举办者或办

---

① 眭依凡.论大学的观念理性[J].高等教育研究,2013(1):1-10.
② 刘振天.完善高等教育评价体系提升高等教育治理能力[J].大学教育科学,2020(1):37-42.

学者存在着一个认识上的误区,即学校由个人或企业建立,学校就是个人或企业的财产,应该由这个个人进行管理和控制。世界各国的高等教育发展历程演变表明,高校的发展离不开良好的社会文化环境和经济政策支持,这是一个高校与社会互动、双向沟通的过程。为了更好地获得政府的公共政策扶持、赢得社会资源的永续支持,民办高校应强调关键利益相关者的共同参与,尤其是调动教师参与内部治理的积极性和主动性,如此才能巩固发展根基,获得更大的发展契机。

民办高校应从符合高等教育发展规律和发展趋势出发,主动适应高等教育改革发展需要,体现治理效率,推动治理体系和治理能力现代化,构建现代大学制度体系,坚持董(理)事会领导下的校长负责制,完善学术委员会制度、教职工代表大会制度、学生代表大会制度、决策议事规则、人事管理、财务管理、招生管理、后勤管理等治校办学的方方面面,主动以社会责任为使命担当,恪守教育公益性本质属性,把立德树人,提高教育教学质量作为根本任务,把学生成长与培养作为学校办学的逻辑起点,注重基本教学投入与保障,摒弃纯粹"唯利是图"的市场价值取向,以公共利益为导向来指导学校的教学、科研及社会服务工作,淡化经济利益和效率的追求,以此获得社会、学生及家长的认可。

同样的教学资源,由于管理水平不一样,所发挥的效益差异很大,办学绩效也大不一样。对民办高校而言,以绩效为杠杆,建立激励约束机制,准确研判学校运行效率和办学潜力,逐步实现资源配置决策程序的科学化是以一个理性的选择。从治理的角度来看,有效的治理结构应该能够充分调动各利益相关者参与学校治理的积极性、主动性和创造性,只有这样才能实现治理效能的最大化。无论哪种治理结构,利益相关者之间建立合作伙伴关系是实现治理效能的重要保障,这也正是多元共治的治理结构基本特征。绩效评价作为一种治理手段,为有效地达到评价目的,需要调动举办者、校长管理团队、教师等关键利益相关者积极性,需要校级的管理者关注院系利益诉求,院系管理者关注教师利益诉求,将学校目标和院系、教师个人目标有机结合,才能形成多元共治的内部治理结构。

(二)实现决策权和行政执行权的有效分离

治理理论强调权力的多元主体与权力架构的多中心,但目前我国绝大多数民办高校的举办者以担任董事长的形式掌握民办高校的决策权,举办者一权独大的现象突出,带来了诸多利益矛盾的冲突。举办者往往会将办学注意力集中在办学业绩和办学收益,内部趋利化现象严重,这也是近年来虽然民办高校办学规模一再扩大,但学校整体的人才培养、教学科研水平并没有相应地得到提升的一个主要原因。民办高校完善内部治理结构,实现多元共治,关键是要切实有效地发挥章程在治理中的作用,规范董事会运行机制,有效分离决策权和行政权,发挥以校长为首的管理团队在内部治理中的专业作用,实现学校利益最大化。

1.发挥章程在民办高校治理中的作用

章程是衡量民办高校治理结构是否完善的重要标志。民办高校要通过建立以章程为主和规章制度为辅的治理制度,筑牢内部治理运行制度化和规范化的基础,让制度在民办高校治理中最大限度地发挥作用。石猛等指出,分类管理后,营利与非营利的选择意味着民办高校需要修改章程继续办学,通过修订章程来修正民办高校治理中存在的问题。①

一是需要明确参与章程修订的主体,反映各方诉求。根据《高等学校章程制定暂行办法》,参与章程制定的主体应该包括举办者、办学者、教师与学生的代表、主管部门代表以及其他利益相关者或其代表。通过反映各方诉求来对民办高校举办者权力形成制约,需要在章程修订中充分尊重各主体的参与权,使章程变成由举办者、社会相关组织和利益相关者以及大学自身协商认定的关于办学目的与要求的共同契约或纲领。民办高校可以通过举行听证会、座谈会等形式,广泛吸收师生员工、专家、校友等其他利益相关者的意见和合理建议,为章程后续实施获得最普遍、最广泛的认同打下基础。

二是需要明确章程修订的关键问题,为学校内治理提供依据。国家教育法律法规关于大学章程内容的规定是普遍性的,主要是对高校办学宗旨、管理体制、校长职责、教职工与学生管理问题等原则性的描述,而作为单个民办高校的章程应该具有一定的特色和可操作性。因此在章程修订中应规定学校管理中最根本的事项,如厘清董事会、校长以及其他利益相关者之间的职权范围,理顺决策权、行政权力、学术权力以及民主权力之间的相互关系,并将权力配置纳入规范化、法治化轨道。民办高校治理能力的特殊性决定了民办高校章程最有可为的空间是厘清内部权力主体间的关系,形成稳定的权力运行机制。

___

① 石猛,侯琮.民办高校治理能力的特殊性与提升路径[J].复旦教育论坛,2021(3):75-80.

三是在章程中应明确规定校院两级治理机制的权力范围和运行重点。学校层面的工作重点应侧重于规划和目标、政策制度的制定、重点资源的配置等职能；院系层面的工作重点应侧重于人才培养、学科专业建设、社会服务以及教师专业发展等，使院系成为一个真正的实体办学单位。

2.规范董事会的运行机制

首先，要使董事会的成员结构更趋合理。国外私立高校董事会规模一般都在十人以上，这是因为成员数量增加，有利于拓展董事会利益代表的广泛性。目前我国民办高校董事会成员仍有大幅增加的空间，通过增加董事会成员数量来提高学校与社会外界联系的多样性；广泛吸纳教师、学生、校友、家长、企业、社会中介组织等众多利益相关者进入董事会，减少举办者及其代表的成员比例；同时还应提高董事会成员的专业性，提升董事会成员整体的决策参与能力，从而达到优化民办高校董事会成员结构比例的目的。

其次，完善董事会运行的制度规范。董事会负责民办高校的重大事务决策，在校院两级人、财、物配置上有着充分的决策权。对民办高校而言，实现多元共治，由"少数人单边治理"转变为"多元治理"，推动治理主体积极参与内部治理，首要的前提是实现决策权和行政执行权的有效分离，规范董事会运行机制。民办高校要进一步明晰董事会的职权边界、人员构成、决策形式、决策程序等。

再次，发挥党委政治核心作用。民办高校应明确党组织在治理结构中的地位，把党组织建设纳入学校章程，积极推进"双向进入、交叉任职"，保障学校党组织领导班子按规定程序进入决策机构、行政管理机构；党组织要引导和监督民办高校全面贯彻党的教育方针，参与学校发展规划、重要改革、人事安排、师生员工切身利益等重大事项决策。

3.依法保障校长有效地行使行政执行权

完善民办高校内部治理结构，有效规避民办高校决策"专制化"的桎梏，将资本权力制约于权限之内，强化高校学术本质，需要充分发挥校长在治校理政方面的作用。与公办高校相比，民办高校校长权力存在着"模糊性、易变性、脆弱性"[①]等特征，但校长作为民办高校至关重要的权力主体，其权力运行是否规范有效关系到学校整体权力体系能否良好运转，因此科学合理地划分决策权和行政执行权之间的界限，才能保障民办高校持续健康发展。

---

① 张振乾,刘根正.民办高校校长权力来源与特征[J].高教探索,2015(4):96-100.

首先,推进校长队伍职业化。校长负责制是民办高校董事会制度的本质内涵。校长负责制是一种校内行政决策制度,校长受聘于董事会,提出组织机构设置方案,组建行政团队开展工作。从对全校重大活动的组织、计划、领导、决策等职能来看,校长对外代表学校的价值观与美誉度,对内负责全校的全面工作,是学校行政领导的中心,校长的作用不可替代,特别是其专业权力的行使有利于规范董事会制度的运行。

其次,要保障校长依法行使职权。要依照《民办高等学校办学管理若干规定》,保障民办高校校长任期。民办高校校长作为学校行政第一负责人,任期原则上为4年,不宜频繁变更。要依法保障校长独立行使《民办教育促进法》规定的教育教学和行政管理权。要通过加强民办高校年检、划分董事会权力边界、实行职业化校长等途径保障校长办学治校权,尊重教育规律,保持大学理性,做到专家办学。校长及其管理团队与举办者之间,应该形成明确的权责关系,以共同保障民办高校健康发展。现阶段完善校长选聘机制,落实校长负责制,依法保障校长行使管理权是关键。

再次,促使绩效评价成为校长治校理政的一个重要手段。指标是绩效评价的核心,是高校在未来一段时间内所要达成的重点建设任务以及今后努力的方向,是民办高校未来的办学导向。从这个角度而言,绩效指标是校长办学理念的一种体现,即校长要把学校办成一所什么样的高校。绩效指标为民办高校校长实施内部治理提供了具体的治理内容和今后努力的方向。如前文所提及的B学院和C学院,两所高校实施"内驱外引型"绩效评价体系,以校长为首的管理团队通过绩效评价,其治理主体的地位得到了巩固,治理主体的作用得到了强化,从而有效地改善了民办高校内部治理结构。

(三)提高教师参与治理的意识与能力

构建一支稳定的教师队伍,营造良好的教学科研氛围,健全教师参与内部治理的机制,发挥教师主体作用,满足教师群体的利益诉求,让教师在民办高校工作有安全感、幸福感和获得感,是完善民办高校单边治理结构弊端的有效途径,也是符合现阶段民办高校内涵式发展的需要。教师参与内部治理,并不会削弱其他治理主体的权力,相反这是"一种典型的分享治理,确保大学办学既能满足社会需要,又能达成其自身使命"①的体现。为更好地

---

① 别敦荣.美国大学治理理念、结构和功能[J].高等教育研究,2019(6):93-101.

发挥教师主体的作用,本书认为应该从以下三个方面入手。

1.落实保障民办高校教师各项权利

从理论上而言,民办高校教师与公办高校教师有着同等的法律主体地位,同等的社会主体地位,然而由于主客观多方面因素,很多民办教师存在"低人一等"的自卑心理,感觉自身无论从物质收入或社会地位以及自身专业素质,都无法与公办高校教师相比。在部分民办高校,教师授课任务重,工作时间长,但工资和福利待遇等却远远比不上公办院校,造成民办高校教师主体的权利不对等。政府应加大对民办高校经费支持,使得民办高校教师与公办高校教师拥有平等的福利待遇、深造机会及工作平台,为民办高校教师提供良好的社会保障,进一步提高民办高校教师福利待遇,逐步实现民办与公办教师队伍基本公共服务的标准化,缩小两者之间的差距,让教师能够安心在民办高校任教。

2.增强教师对学校的归属感

最大限度地提高利益相关者对企业的满意度和支持度是企业治理中广泛运用的一个成功经验。教师是落实办学目标和人才培养任务的直接执行者,稳定教师队伍,激发教师内在的自主性,提高教师对民办高校的满意度,是民办高校健康发展的保障,也是持续提高办学竞争力的重要举措,更是实现学校长治久安的重要手段。为提高教师对学校的满意度和支持度,民办高校应树立正确的办学理念,确立长远的发展观,重视教师群体的内在需求,通过有效的制度设计和政策支持,不断增强教师的职业满意度,同时赋予他们充分的表达机会和参与权,使他们的意见受到重视,如此教师就会通过改进自己的工作表现,从而改进组织的表现,切实地在学校内涵建设中发挥其应有作用。

德鲁克(P.Drucker)认为,为了实现组织目标,应强调个体参与目标管理的决策过程,要使组织所有的工作都围绕着组织目标来开展,以此协同个体目标与组织目标之间的差异;但同时德鲁克又强调,实现两者之间的协同需要两个条件,一是强调个体在组织目标设定、分解、落实与执行过程中的参与;二是强调组织对个体适当的授权与分权,以激发个体成员的工作积极性。教师的工作成效不仅取决于教师的教育教学能力与学科专业水平,还取决于教师的积极性和创造性。教师个体可以依据内在需求和外在制度约束,选择努力工作的行为或不努力工作的行为。教师工作成效在很大程度上取决于教师的主观选择。为了更好地激发教师工作的积极性,强化教师对学校的认同度,促进教师关心学校长远发展,民办高校应尽可能地尊重、理解和肯定教师个体的发展愿望,最大限度地协调组织目标和教师个体发展目标之间的关系。如果教师的权益得不到满足,忽略教师的声音,教师的主体性作用得不到发挥,那对任何一所民办高校而言,是不可想象的,教师必然选择"用脚投票",选择离开学校而另觅他处。

3.发挥教师在民办高校内部治理中的主体地位

教师是办学的主体,是学术的主要载体,是民办高校关键利益相关者,因此教师参与内部治理能有效满足教师群体的民主诉求、促进大学使命的达成和克服当前民办高校单边治理结构的弊端。

一是建立教师参与董事会决策的机制。国务院《关于鼓励社会力量兴办教育促进民办教育健康发展的若干意见》第十九条提出:"健全董事会(理事会)和监事(会)制度,董事会(理事会)和监事(会)成员依据学校章程规定的权限和程序共同参与学校的办学和管理。董事会(理事会)应当优化人员构成,由举办者或者其代表、校长、党组织负责人、教师代表、行业专家等共同组成,且要求董事会成员必须要有投身于高等教育事业的热忱和专业能力。"民办高校应在章程中规定教师以一定比例的席位数参与董事会决策,给予教师在重大办学事项上充分的话语权、自主权以及民主监督权,保障多元共治的有效性。针对我国民办高校董事会缺乏专业化和职业化,教授参与不足的情况,可适当提高董事会的教授占比;完善董事会成员的遴选办法,通过章程规范成员选举的程序,提高各类专家在董事会中的比例并赋予其必要的话语权,以代表广大教师的利益。

二是建立教师代表大会制度。民办高校在章程中应明确规定教代会监督的内容、权力和方式,在教代会中增加普通教师、专业人员的比例,让教师代表能够为教师群体发声。譬如学校发展规划制定、学科专业建设以及教师专业职务评聘等重大政策,都涉及广大教师的切身利益和职业发展,在现有的单边治理结构下难免会产生误解甚至矛盾,而教师代表更了解教师群体诉求,在教代会中对有悖教师群体利益的事项可以提出反对意见。民办高校要认真对待教师的意见或建议,及时答复提案代表,维护教师代表大会的权威性和严肃性,真正把教师代表大会开成建言献策的大会、民主的大会和监督的大会,为教师群体提供一个利益诉求的渠道,有利于妥善解决内部各种矛盾和利益冲突,真正发挥教师在治理学校中的作用。

三是建立对教师的激励机制。民办高校应着眼于长远发展,发挥体制机制优势,重视教师对学校发展的价值,设计民办高校教师激励机制,考虑长期激励与短期激励、精神激励与物质激励的不同类型的激励因素组合,在满足教师差异化需求同时,建立教师发展配套机制,平衡教学、科学研究和社会服务三者之间关系,其中尤以建立科学合理的教师评价机制最为迫切,最大程度地推动教师参与内部治理。[1] 在市场经济条件下,教师人力资本的流动和转移受经济利益、生存环境和社会地位等物质及非物质因素的影响及驱动,各类激励因素及其激励力度是影响教师人力资本流动、参与激励的重要条件。民办高校对教师的激励应确保激励力度体现教师付出的人力资本价值,根据教师工作效果与成果,科学制定激励等级,实现多劳多得、能者多得。根据民办高校工作内容,设置管理类、专业技术类及工勤人员岗位,其中可以根据教师的专业发展目标,设置教学为主岗、科研为主岗、教学科研并重岗、社会服务为主型等不同岗位类型。根据岗位的任职资格及工作内容,实现分类激励,并在不同类别基础上设置激励等级。在制定激励等级标准时,要全面搜集信息,让标准得到教师的认同,这样教师就具有自觉遵循的主动性。

(四)以绩效评价为手段协调多元主体共同参与

1.要深刻领会绩效评价的科学内涵

郭为禄等认为,国外高校的内部绩效评价,主要依据组织科学与大学基本职能来设计,重点关注办学成效、工作水平、投入产出等,在实践中呈现出三个突出特点[2]:第一,是讲究绩效评价手段的科学性。根据参评单位特点进行分类评价,综合运用价值管理方法、平衡计分卡等先进工具和量化评价、质性评价、过程评价、结果评价等不同类型的评价手段,确保评价结果的信效度。第二,在评价功能取向的多重性方面。包括通过投入产出比、价值系数等分析,完善资源配置机制,激励和调动参评高校的积极性;诊断参评高校工作过程中存在的问题和薄弱环节并督促改进;对各院系发展状态的情况开展数据挖掘和分析,描述院系发展轨迹,为学校重要决策的制定提供客观依据。第三,讲究评价主体的多元性和评价结果的多维度呈现。学科

---

[1]　宣蓁蓁,王洪才.创业型大学的人才培养特色探索:基于英国沃里克大学的成功经验[J].中国高教研究,2017(6):77-81.

[2]　郭为禄,丁笑梅,万圆.以"变"破"唯"构建高校科学教育评价体系[J].国家教育行政学院学报,2020(11):19-25.

专家、管理专家甚至财务专家的共同参与,考虑学校办学定位、发展目标和建设现状,对应不同院系的功能定位和个性化发展需求分类构建评价指标体系,全方位、多维度、可视化呈现评价结果,充分体现参与、互动、共享,立体描绘参评高校发展水平。

实践证明,绩效评价的作用在于其能有效调动举办者、校长管理团队、教师等关键利益相关者的积极性,将学校目标和院系、教师个人目标有机结合。从某种程度上而言,内部绩效评价体系不仅是外部压力的"缓冲器",也是高校坚守定位目标的保证。由于绩效评价改革涉及面广,需要对相关制度进行系统梳理,深刻领会其本质内涵。科学合理的绩效评价,应从条线评价向综合评价转变,避免以某项具体工作评判院系甚至教师个体的优劣,避免个别指标直接决定相应的政策红利或失利,而是应重点考察综合评价;要由单向评价向多维度、互动式评价转变,避免单纯的奖惩和评比,重视评价结果的解读和反馈,重视基于评价结果的发展建议;由强调结果性评价向重视增值评价转变,鼓励评价对象可持续发展、追求进步空间的增值评价,引导院系、教师特色发展、分类发展。绩效评价是民办高校实现绩效管理的一个有效工具,但绩效评价在执行过程中也出现了一些负面效应,例如教师科研绩效具有劳动隐蔽性和成效滞后性,教师绩效评价指标的过度量化导致学术功利化、短视化等问题。为消除绩效评价带来的负面效应,突出正面效应,应增强院系和教师参与评价的自主权力,促进院系特色发展和教师个体职业成长,以评促建、以评促改、以评促管,以评促发展是评价的核心目的。

2.运用绩效评价手段激发教师工作的主动性

教师作为高等教育、人才培养的具体实施者,其队伍建设的水平关乎民办高校发展的质量,而教师队伍建设的水平又深受绩效评价指挥棒的影响。科学合理的绩效评价指标体系,能够有效度量教师工作的努力程度与贡献大小,积极引导教师行为。对教师的绩效评价体系关系到教师群体的价值取向。发达国家的高校教师评价呈现出多元化的特征。一是分类评价,评价指标具体多元。发达国家通常根据教师的岗位特点、个人特长和意向,分类实施考核。在考察教学、科研、社会服务等不同维度的表现时,评价指标多元且具有较强的可操作性。例如,在评价科研业绩时,既查看论文数量、科研项目、科研经费、专著出版、专利发明等量化指标,也使用社会影响力、学术创造性、研究连续性等质性指标。二是突出教育教学实绩,强化目标导向。在美国,无论是公立高校还是私立高校,对引入和有效利用绩效评价这一治理手段都倾注了极大的热情,各大高校试图通过实施绩效评价来落实"基于目标"的评价原则,强调教师任职目标必须与所在高校办学宗旨和教育目标高度一致,有效地将组织目标转化为个人目标,以此来促进办学效益不断提升。如加州大学伯克利分校,注重教师定位与学校使命和目标契合,并把教学水平作为聘任、考核教师的首要因素,在指标设置时,强调把教师对教育教学投入与成效纳入教师学术评价体系,优化不同类型教师的聘任标准,实行定性与定量评价相结合的分类综合评价。三是强调主观评价与客观证据的结合。国外很多高校都有较为完善的评审工作机制,教师本人、学生、系主任、校内外同行专家及评价委员会共同参与评价,各评价主体从不同角度和立场开展有侧重性的评价,评价结果相互补充、印证,从而避免单一评价主体易出现的偏颇或偏见。其中,同行评价在对教师学术水平和研究贡献的认定中起决定性作用,发挥学术共同体作用。

教师是具有鲜活而有思想的个体,他们并不是被动地接受评价的约束,而是有可能对这些制度所建立起来的约束和激励机制做出理性的反应。民办高校应在管理者和教师之间营造一种和谐的人际关系,经协商达成类似"契约"形式的目标约定,让绩效评价得到教师的认可和赞同,并成为化解组织目标和教师职业发展之间的分歧、平衡和调和各种矛盾的有效杠杆。绩效评价,不管是针对院系的,还是针对教师个人的,最终落脚点在于营造一个激励的氛围。这是因为教师作为"社会人"总会被某种现实需要所引诱,他们渴望在工作中被激励并使自己时刻处于一个最佳的工作状态。在案例高校 A 对教师的评价中,我们可以看到学院的人事处由评价的管理者、执行者转变为评价的服务者,其工作重心落在加强与院系和教师的沟通、解答他们提出的关于绩效评价政策的疑问等,给予教师必要的人文关怀;院系领导从考核者转变为评价标准的制定者,其工作重心在于积极为教师提供资源支持、辅导和帮助;教师从评价的承受者转为评价的执行者,在碰到困难或需要资源协助时,会主动与分院或人事处沟通。在这一过程中教师对绩效评价工作的认同度不断提高,教师成为一个有效的治理主体参与高校的内部治理,A 学院的治理效能也随之提高。只有广大的教师了解评价、认同评价、支持评价并积极参与评价,民办高校刚性的管理职能才能逐渐弱化,教师的主体作用才能进一步发挥。

二、以制度创新推动民办高校内部治理规则不断完善

无论是在公办高校还是民办高校,绩效评价之所以遭人诟病,原因在于其简单地移植了来自企业组织的绩效评价理念和量化评价标准,将高校等同于企业组织。在公办高等教育领域,更多地将对高校教育质量和综合效益评价裁剪为高校的科研绩效评价,忽视大学组织的本质属性;在民办高等教育领域,则更多地将绩效等同于经济效益,忽视了民办高校的社会效益和人才培养质量。民办高校要实现内涵式发展,其治理目标的价值取向要从以关注规模增长和教育机会供给为重点,转向更加关注教育质量和人才培养质量,这就需要在指标设计过程中,进一步发挥学术权力的作用,在人才培养质量、学科科研等指标设计上进行科学设计。制度是一个组织的灵魂,也是完善民办高校内部治理结构的根本因素。制度的设计是否科学合理以及能否有效贯彻执行,是完善治理结构的关键。

(一)促使民办高校将制度优势转化为治理效能

制度是组织的灵魂,是完善民办高校内部治理结构的重要因素。从某种程度上而言,民办高校未来能走多远、能变多强,并非取决于其发展规模而是取决于其制度的完备程度和制度的创新程度。

1.民办高校加强制度建设的必要性

我国《辞海》中对制度的解释是:"要求成员共同遵守的、按一定程序办事的规程或行动准则。"美国学者斯科特(W.Richard Scott)认为,"制度包括为社会生活提供稳定性和意义的规制性、规范性、文化—认知性要素,以及相关的活动与资源"。① 即制度具有多重的面相,是由符号性要素、社会活动和物质资源构成的持久社会结构,是一系列被制定出来的规则、守法程序和行为的道德伦理规范,它旨在约束追求主体福利或效用最大化利益的个人行为。美国经济学家诺思(D.C.North)认为,"制度是一个社会的博弈规则,它们是一些人为设计的、形塑人们互动关系的约束,构成了人们在政

---

① 斯科特.制度与组织:思想观念与物质利益[M].姚伟,等译.北京:中国人民大学出版社,2010:56.

治、社会或经济领域里交换的激励"。^① 因此,我们可以认为制度是在特定社会范围内建构起来的要求人们共同遵守的行为准则。

组织推行制度最直接的原因在于其想要提高组织的协调性和治理的有效性,协调内部各部门之间协作效果和组织与外部衔接的有效性,长期的动力在于组织想要获得最大的潜在效益。假定每个行为人都是有理性的,他们总是在给定的约束条件下追求自身利益最大化,而无约束的争取行为必定加剧交易活动的不确定性,增加交易成本。从广义上讲,这种约束条件就是行为人共同遵循的契约关系或交易规则。如此,制度就为人们提供了一个相互影响的框架,确立了竞争与合作的秩序。一个有效率的制度能够提供一组有关权利、责任和义务的规则,减少环境中的不确定性,促进生产活动和社会财富的增加。高校的制度是高校在治理中形成的各种规定、条例、章程、标准、办法和守则等的总称,它是用文字形式规定治理活动的程序、内容和方法,是学校正常教育教学秩序的基本保障,是人们必须遵守的行为规范和准则,也是高校高效运转的前提。

一般地说,制度的"善"有两个基本方面:形式的"善"或技术的"善"。形式的"善"考量制度的技术方面,看其是否自治、严密、有效;内容的"善"考量制度的实质方面,考量制度内在具有的社会成员相互间的权利义务关系,看其是否有时代精神等。一个"善"的制度,是一个系统、完整、自治的制度体系,不仅有"效力"而且有"实效"。效力是指其具有合法性根据,并以合法的方式明确规定有约束力的行为规则要求;实效是指制度通过各种维护力量,有效地规范与调节社会日常生活。蒋馨岚认为,一个"善"的制度不仅有形式上的普遍性,同时还是一个有效率的制度,本身具有活力,生活在这个制度中的人们具有积极性与创造性,进而能够创造出更多的社会财富,一个不具有效率的制度是不能被称之为"善"的制度。^② 对民办高校而言,体现制度的"善",加强制度建设,其必要性表现在以下几个方面。

一是加强民办高校制度建设是现代大学制度的内在要求。《国家教育规划纲要》提出,"推进政校分开、管办分离。适应中国国情和时代要求,建

　① 诺思.制度、制度变迁与经济绩效[M].杭行,译.上海:格致出版社,上海三联书店,上海人民出版社,2014:31.
　② 蒋馨岚.制度伦理视角下的现代大学制度研究[M].北京:中国社会科学出版社,2016:90.

215

设依法办学、自主管理、民主监督、社会参与的现代学校制度,构建政府、学校、社会之间新型关系"。由此可见,现代大学制度的特征之一就是治理的科学化,即管理的规范化和制度化。民办高校的各类制度是国家在民办高等教育领域立法的深化和延伸,也是国家对民办高等教育法律、法规体系的有益补充,它是民办高校治理的基本依据。民办高校制度是现代大学制度的重要内容,离开了学校内部制度,谈现代大学建设是很难想象的。

二是加强民办高校制度建设是民办高校生存和发展的重要保证。当前我国民办高校总体还没有形成完善的内部治理结构,治理水平不高,为促进各项事业健康发展,应把建章立制摆上重要议事日程,才能克服家长制、家族化管理,消除隐患、避免风险。制度是民办高校办学价值观的集中体现,也是民办高校办学实践活动的重要载体,它是办学思想与理念转化为行为实践的必要中介,因此严格而系统的制度体系是维持民办高校生存、发展和长期健康运转的关键。良好的制度体系有助于学校建立正常的运行秩序,提升教育教学质量;规范学校管理层和全体师生员工的行为,保障最大多数人的利益;优化全校各种资源配置,保证学校办学目标的不偏离。

三是加强民办高校制度建设是提高工作效率的保障。制度是维系民办高校组织运行的关键所在,制度的优化与创新是其发展的根本动力,也是学校发展和治理效能提升的关键途径。民办高校内部运行是一项复杂的系统工程,教学科研、学生管理、校园建设、经费使用等事务多且杂,需要系统而全面的制度来协调。建立健全民办高校制度,形成内容科学、程序严密、配套完备、有效管用的制度体系,除了规范和引导高校师生员工行为以外,还可以有效克服经验主义、理解歧义、个人意志和相互推诿等问题,充分发挥个体的主动性和积极性,使分散、无序的个体活动变得统一、秩序、高效,确保民办高校始终沿着正确的办学理念、办学目标和轨道上发展前进。

四是加强民办高校制度建设是实现依法办学、依法治校的需要。社会的进步,法制的健全和完善,要求社会各个组织、机构和个人树立法制观念,严格依法办事,法律面前人人平等。民办高校也不能例外。制度是内部治理的法规和规则,照章办事是依法办学、依法治理的基础。只有严格执行学校管理制度,才能逐步培育法治意识,使学校的教学、科研、思政、后勤等各项工作逐步走上法制化的轨道,实现治理的制度化和法制化。制度教育学的研究认为,"好"的教育制度也是重要的教育资源,它可以增强人的权利意识、自主意识,提高人的主动性和积极性,提高人自我发展的责任感,从而提高人发展的层次,塑造健康和谐的人格。民办高校制度建设是依法办学、依法治校的基础工作,也是推动学校管理由"经验管理"向"依法治理""科学治理"转变的重要环节。

2.民办高校制度构成内容

民办高校完善内部治理结构需要以一定的制度体系为依托,用一定的制度安排保证关键利益主体参与决策并分享决策带来的利益。治理是一项基于制度的集体行动,制度是治理的基础,因此制度的合理性决定着治理的有效性。一般而言,民办高校制度体系由基础制度、基本制度和具体制度三个层面组成。

基础制度是指根据国家政治制度与法律规定而设计的有关民办高校的法律法规等。周海涛等认为,改革开放以来,我国民办高校制度建设经历了一个渐进式建构的发展过程。[①] 首先是 1982 年宪法赋予了民办教育在法律上的合法性,而 1997 年颁布的《社会力量办学条例》以及后续的一系列民办教育领域法律法规则将民办高校的发展带入到一个依法规范发展期,之后是《中华人民共和国民办教育促进法》及其实施细则的出台,意味着体现民办高等教育合法发展的制度框架已基本形成。党的十八大以来,从中央政府到地方各级政府相继颁发了一系列民办教育法律法规和配套政策,形成了民办教育改革发展的新制度体系,民办高校制度建设进入全面规范设计阶段。2016 年和 2018 年修订的《民办教育促进法》,在制度层面上破解了长期制约民办高等教育发展的瓶颈,对民办高校的鼓励扶持政策得到了进一步落实,形成了政府行政规范管控与市场调控相结合的外部治理模式。

基本制度是指依据基础制度来设计与安排的关于民办高校治理规则与程序的重要制度,这是民办高校与政府、社会充分互动后的结果。民办高校的决策制度、行政执行制度等属于基本制度。《民办教育促进法》实施后,民办高校及其举办者、管理者、教师、学生等对自身诉求产生新的认识,如非营利性与营利性、民办高校的法律地位、产权制度、教师专业发展、学生合法权益、办学质量保障等问题引发热议,民办高校和国家从内外两方面推进制度建设。外部治理制度包括差异化的产权制度、收费制度、税收制度、优惠制度以及风险防范制度等;内部制度则体现在实施民办高校董事会(理事会)制度,落实党组织建设和校长管理制度建设等,以保障举办者、办学者、教

---

① 周海涛,廖苑伶.民办高校高质量发展的基础[J].复旦教育论坛,2021(3):69-74.

师、学生等利益相关者的合法权益。

具体制度是指民办高校自主决定设计的内部规章、政策、条例等,这是体现民办高校治理水平与能力高低的一个显性标志,如学校运行层面的财务经费预算与管理制度、学科专业管理制度、学生社团管理制度等。总体而言,民办高校通过加强顶层设计,创新办学模式,更新办学理念,深化教学改革,强化师资队伍,在管理过程中,先后建立了发展规划、议事决策、会议程序、学科专业建设、人事管理事务、财务管理、资产管理、学生事务、校园建设、信息化、国际合作等系列制度。

三个层面的制度构成了民办高校的制度体系,并成为其治理的有效保障。现阶段民办高校正处于国家分类管理政策的深化落实阶段以及其自身由粗放式发展向内涵式发展的转型阶段,种种变化都要求民办高校的治理及其制度发生相应的变化。在长期办学实践中,民办高校已经形成了与公办高校区别化的优势。[①] 与公办高校相比,民办高校在处理不同利益主体之间的合作关系及方式、办学体制方面具有较大的自主性,其内在自发性改革动力更强,改革创新阻力也较小,而民办高校董事会领导下的校长负责制,如果运用得当,其管理模式更为灵活,执行力和市场敏锐度更强,更能主动地适应社会需求,是形成充满活力、富有效率、更加开放、高质量发展的制度保障。因此民办高校应重视发挥体制机制的灵活性,秉持多元、开放与包容的原则设计各类制度,将制度优势转化为治理效能,以应对来自内外部的各种挑战。

3.大胆改革,创新民办高校制度

制度创新牵动改革发展。"经国序民,正其制度",制度建设是推动民办高校治理现代化的重要保障,制度创新是民办高校体制机制的框架性转换,是国家治理体系完善发展的重要内容。近年来,在民办高校推进内涵式发展进程中,"制度设计""制度衔接""制度建设""制度完善""制度安排""制度保障"等,无论是在理论层面还是在实践层面都成为关键词。民办高校是高等教育改革的成果,没有改革就没有民办高校。民办高校只有在制度上勇于创新,大胆改革,敢于试验,克服传统高校长期以来的管理积弊,努力提高学校治理能力和水平,提升治理效率和效益,才能有效解决以少数人把控为

① 周海涛,廖苑伶.民办高校高质量发展的基础[J].复旦教育论坛,2021(3):69-74.

特征的单边治理结构与现实中多元主体参与治理的强烈诉求之间的矛盾。

首先,选好校长是民办高校制度创新的关键环节。校长是民办高校治理制度创新的引领者,若校长因循守旧、按部就班、亦步亦趋,跟在公办高校后面一味模仿,是不可能办好民办高校的,只有勇于改革、大胆实践,才能独辟蹊径,走出自己的治理之路,办出特色,提高效益。民办高校校长要在复杂多变的市场经济办学环境下,做到审时度势,因势而变,开拓创新,用敏锐的洞察力、超前的思维力、果断的决策力、独特的创造力、坚韧的承受力,积极了解社会对高等教育的需求,掌握最新的高等教育治理研究成果,并经常把这些信息向教职员工传递和交流,在反复交流思想的基础上形成共识,才能实现制度创新。民办高校校长还需要有精深的教育理论素养,形成自己的教育理念,并将其应用到学校教育和管理中。

其次,提升民办高校管理人员专业化水平是制度创新的基础。现代大学建设呼唤专业的管理人员。"国以才立,政以才治,业以才兴",作为生产力中最基本、最活跃的要素,人才是经济社会发展的第一资源。作为组织运行最基本、最活跃的要素,管理人员是民办高校行政职能部门效能提升的重要驱动力量。对于民办高校而言,完善内部治理结构,需要其以大学组织制度健全完善为基础,以组织结构重构为重点,强化顺畅的组织运行机制,这些都与专业管理人员的水平和岗位素养密不可分。民办高校管理人员有来自公办高校退休的处级领导或是其他管理人员,也有来自其他高校或本校的应届毕业生,还有来自企业的员工,人员的来源结构复杂,水平参差不齐,存在着学历偏低、年龄老化、综合素质偏弱等问题,同时现有的职能部门普遍存在着岗位任务繁重、待遇不高,缺乏吸引高素质优秀人才的有利条件,再加上受经费限制等原因,人才引进较为困难,高素质管理人员短缺矛盾比较突出。专业化、高素质、高技能的专业人才是民办高校创新制度、提升职能部门管理效能的基础保障和有力支撑。管理部门工作的复杂性与多样性,决定着管理岗位对人才的需求也是多样的。民办高校要树立正确的选人用人导向,按照岗位需求,运用多种手段和多样化的形式规范选人用人途径,优化人才发展环境,打造引才聚才"强磁场",以更加有效、更加积极、更加开放的人才政策,选拔高素质人才充实职能部门的管理队伍,努力打造一支管理优、业务精、能力强、服务好的管理队伍。

再次,营造良好的组织文化是制度执行的保障。斯科特认为,"社会与文化因素,即制度环境,是一种嵌入型的文化形式,会对组织产生更为重要的影响"。① 民办高校的组织文化是学校在长期办学活动中形成的学校价值观、行为方式、行为规范等,是学校治理的最高层次。制度的形成与变化来源于学校对制定和修改制度的某种需求,而这种需求正是学校价值理念的一种具体表现,因此民办高校的各类制度归根结底是受学校价值理念的驱动与制约。只有抓好制度建设,才能促进良好组织文化形成;而培育和营造组织文化氛围,进而将这种组织文化内化为组织中个体的精神人格、价值诉求、信念和行动取向,也能促进制度的不断完善。受到传统习惯、社会心理和现实利益问题的影响,民办高校教师有时候会对制度产生天然抵触,这时需要学校组织文化作为黏合剂,使之增进共识,增强归属感,提高执行制度的自觉性。良好和谐的组织文化,还有利于形成民办高校师生积极学习高等教育新理论,主动思考和表达对现有制度想法的氛围,提高对制度变革的适应能力。

最后,要注重发挥制度的正面作用。制度是一把"双刃剑","我们不仅要强调制度具有制约选择与行为的作用,也要看到制度会赋予行动者权力,对行动具有使能作用"②。在制度实施过程中,既要畅通广大师生参与建章立制渠道,也要在管理制度制订与修改过程中要积极吸纳广大教师意见,确保制度建设的科学化和民主化。制度通常涉及师生切身利益,理应让广大师生知悉规章制度制定的相关事项和具体流程,并广泛征求民意,不能沦为某一部门"内部讨论"的产物。组织制度功效是否显著,一方面取决于组织内部构造是否合理,另一方面则取决于该组织所处的制度环境。为了提高民办高校制度实施效益,还要建立和执行相应的工作责任制和责任追究制,积极营造实施制度的良好环境,有效地对制度实施情况进行监督、检查、考核和奖罚,通过监督部门定期或不定期地对制度实施情况进行检查,及时纠正不作为的行为,落实制度的效用。当然,制度也应根据实践的需要,适时做出修订和调整,增强其适应性。

(二)以绩效评价为手段不断完善民办高校内部治理规则

民办高校应在校内形成有利于学校自主发展的评价体系,重在"做诊

---

① 斯科特.制度与组织:思想观念与物质利益[M].姚伟,等译.北京:中国人民大学出版社,2010:66.

② 斯科特.制度与组织:思想观念与物质利益[M].姚伟,等译.北京:中国人民大学出版社,2010:228.

断、找差距、谋发展"，在治理过程中不断完善各类治理规则，充分发挥评估、纠正、发展的正面效应，在内部形成积极的竞争氛围，强化激励的有效性，不断提升学校的整体办学水平。

1.通过制度创新引导民办高校特色发展

民办高校的健康持续发展需要改革，更需要创新，改革与创新相辅相成，这是民办高校发展的基础，是其完善内部治理结构的不竭动力。制度创新是改革的关键，蕴含着民办高校与外部环境相互关系变更的内在逻辑，是制度层面的创新，更是制度优势的传承与弘扬。民办高校治理效能的大小取决于其制度供给，科学规范、系统完备、运行高效的制度建设，是制度优势转化为治理效能的前提与基础。民办高校要通过绩效评价改革，搭建系统完备的制度框架，通过制度创新牵动绩效评价改革创新发展，激发改革内生动力。

民办高校绩效评价是有着明确价值导向的工作流程，以提高高校办学效益、增强办学实力为基本价值目标，通过构建全方位系统化绩效评价机制，促进民办高校的办学目标落实到位，回应和满足社会公众的合理需求。这种绩效评价制度的构建，势必与民办高校院系绩效关联度高的目标考核、教育教学评价、人才培养质量评价等项目相联系。在绩效评价过程中，要根据学校办学实际，以及学科专业发展特点，制定科学的绩效评价办法，明确具体的评价准则及标准、评价主体等，并根据不同类型指标绩效特征，实施分类的办学绩效评价，这是对民办高校内涵式发展中完善内部治理结构导向的有效回应，有利于真正促进多元共治。在指标体系构成上，要促进教师个人目标与学校发展总目标相结合，在目标导向上坚持全局性和针对性，在指标权重上突出院系履行职能的重点工作。在评价方式上，坚持问题导向，强化变革创新，合理构建评估框架，科学设定指标，细化评估标准，将考评目标、工作过程与考评结果相衔接，及时发现问题解决问题，整改提升。民办高校绩效评价的价值取向应更多地关注教育质量和人才培养质量，这就需要我们在指标设计过程中，进一步发挥学术权力的作用，对民办高校在人才培养质量、学科科研评价等指标设计上做出合理的制度设计，引导高校特色发展。如前文所提到的案例高校，为了更好地满足应用型人才培养的需求，B学院和C学院都积极实施产教融合、校企合作，推进产业学院或行业学院建设，并通过评价的手段引导院系特色发展、对教师进行分类评价等，在这一过程中学院的治理规则得到了完善。

2.通过制度创新引导教师加大对教学的投入

绩效评价代表着一种观念和系统,如果在这一体系的设计和实施过程中采取了一种广泛参与的范式,则该系统必将能更好地满足那些直接受绩效评价影响的需求和利益。[①] 高校开展绩效评价的目的是约束和规范教师行为,激发教师不断地提高自己的工作效率和教学质量,从而提高学校的教学水平,为学校创造更大的价值。民办高校绩效评价关乎全体教师自身利益,关系到教师的福利待遇,一旦处理不好就会引发激烈的内部矛盾和冲突。因此绩效评价是调动教师工作积极性、主动性的"指挥棒",也是决定教师工作方向的"指挥棒",我们需要通过制度的不断完善,引导教师正确认识教学与科研之间的关系,加大对教学工作的投入。

为进一步提高民办高校教师归属感,提升其参与治理的能力和水平,要通过制度的不断完善引导教师正确认识教学与科研之间关系,树立正确的绩效观。与其他高校教师一样,目前民办高校的绩效评价体系更多地关注教师显性的、可量化的科研成果,这种情况一方面导致教师面临着教学与科研工作的冲突,另一方面也导致教师对教学工作的投入不足。教师对教学的认同实际上是对其职业价值的认同,如果认为教学工作对自身长远发展是有利的,就乐意投入,否则就不会真心投入。教师必须在自身利益和公共利益之间进行取舍,虽然从最终角度看两者是统一的,但在近期目标上两者却是充满对立的。对于教师而言,为了自己的晋升目标而努力是没有错误的,但这终究属于自身利益。培养学生成才是公共利益,因为这属于承担社会责任范畴。从本质上讲,个人晋升与培养学生成才之间并非完全对立关系,但把两者做机械性理解就会出现对立状态。如果专注于个人晋升,就会对教学采取应付态度,得过且过;相反,如果采取兼顾的态度,则可能会采取比较负责任的态度。这个根深蒂固的问题涉及教师自身发展的问题,涉及教师对眼前利益和长远利益关系使如何处理的问题,特别是涉及教师个体的价值取向问题。

根据前文所构建的绩效评价对内部治理结构的影响模型,我们可知,绩效评价指标是一个核心内容,分为量化指标和定性指标;而评价标准则是一种尺度,两者都深刻地影响着评价的导向。为改变当前"重科研,轻教学"绩

---

① 威廉姆斯.组织绩效管理[M].蓝天星翻译公司,译.北京:清华大学出版社,2002:2.

效评价现状,民办高校应通过制度设计引导教师回归教学工作,加大教学工作在绩效评价体系中的权重;同时增加各类定性指标,尤其是对一些无法量化的教学工作,可以采用同行、专家评价的方法对教师教学工作做出合理评价。通过全方位评价,让教师真正重视教学,愿意为教学工作投入时间和精力。如研究中所提到的案例高校 B,为了提高应用型人才培养质量,学院出台了"三类型四层次"应用型教师发展考核体系,注重对教师科研工作的正确引导,通过制度设计引导教师从事应用型科研,发挥教师科研及其成果在应用型人才培养中的作用,将科研成果转化为人才培养的优质教学资源;同时学校还创造机会让教师参与企业的真实项目,提高教师应用实践能力。这些制度的设计对引导教师正确处理教学和科研的关系具有积极的意义。

三、发挥院系"轴心"作用提高治理机制运行效率

管培俊认为,"校院之间职责权限划分、权力冲突与调适是高校内部治理结构中永恒的主题"[①]。民办高校由于独特的产权结构和法人属性,导致其校院两级管理体制存在着与公办高校迥然不同的特性与问题。院系是构成高校的"细胞"和民办高校事业发展的决定力量,建立对院系责权利对等的评价体制,激发院系办学的自主性,才能提高治理机制的运行效率。

(一)建立分权制衡的内部权力配置体系,完善顶层制度设计

民办高校作为学术组织,知识生产、学术创新仅仅依靠"自上而下"的校级层面行政命令推动是远远不够的,其教育教学、学科建设与科学研究、社会服务等职能均是通过院系来实现的,赋予院系更多的办学自主权,是激发院校活力、提升教育教学质量的必要条件,也是内涵式发展的根本需要。由于每一所民办高校特殊的内部管理文化以及"行政长官"个人风格等原因,现实中民办高校内部权力配置方式大相径庭。民办高校应遵循高校作为学术组织的特性,按照学术治理要求,强调治理主体地位与治理权力的制约与平衡,改变受传统企业管理模式影响而导致过度"市场化"的现象,发挥体制优势,灵活地运用办学自主权,突出院系的独立地位。

1.践行"学院办大学"理念

随着我国民办高校规模日益扩大和内部治理日趋复杂,调整学校与院

---

① 管培俊.大学内部治理结构:理念与方法[J].探索与争鸣,2018(6):28-31.

系之间关系,对院系实行绩效评价将是完善民办高校内部治理结构的一种重要方式。院系是高校各项职能的直接践行者,院系层面的治理能力不仅直接影响着院系当下及今后发展,而且还在很大程度上决定学校整体治理能力和治理水平。构建合理的校院两级管理体制,理顺校院两级责权利关系是完善内部治理结构的主要抓手。和公办高校一样,民办高校在校级层面应主抓宏观引领、重大决策、资源调配和组织协调;院系则承担人才培养、学科发展、科学研究、人才队伍建设等各项具体职责。如前文所提到的案例高校 A,举办者不仅开明且民主,而且对教育事业怀有深厚的情感,在他的带领下学院不断自主创新,按照现代大学制度标准进行改革,对院系赋权增能,努力将院系改造成为一个面向市场办学的独立主体,与其他个人投资型的民办高校或是与企业办学型和国有民办型的民办高校相比,A 学院的院系具有较大的自主性,其校院两级运行机制的治理重心相对较低。民办高校应以教育规律和学科发展规律为依据,科学合理地界定和划分行政权力、学术权力等权力和责任的边界,建立向院系分权赋能的机制,将资源调配权和人事权等关键事权下放至院系,在代表学校权力的职能部门与院系之间构建一种清晰的责权利分配与制约模式,让院系做到"以业绩换取权力"①,才能实现治理上的平衡与协调。

在学校宏观引领作用不断凸显的背景下,对院系的监测、评价、考核要求也随之强化,为了保证各院系的教育教学活动始终围绕学校的办学使命和整体目标,对院系进行绩效评价也就成为必不可少的一种治理手段。民办高校在实践过程中应坚持以下原则:一是要明确绩效评价在提高治理机制中的关键地位,制订系统的评价文件,加强绩效评价工作与院系整体治理改革的联动性。二是要以绩效评价为中心,赋予学院在资源分配中更大的权限,同时全面推进学校的人事制度、教师考核制度等的改革创新,以更好地服务和落实绩效评价工作的实施。三是要坚持权责相统一原则,构建科学高效的校院权责体系。权责关系主要包括权力和责任两个维度。理想的权责关系是权力和责任高度统一的,一方面是要不断推进管理重心下移,赋予院系更多的权力,下放权力的思路是确立院系的治理边界,划定哪些权力属于院系,哪些权力不属于院系;另一方面是科学界定院系应该承担的责

---

① 查永军.高校内部管理权力重心"下沉"阻力研究[J].高等教育研究,2018(8):32-37.

任,强化宏观监管,优化服务,实现权责的统一。四是要处理好院系内部各种权力之间的关系,优化院系权力结构。对于院系而言,依据学校的相关文件精神,制订科学合理的评价方案;在此基础上,要充分发挥以教授为代表的学术权力、以教职工代表大会为代表的民主权利和以学生为代表的学生权力的作用。绩效评价作为一项事关院系所有利益主体利益的重大举措,应加强民主协商,提高教师、学生等主体的话语权和参与度。

2.构建学术导向的权力配置体系

民办高校应遵循学术组织特性,按照学术治理的要求,改变传统企业管理模式影响下在权力配置上产生的过度"市场化"现象,重视学术权力在权力结构中作用。目前,虽然很多民办高校根据需要建立了校级学术委员会、教学委员会等学术组织,但由于这些组织的主要成员多由具有行政职务的领导担任,学术事务的主导权仍由行政权力来左右,因此这些机构在实质上还多为咨询机构,而非决策机构。鉴于民办高校学术委员会建设还处于探索期,在构建学术导向的权力配置体系时,应以精简机构、职责明确、共同治理、机制畅通为原则,践行学术发展思路。

首先是构建起学术委员会的主体架构。民办高校应找准自身的特殊性和主要矛盾,建构具有民办高校特色的学术委员会制度。学术委员会应成为校内最高学术权力机构,统筹行使学术事务的决策、审议、评定和咨询等职权,并通过章程规定,保证学术委员会在学术事务清单范围内享有独立的学术权力,明确校级层面校长、学术委员会之间权力和职责范围,实现学校行政管理权与学术权力的制衡,充分发挥学术机构在学科建设、学术评价、人才评价等方面的作用。

其次是优化学术委员会的成员结构。其成员的选聘应做到学术性与多元性相结合。一是成员应具有学科专业背景、学术水平较高、具备较高学术事务处理能力,保证学术委员会的学术性;二是成员构成要突出学校应用型定位,深化产教融合,吸纳企业、行业、产业等领域的专家,指导学校人才培养规格不断适应行业企业对人才结构、质量、水平上的要求;三是体现民意取向,选聘优秀青年教师参与,培养教师的治理能力。

再次是在院系层面完善基层学术组织。基层学术组织应在民办高校总体办学定位和基本方向下健康运行。如前文提到的 A 学院在校院两级运行机制过程中,建立了以教学、学术事务为主导,行政事务支持、服务于教学、学术事务的内部运行机制,有效协调行政权力与学术权力之间的关系,这既是完善民办高校单边治理结构的需要,也是践行学术发展思路,提升教学质量,办出高水平民办高校的重要保障。伯顿·克拉克教授认为,高校内部结构"不是因为权力过度分散和宏观失控而使整个系统陷入四分五裂的境地,就是因为过分强调秩序和组织的统一而导致权力的垄断,两者必居其一。不过,如果能够选择的话,前者的危害比较小,后者的危害则要大得多,因为它会大大地增强结构的灵活性,而这种灵活性却是长远发展所必不可少的"①。他的这一观点从某种角度说明了建设基层学术组织的重要性。

3.提高院系的治理能力

民办高校下放权力与资源,目的在于激发院系的活力和自主性,但院系自身所具有的治理能力和水平决定了学院将权力和资源下放的程度。因此,首先要提高院系的治理水平。在校院两级管理过程中,学校层面需要用一定的手段来评价院系的办学成效,而院系则需要用一定的办学绩效来证明和巩固其存在的价值,此时绩效评价就成为一个不可或缺的治理手段。通过绩效评价,学校适时地评价和总结院系的绩效与问题,或责成有关院系加以改进、调整学校与院系尚未衔接配套的政策及做法,实现治理主体由学校逐渐转变为院系,并以协议授权形式将人事权、财务权等权力下放到院系;同时为了凸显"责"在评价中的作用,要求院系对其质量和效益做出保证,并与被评估者的切身利益挂钩,真正体现"干好干差不一样"。在此过程中,学校通过整合优化教育教学资源,将人、财、物等关键资源向绩效成效好的院系倾斜,院系则获得了更大的资源配置权和发展空间,办学自主权得到了进一步扩大,"这就是一种信任模式,不仅有精神和物质的支持,还有来自制度上的支持"②。如案例高校 A 学院针对院系负责人年轻、充满朝气但缺乏经验的情况,通过胜任能力培训,提高院系领导的行政领导能力,促进院系治理水平的提升。其次应推进院系内部控制体系建设。权力的下移需要院系有更加强大的自我控制能力,从这个角度而言,管理重心的下移并不是无限度的。院系应建立完整有效的责任链条和问责体系,否则管理就会陷入"无政府"状态,警惕和防止"学术特权者"对本专业、本学科、本学院的非公平性偏好与庇护。为此健全院系学术共同体组织系统,健全师生监督渠

---

① 克拉克.高等教育系统:学术组织的跨国研究[M].王承绪,译.杭州:杭州大学出版社,1994.

② 王洪才.教育治理体系与治理能力现代化论略[J].复旦教育论坛,2020(1):12-18.

道和运行机制,加强制度化建设和风险管控,才能不断提高院系的办学积极性、自主性和灵活性,实现善治的动态进程。

(二)强化绩效评价的问责和改进

李立国认为,"提升治理活动的效率和效力"[①]是高校治理的最终目标,即高校治理的最终目标是追求治理效能的最大化。我们都知道,为有效发挥评价的正面引导作用,民办高校应克服评价目标设置上的功利性、短视化,既不能仿照企业管理上的做法过于重视经济效益的产出,也不能过于注重外部的各类评价排名,而是应该确立以育人为根本任务,以人才培养为主线,实现多元共治的治理目标。如果把绩效评价作用仅仅限定在通过奖惩来调动教师工作积极性,那么这种管理方式是低效的,而是应该将问责与绩效提升相结合,注重沟通反馈,提高绩效评价结果的使用效率,注重问责。

1.建立完善的问责体系

绩效评价的目的是督促治理主体改进相关问题,因此评价和问责之间是不可分割的。民办高校应加强绩效评价后的问责,形成"绩效评价—问责—治理结构优化"的良性循环。完善的内部问责制能够调动民办高校院系、教师的积极性,促使他们努力提升教育质量,提升教书育人的水平,从而更好地促进自身发展。绩效评价和问责制相伴相随,通过评价院系和教师的行为表现以及职责履行情况,以问责的形式约束院系或教师可能的利己主义。由于这种问责是建立在反映院系任务完成情况基础之上的,确保了问责的有理有据,为民办高校科学决策、合理配置有限的教育资源提供依据,也为其在对教师奖惩、晋升、培训、薪酬、解聘或续聘等重要人事决策时提供参考。

"建立问责制体系的关键在于明确问责制的主体、问责内容、问责程序和问责后果"[②]。首先是应建立多元的问责主体。教育行政部门、社会中介组织、举办者、学校管理团队、教师以及学生等都是民办高校的问责主体,只有形成全方位、多视角的问责制,才能形成对院系全面、客观的评价。其次是要明确问责制中的指标,即要明确问责的内容。民办高校应秉持"以评促改、以评促建、以评促改、以评促管"的理念,通过明确的绩效评价指标发现

① 李立国.什么是好的大学治理:治理的"实然"与"应然"分析[J].华东师范大学学报(教育科学版),2019(5):1-16.

② 王超,覃红霞,樊媛.论我国高校质量问责的转型与完善[J].当代教育科学,2018(10):32-36,74.

院系存在的主要问题,从而找到发展的关键点和突破口。再次是要制定合理的问责程序,做好问责制中"如何问"的问题。民办高校应严密而系统地设计对院系或教师的问责内容、事项的回复以及处理程序,制定公平公正的听证、复议、审议等程序。又次是问责制的后果,即院系或责任人应承担的相应责任。这里不仅应包括对院系负责人的处理方式,还应包括对院系财务方面的约束等,对出现问责事件的院系,可根据事件的大小、所造成的影响等减少相应的拨款。最后是要建立负面清单。在民办高校绩效评价中,应讨论确立院系教育教学活动的若干"禁区",开列负面清单,明确负面清单之外的办学行为将得到学校默许或支持,负面清单所列事项一旦触碰或发生,对院系的考核予以一票否决。

2.合理应用绩效评价结果

民办高校在评价实践中,除了将评价结果作为评判院系和教师工作情况的主要参考以外,还要关注对绩效评价结果的分析与改进。在对院系的评价中,前文所提及的3所案例高校均认为评价结果的应用是绩效评价"最后一公里",结果能否被有效利用,关系到整个绩效评价体系的成败,所以都以制度的形式安排相关部门定期对院系和教师进行绩效辅导。实践证明,只有构建起规划、执行、评估与改进循环的机制,促进彼此之间的相互信任和尊重,才能促使被评价对象为完成目标而不断努力、在实现目标的过程中不断完善和提高。这种评价体系由于教师和院系认可度高,逐渐形成了一种绩效改进文化,学院内部治理就呈现出一种高效能的状态,校院两级治理机制的运行效率就高。

面向未来,民办高校在追求内涵式发展的进程中,既要注重发挥绩效评价的问责与改进作用,也要超越绩效平价和问责的羁绊。民办高校治理效能的提升,不能只关注举办者想要什么,也不能只是关心政府需要什么,还需要关注什么样的治理效能是教师、学生真正需要的,后者才是值得长期追求的目标。民办高校优化内部治理结构,应运用好绩效评价这一治理手段,建立提升治理效能动态改进机制,如此才能达到理想的治理效能。总之,要充分发挥绩效评价的正面引导作用,以校院两级管理体制改革为契机,通过完善院系绩效评价,优化评价与资源配置、规划督查、战略调整的关系,建立学校与院系的良性互动关系,激发院系的办学活力和积极性,提升高校整体应对外部机遇与挑战的能力;还要健全潜心育人评价机制,引导教师回归教书育人的初心,推动教育回归本源。

第七章

结 语

　　治理的需求是民办高校发展到一定阶段才出现的。治理从本质上讲就是自我管理,而非外部管理。但对于一所学校而言,什么样的制度是最适合的,往往办学者也没有什么定见,这就需要不断摸索,只有办学发展到一定阶段,他们才能找到一个比较合适的管理办法和制度安排。从这个角度而言,民办高校内部治理结构不是一成不变的,而是动态而弹性的。民办高校基于自身独特的内外部发展环境、办学定位以及所拥有的资源情况,采取不同的绩效评价制度,以此完善内部治理结构,是其实现内涵式发展的现实需要。当前,我国部分民办高校已开始尝试在校内建立绩效评价制度,通过绩效评价来促进内部治理结构的完善,虽然尚处于探索阶段,但在实践中取得了一定进展。绩效评价作为一种治理手段,能够反映内部治理结构存在的问题,并能够通过自身改进,来促进内部治理结构优化,而内部治理结构的不断优化,又能促进其绩效评价工作的持续改进,如此就形成了一个治理结构与绩效评价良性互动的局面。本书以利益相关者理论和绩效评价理论等为依据,提出了一个关于绩效评价对内部治理结构影响的理论分析框架,认为在治理目标的作用下,绩效评价作为一种治理手段,能有效协调治理主体之间的关系,促进各类制度更加规范,提高校院两级治理机制的运行效率,最终促进治理效能的提升。通过前文的研究讨论,我们不难理解几个结论。

一、政府部门要为民办高校实施绩效评价营造良好的外部环境

　　民办高校的发展离不开政府和社会的支持。目前"项目治教"是政府部

门对高校进行治理的一种重要方式,民办高校为争取政府拨款和追求社会声誉的提升,往往会被动或主动地接受这一制度安排,并将这种来自政府的问责和压力传导到内部的院系和教师,对院系和教师提出明确的工作目标,建立绩效评价体系对院系和教师进行考核评价。但一个无法回避的问题是,民办高校的教育教学质量并没有随着绩效评价体系的完善而得到提高,反而增强了其机会主义和投机行为。这也是为什么民办高校面临着越来越多的外部评价,但教育质量却没有同步提升的一个原因。为改变这一现状,首先是政府部门应充分发挥绩效评价的正向作用,以科学绩效观来衡量民办高校的"投入"和"产出",鼓励和倡导民办高校特色发展,只有每所高校都在发展中找到合适自己的办学定位,才能构建高等教育良好的生态系统。其次是评价指标和评价标准的制定应坚持差异化原则,要根据民办高校特有的办学情况,实行与公办高校差异化的评价指标和评价标准,促使民办高校和公办高校在各自领域内办出一流的水平。再者是评价主体要多元化,政府部门应积极培育第三方市场,规范社会中介组织的各类评价,引导其有序参加民办高校内部治理。最后是要形成动态改进的评价反馈机制,要根据民办高校发展水平、国家对民办高校的政策动向、教育消费者需求变化等构建动态的评价反馈机制,避免民办高校为应付政府部门的绩效评价而产生功利性行为。

二、绩效评价是民办高校"善治"的风向标

组织的内部治理结构伴随着组织规模扩张和外部环境变化,由简单向复杂演变,是一个弹性的动态过程。目前民办高校内部治理结构的理想目标和现实之间还存在着很大差距,我们能做的是尽量缩短理想与现实之间的差距。本书认为科学合理的绩效评价体系,不仅能为民办高校运行提供有价值的信息,让民办高校在看到自身优势的同时,也能直观地反映学校内部治理结构中存在的问题和不足。若这些问题和不足通过一定的机制反馈到学校管理层,由管理者进行改进,如此就能实现绩效评价改革促进内部治理结构优化的目的。民办高校应合理有效地使用绩效评价手段,让绩效评价在民办高校内涵式发展中真正地、持久地发挥作用,理解和把握绩效评价的内在精神逻辑,在治理过程中不能单纯地追求绩效评价技能和技巧的改进,而是应该积极发挥其正向作用,有效防范控制负面影响。

对民办高校而言,完善内部治理结构,外因和内因都不可或缺,但起根本性作用的还是内因。因此除了加强政府的外部保障以外,更为重要的是按照高等教育规律和高校管理规律进行办学,以绩效评价为内源动力,通过绩效评价的改进来完善内部治理结构。民办高校在制定绩效评价体系时,应注意在评价目标导向上尽量克服过于重视经济效益而带来的功利化倾向、评价指标要客观地反映自身办学定位、评价主体要从单一走向多元、评价标准要准确反映自身的办学实际水平、评价反馈要从关注问责转为问责和改进并重。扎根理论的研究表明,绩效评价能有效协调治理主体之间的关系,促进各类制度更加规范,提高校院两级治理机制的运行效率。根据这一研究结果,民办高校应坚持做到以下三点。一是以绩效评价为手段协调多元主体共同参与治理。民办高校应积极调动利益相关者的积极性,尤其是发挥教师参与内部治理的意识和能力,激发教师内在动力,将高校目标和院系、教师个人目标有机结合,让绩效评价成为化解组织目标和教师职业发展之间矛盾的有效杠杆,推动内部治理结构从单边治理结构向共同治理结构转变。二是以绩效评价为手段不断完善民办高校内部治理规则。民办高校应革新教育发展理念,为教育逻辑引领学校发展营造稳定的内部环境,切实完善内部治理规则。充分发挥办学自主权较大的优势,以多元、开放与包容作为制度设计的前提和基础,在评价人才培养质量、学科科研水平等制度上做出合理设计,促进学校特色发展,从制度层面上完善单边治理结构。三是发挥院系"轴心"作用提高治理机制的运行效率。民办高校应构建清晰的校院两级责权利分配与制约模式,破除家族式、公司式管理模式弊端,通过绩效评价建立向院系分权赋能的机制,让院系做到以业绩换取权力,完善校院两级决策运行体系。

三、以绩效评价改革助推民办高校治理效能提升

民办高校治理结构问题非常突出,单纯从教师把自己定位在打工仔身份的心态就可以看出问题所在。对于民办高校而言,教师作用发挥是一个核心问题,如果教师作用得不到充分发挥,那么其办学效果是无法期待的。研究治理,从最根本上讲是为了提升教师工作积极性或工作热忱,激发教师的创造性,使其教学、科研以及社会服务工作都能够处于一个高效率的状态。这就涉及如何治理问题,如果教师的需求或教师声音发不出来,那么治

理结构就是有问题,因为没有为教师的充分发声提供舞台。所以,需要选择一个合适的角度来研究民办高校内部治理结构问题。从绩效评价角度来研究无疑是一个重要的视角。目前,几乎所有的高校都非常重视绩效评价,民办高校也不例外。但绩效评价的实施效果却千差万别。绩效评价事关学校的发展方向,有什么样的评价体系,就有什么样的办学导向。我们要做的就是,尽量发挥绩效评价的正向作用,有效防范、控制评价的负面影响,只有这样才能更好地提高治理能力和治理水平,进而达到完善内部治理结构的目的。民办高校对于办学绩效的提升具有内在冲动或内在需求。当然,具有这种需求的民办高校,是那些办学境界比较高的,如果把办学当成赚钱机器的民办高校,自然不会想到这些深层次问题,他们更多地会采用工厂化管理手段,也就无从谈及治理不治理了。民办高校办学者不会一开始就想到治理问题,而是首先想到如何管理,只有当管理手段无法奏效时,才会转向治理。

为了回答绩效评价到底是如何影响内部治理结构的,本书通过扎根理论研究,认为绩效评价体系中的"评价目标""评价指标""评价主体""评价对象""评价标准""评价反馈"等维度,影响治理结构中的治理主体、治理规则和治理机制等要素。具体而言,评价主体和评价对象会对民办高校内部治理结构中的治理主体产生影响。评价主体分别代表着各自不同的利益诉求,协调这些主体之间的利益冲突、平衡他们之间的利益诉求,直接影响着民办高校治理主体的作用发挥;教师是评价对象,也是治理结构中重要的治理主体,其职业认同感、职业发展需求,以及教师个人目标和学院共同目标的协同程度,对民办高校进一步提升教师这一治理主体的治理意识与能力有着直接的关系。评价指标和评价标准也会对民办高校内部治理结构中的治理规则产生影响。评价指标表明了民办高校在一段时期内绩效评价工作的重点和学院想要达成的目标任务;评价标准是判断院系和教师工作优劣的依据,指标与标准的合理与否为进一步完善民办高校内部治理规则提供了依据。评价目标和评价反馈对民办高校内部治理结构中的治理机制产生影响。评价目标引导着民办高校校院两级治理机制设计的方向;评价的结果使用关系到学校对院系和教师的评价、监督、问责与激励,树立科学的评价目标与合理地使用评价结果有助于提升民办高校校院两级治理机制的运行效率。

为进一步验证绩效评价对内部治理结构的影响关系,本书选取了 3 所民办高校进行案例分析。研究发现,虽然案例高校实施绩效评价的时间都是在其完成规模扩张进入内涵式发展阶段之后,但绩效评价产生的动因却有着明显不同。案例高校 A 学院,以学院为主导实施改革,具有鲜明的自我创新特征,本书将其称之为"内生主导型"绩效评价体系;而案例高校 B 学院和 C 学院的绩效评价体系,兼顾了内部学院的自我发展需要和外部教育行政部门的意志,形成了"内驱外引型"绩效评价体系。两类绩效评价体系对内部治理结构的影响有共同之处,表现在通过引导院系特色发展促进内部治理规则不断完善。不同之处在于对治理主体和治理机制的影响力差异上:在"内生主导型"绩效评价体系中院系主体作用最为突出,其次是教师,行政部门的权力相对弱化;而在"内驱外引型"绩效评价体系中,政府间接地成为重要的治理主体,以校长为首的管理团队其治理主体的地位得到了强化,院系的重要性得到一定程度的体现,教师的主体地位改变不如前者明显;由于以校长为首的管理团队在两类绩效评价体系中所发挥的作用不同,导致两类高校在校院两级治理机制运行上重心不一样,相比"内驱外引型"绩效评价体系,"内生主导型"绩效评价体系的治理重心要低,重心更多地落在院系。

四、以绩效评价促进形成多元共治的治理结构

在西方国家,许多高校的实践表明,绩效评价不仅可以提高效益、生产率、责任和公共服务的透明度,引导教师职业发展和学校战略目标相向而行,而且在回应学生、家长和用人单位等利益相关者问责方面具有重要作用。民办高校是一个利益相关者组织,探讨其内部治理的结构优化,离不开对其内外部关键利益群体的理性思考。利益相关者理论认为,企业不能仅仅只追求股东利益最大化或利润最大化,而是应该兼顾关键利益相关者的利益;同时该理论还强调,为了提高管理的效果和效率,应从整体主义的角度把与某项活动相关联的利益相关者放在一起进行系统思考。民办高校内外部关键利益相关者,在治理中都发挥着不可替代的作用。政府、举办者、以校长为首的管理团队、教师以及学生,因各自具有不同程度地影响民办高校发展的资源和能力而成为关键利益相关者,他们参与重大事务决策的范围、形式、过程决定着民办高校内部治理结构的完善程度。民办高校在决策、运行、经营过程中,不能只追求举办者的利益最大化,一味地以市场规律

为导向,而是应该在尊重教育规律前提下,充分考虑其他关键利益相关者的利益,实现共治共享共赢。

利益相关者理论对解决民办高校治理主体之间的矛盾和冲突具有重要价值,这一价值不仅体现在民办高校治理理论中,还体现在解决治理过程中的具体问题上。良好的利益主体间性关系是民办高校组织结构向前发展的前提,完善的内部治理结构是关键利益相关者之间相互协调、共同努力的结果。从本质上而言,完善内部治理结构的实质是对治理主体的利益最大化取向进行调节,实现不同主体之间的"利益均衡",同时其诉求能够得到不同程度的满足。让政府支持民办高校发展,让举办者愿意投资,让管理人员和教师乐意在民办高校工作,让学生愿意到民办高校就读,这是评价民办高校内部治理结构优劣的最重要标准。

党的十八大和十九届四中全会先后强调把"推进国家治理体系和治理能力现代化"作为全面深化改革的目标,现代化也就成为探索大学治理的基本方向。大学治理现代化,不仅符合党和国家推进国家治理体系与治理能力现代化的要求,体现我国现代大学制度建设的逻辑与价值取向,也是高等教育内涵式发展的需要。目前民办高校内部治理水平与治理现代化还存在着较大距离。对民办高校而言,实现治理现代化的关键前提是破除举办者一言而决或"内部人"控制的单边治理结构,理顺内部权力关系。2020年10月,中共中央、国务院印发的《深化新时代教育评价改革总体方案》对我国教育评价改革做出了全面系统设计和战略安排,指出要扭转不科学的教育评价导向,提高教育治理能力和水平。作为一种治理手段,科学合理的绩效评价制度,有助于民办高校建立起"自我约束、自我提高、自我改进"的良性运行机制,不仅能够有效扭转当前普遍存在的单边治理结构困境,而且也是其破解低水平发展危机,加快秩序重建的理性选择。本研究运用扎根理论的研究方法,针对民办高校内部治理结构存在的问题,建构绩效评价对民办高校内部治理结构的影响模型,以期从理论上破解绩效评价对内部治理结构的影响关系,具有一定的现实紧迫性和必要性。

目前国内专门研究绩效评价对民办高校内部治理结构影响关系的文献相对较少,已有文献认为绩效评价对完善高校内部治理结构具有积极作用,但部分学者的研究表明其消极作用也不容忽视。国内大部分研究,虽然在理论上关于绩效评价对内部治理结构的影响关系有所涉及,但尚未将绩效评价作为完善内部治理结构的一种重要手段和提升治理水平的重要途径加以深入研究。因此揭示绩效评价作为一种治理手段是通过哪些维度影响民办高校内部治理结构的规律性研究就显得十分重要。目前研究虽然揭示了绩效评价对民办高校内部治理结构影响维度,但由于绩效评价和内部治理结构之间的关系作为一个新兴的研究方向,尚处于理论探索和建构阶段,本书还存在着一些局限,主要表现在:第一,本研究虽然分析了绩效评价对民办高校内部治理结构的影响关系,但对绩效评价是何时、何地、如何发挥作用的研究还不够深入。从这个角度而言,研究并没有结束。第二,案例高校的研究还需进一步挖掘个性特征。本书所选取的案例高校,是不同投资形式的民办高校,目前的写作仅仅分析了绩效评价对其内部治理结构产生影响的共性方面;由于 3 所案例高校都具有一定代表性,后续还应继续分析其个性方面突出的特征,如这些案例高校在绩效评价和内部治理结构方面有哪些成功之处,在哪几个方面有突出的表现?

　　以上的局限和不足为后续研究提供了完善与扩展的空间,未来研究可继续在本书的框架和结论基础上,长期追踪几所有代表性的民办高校,考察绩效评价在什么时候能够对内部治理结构发挥作用?是如何发挥作用的?依据什么原则,才能实现良治?等等。通过对案例高校的进一步研究,完善绩效评价对民办高校内部治理结构的影响模型。总之,在评价改革实践如火如荼开展的当下,深入探讨评价对民办高校内部治理结构的影响关系,是一个兼具理论与实践价值的研究话题,不仅能够得出契合我国民办高校内部治理结构完善的对策建议,还能为研究民办高校内部治理结构贡献源自中国的新理论。我们期待在不久的将来涌现出更多、更扎实的有关此方面的理论和实证研究。

附　录

附录 1　受访者分布特征及基本情况

表 1　受访者的分布特征

项目	选项	人数	所占百分比/%
性别	男	13	59.1
	女	9	40.9
职务	董事长	3	13.64
	校长（书记）	4	18.18
	职能部门干部	4	18.18
	院系负责人	5	22.73
	教师	6	27.27
学校的投资形式	个人办学型	11	50.00
	企业办学型	7	31.82
	国有民办型	4	18.18
学校所在地区	西北地区	4	18.18
	东北地区	2	9.09
	华东地区	10	45.45
	华中地区	5	22.73
	华南地区	1	4.55

表 2　受访者的基本情况

访谈对象	学校所属地域	职务	性别	访谈时间	访谈形式
HDU1-1	华东	校长	男	2019 年 10 月 21 日上午 62 分钟	实地
HDU1-2	华东	院系负责人	女	2019 年 10 月 21 日下午 63 分钟	实地
HDU1-3	华东	教师	女	2019 年 10 月 22 日上午 65 分钟	实地
HDU2-1	华东	董事长	男	2019 年 11 月 11 日上午 65 分钟	实地
HDU3-1	华东	职能部门干部	男	2019 年 11 月 14 日上午 67 分钟	实地
HDU4-1	华东	董事长	女	2019 年 11 月 15 日上午 55 分钟	实地
HDU4-2	华东	党委书记	女	2019 年 11 月 15 日上午 61 分钟	实地
HDU4-3	华东	职能部门干部	男	2019 年 11 月 15 日下午 57 分钟	实地
HDU4-4	华东	教师	男	2019 年 11 月 15 日下午 55 分钟	实地
HDU5-1	华东	职能部门干部	男	2019 年 12 月 15 日上午 59 分钟	电话
XBU1-1	西北	董事长	男	2019 年 9 月 26 日下午 62 分钟	实地
XBU1-2	西北	院系负责人	女	2019 年 9 月 27 日上午 60 分钟	实地
XBU1-3	西北	教师	男	2019 年 9 月 27 日上午 65 分钟	实地
XBU1-4	西北	教师	女	2019 年 9 月 28 日上午 60 分钟	实地
DBU1-1	东北	校长	男	2019 年 7 月 8 日晚上 66 分钟	实地
DBU1-2	东北	院系负责人	女	2019 年 7 月 8 日晚上 56 分钟	实地

续表

访谈对象	学校所属地域	职务	性别	访谈时间	访谈形式
HZU1-1	华中	校长	男	2019 年 11 月 16 日下午 57 分钟	实地
HZU2-1	华中	院系负责人	男	2019 年 12 月 8 日下午 55 分钟	实地
HZU2-2	华中	教师	女	2019 年 12 月 8 日下午 59 分钟	电话
HZU3-1	华中	职能部门干部	男	2019 年 12 月 16 日上午 61 分钟	实地
HZU3-2	华中	教师	男	2019 年 12 月 16 日上午 53 分钟	电话
HNU1-1	华南	院系负责人	女	2019 年 12 月 15 日下午 56 分钟	电话

附录 2　访谈提纲

尊敬的老师：

您好！我是厦门大学的博士研究生，正在从事学位研究写作，想和您一起探讨民办高校绩效评价与内部治理结构的问题。感谢您给予我的机会，我的访谈记录资料，仅用于学术研究，不涉及对学校评价，也不会对您和学校带来任何影响。对于您所提供的资料，我会给予严格保密。

感激您对本博士学位研究研究的关怀和支持！

厦门大学教育研究院博士研究生　宣葵葵

2019 年 7 月 12 日

（一）民办高校校级领导（举办者）访谈提纲

1.您所在的学校有没有实施绩效评价制度？如果有，请您谈谈对绩效评价实施的总体印象？

2.您认为学校实施的绩效评价,好的地方表现在什么地方? 不好的地方,又体现在哪些方面?

3.学校绩效评价制度出台过程中,都有哪些人员参与了? 是通过什么途径参与的?

4.您认为影响绩效评价实施效果的因素有哪些? 能否举几个例子?

5.您认为改革现有绩效评价体系,能提高学校和院系的管理水平吗? 如果能,该如何进行改革?

(二)院系负责人(职能部门负责人)访谈提纲

1.您所在学校有没有实施绩效评价制度? 如果有,请您谈谈对绩效评价实施的总体印象?

2.您认为学校实施的绩效评价,好的地方表现在什么地方? 不好的地方,又体现在哪些方面?

3.学校绩效评价制度出台过程中,院系可以参与吗? 如果有,是通过什么途径参与的? 您对参与的效果满意吗? (学校绩效评价制度出台过程中,您作为职能部门的负责人,是通过什么途径参与的? 您对参与的效果满意吗?)

4.您认为影响绩效评价实施效果的因素有哪些? 能否举几个例子?

5.您认为改革现有绩效评价体系,能提高院系(学校或职能部门)的管理水平吗? 如果能,该如何进行改革?

(三)教师访谈提纲

1.您所在学校有没有实施绩效评价制度? 如果有,请谈谈绩效评价对您的影响主要表现在哪些方面?

2.您认为学校实施绩效评价,最主要的目的是什么? 现有的绩效评价,好的地方表现在什么地方? 不好的地方,又体现在哪些方面?

3.学校绩效评价制度制定过程中,您有参与吗? 如果有,是通过什么途径参与的? 您对自己参与的效果满意吗?

4.您认为影响绩效评价实施效果的因素主要有哪些? 能否举几个例子?

5.您认为改革现有绩效评价制度,能提高教师的积极性和主动性吗? 如果能,该如何进行改革?

参考文献 ··

一、中文文献

(一)著作类

[1]陈玉琨.教育评价学[M].北京:人民教育出版社,1999.

[2]罗西瑙.没有政府的治理[M].张胜军,刘小林,等译.南昌:江西人民出版社,2001.

[3]俞可平.走向善治[M].北京:中国文史出版社,2016.

[4]张维迎.大学的逻辑[M].北京:北京出版社,2012.

[5]辞源[M].北京:商务印书馆,1987.

[6]威廉姆斯.组织绩效管理[M].蓝天星翻译公司,译.北京:清华大学出版社,2002.

[7]科尔.大学的功用[M].陈学飞,陈恢钦,周京,等译.南昌:江西教育出版社,1993.

[8]克拉克.高等教育新论:多学科的研究[M].王承绪,徐辉,郑继伟,等译.杭州:浙江教育出版社,2001.

[9]季诚钧.大学属性与结构的组织学分析[M].北京:人民教育出版社,2006.

[10]陈向明.质的研究方法与社会科学研究[M].北京:教育科学出版社,2000.

[11]汉斯曼.企业所有权论[M].于静,译.北京:中国政法大学出版社,2001.

[12]王辉.企业利益相关者治理研究:从资本结构到资源结构[M].北京:高等教育出版社,2005.

[13]吉尔特·霍夫斯泰德,格特·扬·霍夫斯泰德.文化与组织:心理软件的力量[M].李原,孙健敏,译.2版.北京:中国人民大学出版社,2010.

[14]罗索夫斯基.美国校园文化:学生·教授·管理[M].谢宗仙,周灵芝,马宝兰,译.济南:山东人民出版社,1996.

[15]李永亮.高等学校内部治理结构优化研究[M].北京:经济管理出版社,2017.

[16]李福华.大学治理的理论基础与组织架构[M].北京:教育科学出版社,2008.

[17]张宏博.中国私立大学有效经营的制度研究[M].北京:人民出版社,2009.

[18]吴跃,姜华.省属高校绩效评估的方案与实施策略研究[M].沈阳:辽宁人民出版社,2014.

[19]张男星.高等学校绩效评价研究[M].北京:科学出版社,2019.

[20]迈克尔·吉本斯,卡米耶·利摩日,黑尔佳·诺沃提尼,等.知识生产的新模式[M].陈洪捷,沈文钦,等译.北京:北京大学出版社,2011.

[21]李冲.知识效能与评价:制度分析视角下的大学教师绩效评价研究[M].北京:科学出版社,2015.

[22]达夫特.组织理论与设计[M].王凤彬,石云鸣,张秀萍,等译.12版.北京:清华大学出版社,2017.

[23]徐绪卿.我国民办高校治理及机制创新研究[M].北京:中国社会科出版社,2017.

[24]杨军.民办高校内部治理结构研究[M].北京:经济科学出版社,2017.

[25]石猛.民办高校治理能力及其现代化[M].青岛:中国海洋大学出版社,2017.

[26]陈向明.质的研究方法与社会科学研究[M].北京:教育科学出版社,2000.

[27]文军,蒋逸民.质性研究概论[M].北京:北京大学出版社,2010.

[28]科宾,斯特劳斯.质性研究的基础:形成扎根理论的程序与方法[M].朱光明,译.3版.重庆:重庆大学出版社,2015.

[29]潘懋元.潘懋元高等教育文集[M].北京:新华出版社,1991.

[30]若雷,谢尔曼.从战略到变革[M].周艳,赵炬明,译.桂林:广西师范

大学出版社,2006.

　　[31]凯勒.大学战略与规划:美国高等教育管理革命[M].别敦荣,译.青岛:中国海洋大学出版社,2005.

　　[32]刘绍怀,等.现代大学制度理论与实践研究[M].北京:高等教育出版社,2013:238.

　　[33]王洪才.中国大学模式探索[M].北京:教育科学出版社,2013.

　　[34]克拉克.高等教育系统:学术组织的跨国研究[M].王承绪,译.杭州:杭州大学出版社,1994.

　　[35]费孝通.费孝通学术文集:学术自述与反思[M].北京:生活·读书·新知三联书店,1996.

　　[36]刘尧.教育困境是教育评价惹的祸吗[M].北京:学苑出版社,2017.

　　[37]斯科特.制度与组织:思想观念与物质利益[M].姚伟,王黎芳,译.3版.北京:中国人民大学出版社,2010.

　　[38]诺思.制度、制度变迁与经济绩效[M].杭行,译.上海:格致出版社,上海三联书店,上海人民出版社,2014.

　　[39]蒋馨岚.制度伦理视角下的现代大学制度研究[M].北京:中国社会科学出版社,2016.

　　(二)期刊类

　　[1]段淑芬,杨红娟,阙明坤.民办高校营利或非营利性质选择困境及其对策:基于行为决策理论[J].高教探索,2021(1):106-110,128.

　　[2]阙明坤.推进民办教育分类管理需处理的三大关系[J].教育发展研究,2017(3):60-62.

　　[3]马艳丽,周海涛.民办学校教师队伍建设改革的新进展新诉求[J].中国教育学刊,2019(7):19-23.

　　[4]王玲.我国民办高校教师突破身份困境的制度阻碍与解决策略[J].济南大学学报(社会科学版),2019(3):150-156,160.

　　[5]张伟东,吴华.事业编制对民办高校教师组织承诺、工作投入的影响[J].浙江大学学报(人文社会科学版),2013(1):200.

　　[6]王保华."变革式"自主创新型大学的范例:西安欧亚学院案例再研究[J].清华大学教育研究,2014(4):113-117,124.

　　[7]史少杰,周海涛.非营利性民办高校内部治理权力制衡分析[J].现代教育管理,2018(1):26-29.

[8]史秋衡,张纯坤.民办高校发展的内在逻辑:重构与转型路径[J].高校教育管理,2020(4):25-31.

[9]李文章.改革开放40年我国民办高等教育发展:成就、经验与展望[J].黑龙江高教研究,2018(10):42-47.

[10]张安富,石中玉.民办高校教师参与内部治理:意义、权限及策略[J].浙江树人大学学报(人文社会科学版),2019(6):24-29.

[11]格里·斯托克,华夏风.作为理论的治理:五个论点[J].国际社会科学杂志(中文版),1999(1):19-30.

[12]李福华.大学治理与大学管理:概念辨析与边界确定[J].北京师范大学学报(社会科学版),2008(4):19-25.

[13]王洪才.大学治理的内在逻辑与模式选择[J].高等教育研究,2012(9):24-29.

[14]王洪才.教育治理体系与治理能力现代化论略[J].复旦教育论坛,2020(1):12-18.

[15]宣勇.什么是好的大学内部治理[J].探索与争鸣,2018(6):35-37.

[16]韩翼祥,陈世瑛,韩维仙.论民办高校法人治理体制[J].高教探索,2001(1):20-22.

[17]武勇,勾丽.民办高校教师绩效评价与行为激励[J].改革与战略,2004(7):116-118.

[18]邬大光,卢彩晨.艰难的复兴 广阔的前景:我国民办高等教育30年回顾与前瞻[J].中国高教研究,2008(10):12-16.

[19]潘懋元.关于民办高等教育体制的探讨[J].上海高教研究,1988(3):35-40.

[20]潘懋元,邬大光.世纪之交中国高等教育办学模式的变化与走向[J].教育研究,2001(3):3-7.

[21]苗庆红.公司治理结构在我国民办高校管理中的应用[J].经济经纬,2004(6):139-142.

[22]胡赤弟,黄志兵.民办高校"双法人"治理模式研究[J].教育发展研究,2008(18):39-44.

[23]施文妹,周海涛.民办高校内部治理的变革特征、基本模式和未来走向[J].现代教育科学,2019(1):11-17.

[24]阙明坤,王云儿.我国建设高水平民办高校的动因、瓶颈及对策

[J].现代教育管理,2022(2):74-83.

[25]张应强,张浩正.从类市场化治理到准市场化治理:我国高等教育治理变革的方向[J].高等教育研究,2018(6):3-19.

[26]王一涛,刘继安,王元.我国民办高校董事会实际运行及优化路径研究[J].教育研究,2015(10):30-36.

[27]周海涛,施文妹.完善民办高校法人治理结构的难题与策略[J].江苏高教,2015(4):13-16,95.

[28]韩玉亭.民办高校内部治理机制的困境及出路[J].高教发展与评估,2017(1):18-33,127.

[29]高俊华,姜伯成.分类管理改革背景下民办学校内涵式发展的困境与突围[J].教育与职业,2018(20):55-59.

[30]胡大白.关于民办高校董事会建设问题的思考[J].中国成人教育,2016(17):42-44.

[31]赵宇宏,王义宁.结构功能主义视角下两类民办高校董事会制度的差异化设计[J].浙江树人大学学报(人文社会科学版),2018(5):22-26.

[32]石猛.民办高校董事会制度的治理价值及其实现[J].复旦教育论坛,2019(2):15-20.

[33]臧琰琰,徐兴林.利益相关者理论视角下民办高校内部治理的困境与突破[J].黑龙江高教研究,2021(8):38-44.

[34]邱昆树,王一涛,石猛.我国民办高校校长群体特征及其政策启示[J].中国高教研究,2016(8):74-79.

[35]黄斯欣.民办高校校长队伍建设探析[J].西南科技大学学报(哲学社会科学版),2017(2):97-102.

[36]陈红,袁本涛.我国民办大学校长在任现状及选聘的思考[J].高等工程教育研究,2016(4):112-116.

[37]王一涛,申政清.我国民办高校校长的产生方式及遴选优化路径[J].浙江树人大学学报(人文社会科学版),2019(4):8-13,20.

[38]周海涛,廖苑伶.民办高校高质量发展的基础[J].复旦教育论坛,2021(3):69-74.

[39]苗庆红.民办高校治理结构的演变研究[J].中国高教研究,2005(9):28-30.

[40]董圣足.民办高校法人治理结构的构建与思考:基于上海建桥学院

的个案分析[J].教育发展研究,2006(11B):64-69.

[41]阎凤桥.中国民办高校内部治理形式及国际比较[J].浙江树人大学学报(人文社会科学版),2007(5):1-8.

[42]王一涛,冯淑娟.我国民办高校内部治理的基本类型分析[J].浙江树人大学学报(人文社会科学版),2015(6):1-6,13.

[43]王维坤,张德祥.我国民办高校内部治理结构类型及演变路径[J].现代教育管理,2018(1):30-35.

[44]陈伟鹏.民办高校监事会制度的建设问题研究[J].法制与社会,2012(18):176,180.

[45]殷俊明.平衡计分卡在民办高校战略业绩评价中的应用[J].科技进步与对策,2006(6):155-157.

[46]宋丽平,安宁.高校绩效评价指标体系构建[J].财会月刊,2006(8):9-11.

[47]陈丽.民办高校组织绩效评价指标体系构建[J].中国成人教育,2016(18):49-51.

[48]贾来喜,杜娟,张鹏.非营利性民办高校办学绩效评价指标体系探讨[J].当代教育实践与教学研究,2018(9):123-124.

[49]张爱华.平衡计分卡下的民办院校绩效评价研究:以A学院为例[J].会计之友,2018(22):140-145.

[50]黄枫珊.以新发展理念引领民办高校人事管理改革的探索:以广东省为例[J].现代教育管理,2017(7):60-65.

[51]汪雪玲,杨扬.民办院校教师绩效评价问题探析[J].当代教育实践与教学研究,2019(22):144-145.

[52]张绍铭,成信法,朱乔青.民办高校可持续发展战略评价研究:基于平衡计分卡的视角[J].财会通讯,2013(26):82-84.

[53]杨程.分类管理背景下民办高校教师队伍建设的困境、归因与对策:基于利益相关者的访谈分析[J].黑龙江高教研究,2021(8):87-91.

[54]姜华,黄帅,杨玉凤.大学内部权力结构与绩效的关系研究:社会网络分析的视角[J].复旦教育论坛,2017(4):84-91.

[55]鞠建峰."双一流"建设战略视野下高校院系绩效评估研究[J].黑龙江高教研究,2018(7):1-4.

[56]白宗颖.以高校绩效管理推进高等教育治理现代化[J].现代教育

管理,2019(7):42-48.

[57]刘振天.完善高等教育评价体系 提升高等教育治理能力[J].大学教育科学,2020(1):37-42.

[58]高江勇.大学教育评价中的过度量化:表现、困境及治理[J].中国高教研究,2019(10):61-67.

[59]李立国.大学治理的制度逻辑:融通"大学之制"与"大学之治"[J].华东师范大学学报(教育科学版),2021(3):1-13.

[60]贾生华,陈宏辉.利益相关者的界定方法述评[J].外国经济与管理,2002(5):13-18.

[61]王辉.从"企业依存"到"动态演化":一个利益相关者理论文献的回顾与评述[J].经济管理,2003(2):29-35.

[62]蒋伏心,李家俊.企业的利益相关者理论综述与启示[J].经济学动态,2004(12):65-68.

[63]杨瑞龙,周业安.论利益相关者合作逻辑下的企业共同治理机制[J].中国工业经济,1998(1):38-45.

[64]李维安,王世权.利益相关者治理理论研究脉络及其进展探析[J].外国经济与管理,2007(4):10-17.

[65]胡赤弟,田玉梅.高等教育利益相关者理论研究的几个问题[J].中国高教研究,2010(6):15-19.

[66]石猛,侯琮.民办高校治理能力的特殊性与提升路径[J].复旦教育论坛,2021(3):75-80.

[67]吴华,徐婷婷,马燕萍,等.发展民办教育需要新的观念基础[J].复旦教育论坛,2019(2):5-8.

[68]别敦荣,石猛.民办高校实施分类管理政策面临的困境及其完善策略[J].高等教育研究,2020(3):68-76.

[69]钟秉林,周海涛,景安磊,等.民办高校集团化办学的发展态势、利弊分析及治理路径[J].中国高教研究,2020(2):29-32,39.

[70]马浚锋,胡阳光.地方政府标尺竞争何以成就中国高等教育发展:基于空间杜宾模型的经验研究[J].重庆高教研究,2021(6):41-55.

[71]阙明坤,段淑芬.民办高校改革发展成效、经验及展望:《教育规划纲要》实施十年审视[J].大学教育科学,2021(2):16-25.

[72]陈文联.举办者视阈下民办高校分类管理制度的调适与创新

[J].中国高教研究，2018(5):88-91.

[73]黄崴,李文章.民办高校分类管理改革的"中间路线":基于举办者视角的分析[J].中国高教研究,2017(2):19-23.

[74]徐星星.提升民办高校教师组织支持感与工作幸福感的实证研究[J].当代教育论坛,2020(5):80-88.

[75]黄海涛.民办高校新教师专业发展需求特征与策略选择:基于与公办高校的比较[J].高等教育研究,2019(5):57-63.

[76]蔡敏.绩效评价:美国提升高等教育质量的重要举措[J].评价与管理,2015(4):15-19.

[77]童康.自我研究:西方高校内部院系评估的传统[J].教师教育研究,2013(5):92-96.

[78]操太圣.遭遇问责的高等教育绩效化评价:一个反思性讨论[J].南京社会科学,2018(10):129-136.

[79]郭芳芳,张男星.高深知识的生产变革与高等教育绩效评价[J].复旦教育论坛,2012(6):5-9.

[80]王聪.知识生产模式转型与美国公立大学内部治理结构变革:伯克利加州大学的案例研究[J].高教探索,2017(9):55-61.

[81]张继明.知识生产模式变迁视角下大学治理模式的演进及其反思[J].江苏高教,2019(4):9-17.

[82]戚业国.论教育绩效与教育绩效管理[J].教师教育研究,2019(5):1-7.

[83]王京生,王争艳,陈会昌.对定性研究的重新评价[J].教育理论与实践,2000(2):46-50.

[84]徐毅鹏.浙江省高等教育绩效拨款改革述评[J].高校教育管理,2015(7):35-42.

[85]陈锋正,苗彦恺.多重制度逻辑视角下我国高校绩效管理存在的问题及策略选择[J].教育发展研究,2019(13):23-29.

[86]陈放.新政背景下地方民办教育分类管理的困境与突围[J].教育评论,2019(2):55-59.

[87]单大圣."十四五"时期民办教育发展的展望与建议[J].浙江树人大学学报(人文社会科学版),2020(1):1-6,12.

[88]李文章,王一涛.民办高校内部治理选择:从私人性走向公共性

[J].高等理科教育,2020(1):35-42.

[89]申政清,王一涛,徐绪卿.我国民办高校校长群体特征的实证研究[J].高教探索,2017(4):106-112.

[90]王务均,龚怡祖.大学学术权力与行政权力包容机制研究[J].教育发展研究,2013(21):43-44.

[91]周光礼.实现三大转变,推进中国大学治理现代化[J].教育研究,2015(11):40-42.

[92]郭建如.陕西民办高校的组织转型:以四所民办本科高校为例[J].高等教育研究,2007(9):58-65.

[93]别敦荣.美国大学治理理念、结构和功能[J].高等教育研究,2019(6):93-101.

[94]徐绪卿.民办高校的特色和未来展望:以浙江树人大学为例[J].浙江树人大学学报(人文社会科学版),2014(5):5-8.

[95]杨鹤清.KPI在高校绩效考核中的应用分析[J].当代经济,2016(5):108-110.

[96]宣葵葵,王洪才.高校产业学院核心竞争力的基本要素与提升路径[J].江苏高教,2018(9):21-25.

[97]胡建波.未来十年,价值观办学[J].西安欧亚学院学报,2018(10):1-8.

[98]王洪才.大学治理:理想·现实·未来[J].高等教育研究,2016(9):1-7.

[99]张杰.教育治理视域下教育中介组织的角色定位[J].教育理论与实践,2015(34):21-24.

[100]鲁小兰.湖北省民办高校治理中社会参与路径优化研究[J].教育教学论坛,2021(7):45-48.

[101]宣葵葵.美国高等教育评估中介机构发展新趋势及启示[J].中国高教研究,2012(3):29-32.

[102]董圣足.我国民办教育治理制度:变革与创新[J].华东师范大学学报(教育科学版),2017(6):18-26,152-153.

[103]眭依凡.论大学的观念理性[J].高等教育研究,2013(1):1-10.

[104]宣葵葵,王洪才.创业型大学的人才培养特色探索:基于英国沃里克大学的成功经验[J].中国高教研究,2017(6):77-81.

[105]郭为禄,丁笑梅,万圆.以"变"破"唯"构建高校科学教育评价体系[J].国家教育行政学院学报,2020(11):19-25.

[106]管培俊.大学内部治理结构:理念与方法[J].探索与争鸣,2018(6):28-31.

[107]查永军.高校内部管理权力重心"下沉"阻力研究[J].高等教育研究,2018(8):32-37.

[108]李立国.什么是好的大学治理:治理的"实然"与"应然"分析[J].华东师范大学学报(教育科学版),2019(5):1-16.

[109]王超,覃红霞,樊媛.论我国高校质量问责的转型与完善[J].当代教育科学,2018(10):32-36,74.

(三)其他文献

[1]教育部.2019年全国教育事业发展统计公报[EB/OL].(2020-05-20)[2021-05-22].http://www.moe.gov.cn/jyb_sjzl/sjzl_fztjgb/202005/t20200520_456751.html.

[2]潘东燕."蝶变":西安欧亚学院十年教学改革历程回顾[N].中国教育报,2020-01-03(6-7).

二、外文文献

[1]BIRNBAUM R.The end of shared governance:looking ahead or looking back [J]. New direction for higher education,2004(1):5-22.

[2] DONNA R E. Some legal aspects of collegial governance [EB/OL].(2003-10-11)[2019-09-12].https://www.aaup.org/issues/governance-colleges-universities/legal-aspects.

[3]EDEL A. The struggle for academic democracy:Lessons from the 1938 "revolution" in New York's City colleges [M].Philadelphia,P A:Temple University Press,1990.

[4]BOER D H , MEISTER S C. Supervision in modern university governance:boards under scrutiny[J/OL].Studies in higher education,2010(3):317-333[2019-08-21]. https://www.tandfonline.com/doi/full/10.1080/03075070903062849.

[5]OSCAMP P J.Moral leadership-ethics and the college presidency

[M].Lanham.Md：Rowman & Little field Publishers,2003.

[6]RUDOLPH F. The American college and university：A history [M].New York：The University of Georgia Press，1999.

[7]DURYEA E D. The academic corporation：a history of college and university governing board [M].New York：Routledge，2010.

[8]BROWN JR W O. Faculty participation in university governance and the effect on university performance [J].Journal of economic behavior & organization，2001(44)：129-143.

[9]KAPLAN G E. Preliminary results from the 2001 survey on higher education governance [EB/OL].(2003-10-11)[2019-07-02].https://www.aaup.org/NR/rdonlyres/449D4003-EB51-4B8D-9829-0427751FEFE4 /0/01Results.pdf.

[10]DELF M. Faculty-Administrator relationships as integral to high performing governance systems：New frameworks for study [J].American behavioral scientist，2003(6)：901-922.

[11] CHARKHAM J. Corporate governance：lessons from abroad [J]. European business journal ，1992(4)：8-16.

[12]MITCHELL R K,AGLE B R,WOOD D J. Toward a theory of stakeholder identification and salience：defining the principle of who and what really counts[J].Academy of management review,1997(4)：853-886.

[13]FREEMAN R E. Strategic management：a stakeholder approach [M].Boston：Pitman,1984.

[14]WILLIAMSON O E.The economic institutions of capitalism：firms，markets, relational contracting [M].New York：Free Press，1985.

[15]KAPLAN R S, JOHNSON T.Relevance lost：the rise and fall of management accounting[M].Boston：Harvard Business School Press,1987.

[16]POWELL T C.Total quality management as competitive advantages：a review and empirical study [J].Strategic management journal，1995(16)：15-37.

[17]PORTER M E. Clusters and the new economics of competition [J]. Harvard business review，1998(11/12)：77-90.

[18]SIMMONS J. Employee significance with in stakeholder-account-

able performance management systems [J]. The TQM journal, 2008(5): 463-475.

[19]NEELY A , ADAMS C , KENNERLEY M. The performance prism: the scorecard for measuring and managing business success[M].London:Pearson Education,2002.

[20]GLASER B G,STRAUSS A.The discovery of grounded theory: strategies for qualitative research[M]. New York: Aldine,1967.

[21]STRAUSS A, CORBIN J. Basics of qualitative research: grounded theory procedures and techniques [M]. New York: Sage Publications Ltd,1990.

[22]Standards for Accreditation. Burlington:New England Association of Schools and Colleges Commission on Institutions of Higher Education [EB/OL]. (2011-10-15) [2019-12-25]. http://cihe.neasc.org/standards_policies/standards/standards_html_version/.

后　记

　　本书最初的选题源于我在攻读博士学位期间对大学治理研究的关注。
我的导师王洪才教授是国内大学治理领域的专家,他认为今天我们提出教
育治理体系与治理能力现代化命题,说明目前教育治理远未达到理想水平。
为此就必须探讨理想目标是什么以及实现它的路径。众所周知,我国高等
教育体系在改革和发展过程中,始终存在着一些久治不愈的顽疾,如大学里
"重科研,轻教学"的风气根深蒂固,大学办学围绕排名转而不注重社会实际
贡献的问题并未改善。这一切都表明,目前我国教育治理体系还不完善,教
育治理能力还不强,和新时代人们对教育改革发展的期望还有很大距离,因
而推进教育治理体系和治理能力现代化的任务急迫而又艰巨。而教育治理
体系建设核心在于治理结构的完善。在物理学上,"结构决定功能"这一定
律是成立的,因为物体构成要素的性能是基本不变的,在结构中的功能是稳
定的。但在社会学中,社会结构是具有弹性的,因为社会是由个体构成,个
体具有多样性、主观能动性和差异性,因此结构与功能的关系具有弹性,
使功能具有易变性。同理,大学治理结构伴随着组织规模扩张和外部环
境变化,由简单向复杂演变,这是一个弹性的动态过程,我们不能指望只
要建立了合理的治理结构,其就能够自动发挥作用。这也是本书研究的
意义所在。

　　治理的需求是民办高校发展到一定阶段才出现的。治理从本质上讲就
是自我管理,而非外部管理。但对于一所学校而言,什么样的制度是最适合
的,往往办学者也没有什么定见,这就需要不断摸索,只有办学发展到一定
阶段,他们才能找到一个比较合适的管理办法和制度安排。我国民办高等
教育发展得益于改革开放的大环境,得益于计划经济向市场经济的转轨,更
得益于政府的政策支持。新时期民办高校能否获得持续发展,能否在新的
起点上把握机遇、再创辉煌,从根本上讲,取决于其内部治理结构是否科学

合理。高水平的民办高校之所以能够在激烈的竞争中技高一筹、脱颖而出，关键在于这些民办高校有一个稳定、合理的内部治理结构。

　　为什么选择绩效评价这一视角？本人认为，民办高校大都是在资源紧缺情况下，运用企业化运作模式，靠改革，敢做敢为，创办起来的，和公办高校相比，民办高校具有更强的危机意识和生存意识，其自我变革、组织再造能力和环境适应能力更强。在一定程度上，"自主创新是所有民办高校具备的特质"。绩效评价作为一种治理手段，能够反映内部治理结构存在的问题，并能够通过自身的改进，来促进内部治理结构的优化，而内部治理结构的不断优化，又能促进其绩效评价工作的持续改进，如此就形成了一个治理结构与绩效评价良性互动的局面。科学合理的绩效评价体系，能为民办高校运行提供有价值的信息，让民办高校在看到自身优势的同时，也看到学校内部治理结构中存在的问题和不足；而民办高校灵活的办学机制，有助于其高效地使用和改革绩效评价手段，在民办高校内涵式发展中真正地、持久地发挥作用，实现"自我发展和自我约束相结合"。

　　我来自民办高校，很早就开始接触民办教育，但真正做民办高等教育研究，是在进入厦门大学读博之后。本书写作过程中，我得到了导师王洪才教授的悉心指导。从选题、开题、框架建构，到具体的调研访谈，王老师都倾注了极大的心血。老师严谨的治学态度和宽厚平和的待人之道，让我受益匪浅、终身受用，师从王老师是我一生最大的幸运和福分。在写作过程中，我还得到了厦门大学教育研究院敬爱的潘懋元先生、别敦荣老师、刘振天老师、覃红霞老师、郭建鹏老师、杨广云老师等的热心指点，也得到了同学们的帮助，在这里尤其要感谢我的同学阚明坤给予的帮助和支持。每一段友情都让我终生难忘，一切都将成为温馨美好的回忆而永藏心中。感谢我的工作单位宁波财经学院的领导和同事以及我的家人给予的大力支持、帮助和理解，让我能够在繁忙的工作之余，顺利地完成写作。在写作过程中，我也到过不少民办高校，向许多民办高校的管理者和教师请教，在此一并表示感谢，感谢你们接受我的请教和访谈。本书是教育部人文社会科学重点研究基地重大项目"中国特色的大学内部治理结构与质量保障机制建设"（JJD880005）研究成果的组成部分，也是宁波市哲学社会科学规划课题"基于扎根理论的绩效评价对民办高校内部治理结构影响研究"（G21-3-ZX73）的研究成果。

　　大学治理问题是一个宏大的话题，面对如此重大而又深远的话题，虽然本人已是尽心尽力,但由于学识水平有限,还有很多不尽如人意的地方,本书权当是抛砖引玉,求教各位专家同仁。

2022 年 4 月 8 日
于宁波